LES OPPOSÉS ~~S'ATTIRENT~~ S'ATTAQUENT

Jack & Carole Mayhall

LES OPPOSÉS ~~S'ATTIRENT~~ S'ATTAQUENT

Comment tirer profit de vos différences au sein du couple

EDITIONS farel
B.P. 20, 77421 MARNE-LA-VALLÉE CÉDEX 2, FRANCE

Titre en anglais : *Opposites Attack.*
Édité par NavPress, un ministère des Navigateurs, U.S.A.

B.P. 20
77421 Marne-la-Vallée, Cédex 2,
France

1re édition : 2e trimestre 1993

Traduction : Alain Bouffartigues
Couverture : Jacques Maré

Photocomposition : SCRIPTURA, F-26200 Montélimar
Imprimé par IMEAF, F-26160 La Bégude de Mazenc
Dépôt légal 2e trimestre 1993 — N° d'impression 93285
ISBN 2-86314-117-1

Préface

JACK

Je voudrais vous demander de garder deux remarques à l'esprit au cours de votre lecture.

1. Bien que nous ayons écrit ce livre avant tout à l'intention des gens mariés, la compréhension des différences de tempérament s'inscrit dans un cadre plus large qui dépasse amplement les liens du mariage. Elle concerne presque toutes les relations entre les personnes. Je regrette de ne pas avoir compris et saisi, des années plus tôt, l'importance de certaines de ces différences dans les rapports que j'ai eus avec des collègues de travail et diverses équipes d'hommes et de femmes, ainsi qu'avec mes amis et associés. Nous espérons donc que, tout en examinant les deux gros plans que nous avons choisis de vous présenter, vous saurez élargir le champ et voir plus loin.

2. Nous ne présentons pas les différences hommes/femmes, mais les différences entre les *personnes* en général. Même si certains traits de caractère ont tendance à être liés au sexe, notre propos n'est pas de classer les gens par catégories. Aussi, si vous constatez en vous examinant, vous et votre conjoint, que vous ne correspondez pas à la « norme » (si tant est qu'une telle chose existe !), *réjouissez-vous* de votre caractère unique. Que cela soit pour vous une découverte libératrice.

Il existe autant de personnalités que d'êtres vivants sur la terre aujourd'hui. Chaque personne est *unique*. Cependant, il nous semble utile de généraliser en classant les personnalités selon leur type, leurs tendances et leurs manières de faire, ce afin de mieux comprendre qui nous sommes, qui sont ceux qui nous entourent ainsi que les cas exceptionnels que nous pouvons rencontrer çà et là.

Puisse Dieu ouvrir votre esprit et votre cœur pendant cette lecture, au cours de laquelle vous étudierez et apprendrez des choses qui vous seront utiles toute votre vie.

Introduction

QUELLE EST DONC LA DIFFÉRENCE ?

CAROLE

La voix à l'autre bout du fil se présenta comme étant la fille d'une amie de longue date. Après quelques minutes de causette, elle m'annonça qu'elle et son mari avaient passé, la veille au soir, un test de personnalité en vue d'un changement de carrière. J'aurais pu prédire la suite.

— Nous sommes si différents en *tout* ! se lamenta-t-elle.

— Génial ! répliquai-je.

Il y eut un léger soupir à l'autre bout du fil, suivi d'une longue pause.

— Vous croyez que c'est *positif* d'être différents à ce point ? demanda-t-elle enfin.

— Tout à fait, répondis-je. En réalité, nous n'avons rencontré qu'un petit nombre de couples dans lesquels les deux ont le sentiment d'avoir des traits de caractère et des réactions semblables. Et nous en sommes tristes pour eux.

— Pourquoi donc ? s'enquit-elle.

— Parce qu'ils perdent beaucoup, expliquai-je. S'ils se ressemblent, il se peut qu'ils aient les mêmes atouts potentiels, mais ils auront sans doute aussi des faiblesses semblables, qu'il convient d'identifier et de contrebalancer par des types de personnalité opposés. Chaque individu possède des côtés positifs qui lui permettent d'aider les autres, et des côtés négatifs qu'il faut abandonner — *avec* l'aide des autres.

« Il y a plusieurs mois, nous avons discuté avec un couple — marié depuis deux ans seulement — dans lequel les deux époux étaient presque pareils. C'étaient tous les deux des introvertis, des cartésiens, des bûcheurs, battants et organisés. Bien que le fait de se ressembler présente certains avantages, cela présente aussi des inconvénients potentiels. Pour eux, être à ce point semblables présentait deux inconvénients : un manque de contacts avec l'extérieur et peu d'aptitudes à s'amuser ensemble. Aucun d'eux n'avait d'idées originales pour passer des moments de qualité ensemble en soirée ou en voyage, et ils n'étaient pas non plus attirés ou intéressés par les sorties. Nous sommes contents qu'ils aient reconnu leur besoin d'être stimulés par des amis différents d'eux et qu'ils aient pris, depuis, des mesures pour combler ces lacunes.

« Mais, heureusement, la plupart d'entre nous ont reçu de Dieu des dons différents et, si nous laissons Dieu s'en servir, ils nous aideront à nous compléter les uns les autres.

« Et puis, par ailleurs, si nous sommes semblables, cette vérité de Proverbes 27.17 peut moins s'appliquer : 'Le fer aiguise le fer, ainsi un homme aiguise la personnalité de son prochain.' Ce sont les *différences* qui donnent au fer sa rugosité, ses propriétés d'aiguisage. Le mariage est pour Dieu un des meilleurs moyens de nous affûter afin que nous ressemblions toujours plus à son Fils. »

Elle resta quelques instants silencieuse.

— Hum... dit-elle enfin, je vois ce que vous voulez dire.

Je sentais néanmoins qu'elle n'était pas convaincue de ce que les différences constituaient un aspect positif et non négatif de son couple. C'est compréhensible. Le Dr Gary Oliver, conseiller familial, le dit bien : « Peu nombreux sont ceux qui luttent contre la loi de la pesanteur, mais nombreux sont ceux qui luttent contre la loi des différences. »

Me croirez-vous si je vous dis que Jack et moi sommes mariés depuis quarante ans et que nous découvrons encore des différences entre nous — ou des variantes d'un même trait de caractère que nous ignorions jusque-là ? C'est pourtant la vérité. Plus nous avons de contacts avec des couples, plus nous avons la conviction que les contrastes entre maris et femmes sont non seulement mal perçus, mais qu'ils ne sont pas acceptés ni même reconnus. Voici comment quelqu'un a exprimé cette idée dans un magazine chrétien :

> La création de Dieu est d'une diversité remarquable : on y trouve aussi bien des pingouins que des chevaux ou des chats persans. Tous se nourrissent, s'accouplent et cherchent un abri, mais ce sont leurs différences prononcées qui prêtent au monde son caractère fascinant.
>
> Les êtres humains sont eux aussi très divers. Il se peut que les principes qui régissent le mariage soient les mêmes pour chaque couple : l'engagement, la communication, des valeurs communes. Mais tout en soulignant ces points communs, réjouissons-nous de la même manière de ce que chaque couple est unique. Si chaque personne, créée à l'image de Dieu, est « quelque chose de nouveau sous le soleil » — un phénomène —, deux personnes liées l'une à l'autre constituent donc elles aussi un prodige.

Un grand nombre de gens refusent de croire que leur conjoint est différent. Or, lorsqu'ils ne considèrent pas leur époux comme différent, l'unique alternative est de croire qu'il a *tort*.

Comme c'est triste.

Pourquoi devrions-nous être surpris de constater que nous sommes différents l'un de l'autre ? L'Ecriture affirme clairement que Dieu nous a *créés* différents. Un passage magnifique en 1 Corinthiens 12 explique que chaque membre du corps de Christ est unique. Lisons-le en pensant à des époux :

> Ainsi le corps n'est pas formé d'un seul membre, mais de plusieurs. Si le pied disait : Parce que je ne suis pas une main, je ne suis pas du corps, il n'en est pas moins du corps pour autant. Et si l'oreille disait : Parce que je ne suis pas un œil, je ne suis pas du corps, elle n'en est pas moins du corps pour autant. Si tout le corps était œil, où serait l'ouïe ? S'il était tout ouïe, où serait l'odorat ? En fait, Dieu a placé chacun des membres dans le corps comme il a voulu. Si tous étaient un seul membre, où serait le corps ?

> Maintenant donc il y a plusieurs membres et un seul corps. L'œil ne peut pas dire à la main : Je n'ai pas besoin de toi ; ni la tête dire aux pieds : Je n'ai pas besoin de vous. Mais bien plutôt, les membres du corps qui paraissent être les plus faibles sont nécessaires ; et ceux que nous estimons être les moins honorables du corps, nous les entourons d'un plus grand honneur. (...) Dieu a disposé le corps de manière à donner plus d'honneur à ce qui en manquait, *afin qu'il n'y ait pas de division* dans le corps, mais que les membres aient également soin les uns des autres. (Versets 14-25)

Le plan de Dieu prévoit une grande diversité, mais sans *aucune division* dans le corps de Christ. Il en va de même pour la relation conjugale. Imaginez que vous et votre conjoint êtes deux pièces d'un puzzle qui s'emboîtent l'une dans l'autre. Dieu nous a créés pour que nous nous *complétions* l'un l'autre. C'est là un des buts du mariage.

Le deuxième but est de nous placer dans une situation dans laquelle le changement est requis.

Nos différences — lorsque nous les comprenons, les apprécions et laissons Dieu s'en servir — sont ces instruments que Dieu a créés dans le grand dessein de nous rendre conformes à l'image de son Fils ou, comme le dit Proverbes 27.17[1], pour nous « aiguiser » les uns les autres. Qu'obtient-on quand on frotte du fer contre du fer ? De la *chaleur*. Cela fait des étincelles. Mais si l'on frotte correctement les pièces de fer, elles *s'aiguisent* inévitablement l'une l'autre.

Ce processus de frottement des vies au contact les unes des autres jour après jour, mois après mois, année après année, devient l'agent de changement utilisé par Dieu, son instrument de raffinage. Il a pour but de nous rendre meilleurs, d'éliminer les aspérités de notre tempérament, de nous donner un cœur compréhensif, de nous apprendre à accepter et être acceptés ; son objectif est de nous aider à *changer*. Ce changement se produira si et seulement si nous choisissons d'apprendre les uns des autres.

---

[1] « Le fer aiguise le fer, ainsi un homme aiguise la personnalité de son prochain. »

Par contre, si nous restons inflexibles, nous ferons obstacle à l'un des grands desseins du mariage.

L'archevêque de Canterbury, Robert Runcie, a fait une homélie remarquable lors du mariage du Prince Charles et de Lady Diana. En voici un extrait :

> Nous avons là les ingrédients d'un conte de fées : le prince et la princesse le jour de leur mariage. Mais les contes de fées se terminent généralement ici par cette simple phrase : « Ils vécurent heureux et eurent beaucoup d'enfants. » C'est peut-être parce que les contes de fées considèrent le mariage comme une chute après tout le romantisme des fréquentations. La conception chrétienne est tout autre. Notre foi voit dans le mariage non pas un aboutissement, mais le moment qui marque le début de l'aventure.

David Seamands fait cette observation perspicace : « Très peu de gens voient leur mariage comme un engagement à grandir — à grandir en tant qu'individu, mais aussi à permettre à son conjoint de grandir. Si deux époux ne s'engagent pas à vivre ce genre de croissance réciproque les *rapprochant* l'un vers l'autre, ils grandiront en *s'éloignant* l'un de l'autre et ne parviendront pas à la relation satisfaisante d'intimité et d'amour à laquelle tous deux aspirent profondément. »

La question devient donc : Est-ce que je *veux* vraiment grandir — changer ?

Si vous répondez oui à cette question, une des premières choses à faire consiste à découvrir qui vous êtes et à connaître — à connaître *véritablement* — la personne à laquelle vous êtes marié.

Vous êtes-vous déjà posé cette question : Que me faudrait-il savoir pour vraiment comprendre qui je suis ? Pour comprendre la personne que j'ai épousée ?

Pour apporter un début de réponse à cette question, voici quelques-uns des aspects qu'il vous faudrait examiner :

Le passé familial / le milieu social / les antécédents / la place dans la famille / les modèles d'identification : Ces paramètres influent sur l'attitude face à la maladie, la mort, les dons, les vacances, le travail, les loisirs, les arts et la culture, les questions raciales, la sexualité, le partage, les marques d'affection, l'acceptation, l'esprit de service et de responsabilité.

Les talents et les dons spirituels : Quels sont les talents artistiques dont vous ou votre conjoint êtes doté ? Avez-vous reçu le don de miséricorde, d'enseignement, du service, d'hospitalité, de direction (etc.) ? Comment ces dons et talents se manifestent-ils dans votre vie quotidienne ?

L'identité personnelle en Christ : La connaissance intellectuelle et la perception émotionnelle de cet aspect primordial en affectent bien d'autres, comme par exemple le sentiment de valeur personnelle, de valeur en Christ (le sentiment de n'avoir aucune valeur ou d'être aimé) et le conflit entre l'activisme légaliste et le repos en Christ.

Le type de personnalité : Il s'agit des tendances du tempérament, à savoir si vous êtes introverti ou extraverti ; si vous appréhendez l'information avant tout par vos cinq sens ou si vous la classez intuitivement ; si vous prenez les décisions avec votre tête, par le raisonnement, ou avec votre cœur, par les sentiments ; si votre mode de vie a tendance à être structuré et réfléchi ou souple et spontané.

Ces aspects constituent un résumé très sommaire de la notion de type de personnalité telle qu'elle est présentée dans un test abondamment utilisé aux Etats-Unis sous le nom de « Test de Personnalité Myers-Briggs ». Si vous ne connaissez pas ce test de personnalité, vous en trouverez une explication plus complète en annexe. Consacrez dès maintenant quelques instants à la lecture de ces pages et vous serez plus à même de comprendre certains points que nous mentionnerons au cours des chapitres suivants — bien que notre examen des différences entre les époux ne soit pas strictement calqué sur les définitions et tendances du test Myers-Briggs. Le type de personnalité n'est pas la seule piste qui permette de comprendre les différences, mais c'est un des meilleurs moyens de les voir et de les identifier, ce qui en fait un tremplin très utile.

Ces domaines d'exploration ne sont sans aucun doute que le *commencement* de la découverte de votre identité et de celle de votre conjoint. Il n'empêche que c'est un début. Comme l'a observé John Fischer : « La réussite d'un mariage ne tient pas au fait d'avoir trouvé la 'bonne' personne, mais à la capacité des deux époux à s'adapter à la vraie personne qu'ils découvrent inévitablement une fois mariés. Certaines personnes ne font jamais cette adaptation et tombent donc dans le piège de la quête sans fin d'une image qui n'existe pas. » Pour pouvoir vous adapter à la *vraie* personne que vous avez épousée, vous devez vous connaître et vous comprendre, et vous devez connaître et comprendre votre conjoint.

Un avocat de notre connaissance, qui traite de nombreuses demandes de divorce et qui fait tout son possible pour aider les couples à concilier leurs différences, a expliqué à Jack quel est le plus grand problème auquel il est confronté : « Les gens refusent d'accepter le fait qu'ils sont mariés à un *être humain*. Au début, ils s'imaginent qu'ils vont changer la personne qu'ils s'apprêtent à épouser afin qu'elle devienne quelqu'un avec qui ils puissent vivre. Après plusieurs années — ou même plus tôt —, voyant que leur conjoint ne change pas, ils optent pour le divorce. »

Dans son livre *Pour se mieux comprendre entre époux*, Paul Tournier identifie ce besoin fondamental qui existe dans les relations intimes :

> On le voit : il y a entre la compréhension et l'amour un lien si étroit qu'on ne sait jamais où finit l'un et où commence l'autre, lequel des deux est la racine et lequel le fruit. Qui aime comprend, et qui comprend aime. Qui se sent compris se sent aimé, et qui se sent aimé a confiance d'être compris.
>
> Nul ne peut évoluer à son aise en ce monde et s'y épanouir sans se sentir compris au moins par une personne. (...) Renoncer à comprendre son conjoint, c'est renoncer à se comprendre soi-même, à se développer, à s'épanouir.

Comprendre et apprécier les différences, tel est justement le sujet de ce livre. Notre désir est que vous commenciez à comprendre qui vous êtes et qui est votre conjoint. Mais nous ne voulons pas que vous en restiez là. Nous voudrions que vous connaissiez et compreniez les contrastes qui vous différencient, que vous acceptiez ce qui ne peut être changé et que vous changiez afin de ressembler davantage à Jésus. Nous voudrions vous faire prendre conscience de la manière dont ces différences peuvent précisément apporter un plus à votre couple, être à votre avantage et vous faire voir et vivre la vie d'une manière plus riche. Enfin, nous voudrions vous donner des conseils pratiques qui vous permettent non seulement de découvrir qui vous êtes, mais de trouver des moyens utiles de vous accorder l'un à l'autre, de vous apprécier mutuellement et de louer Dieu pour le couple que vous formez.

Une dernière remarque de la plus grande importance : tandis que nous portons notre attention sur ces aspects particuliers, puissions-nous ne jamais perdre de vue que, sans Dieu, l'édifice du mariage s'effondrera. Sans engagement, la construction ne résistera pas. Sans fidélité, l'amour périra. C'est Dieu — le fondement éternel — qui nous apprend à nous maîtriser quand nous sommes en colère ; il nous enseigne le désintéressement quand notre corps tout entier réclame ce que nous voulons. Non seulement il nous donne une raison de vivre et un espoir dans la mort, mais il nous donne une plénitude de vie qui transcende la banalité de la vie quotidienne. Sans Dieu, la foi, l'espoir et l'amour sont des mots vides de sens. C'est Dieu qui a la clé. En réalité, c'est lui qui *est* la clé.

Puisse ce livre être plus qu'une lecture intéressante (même si tel est évidemment notre souhait) : puisse-t-il vous inciter à commencer une étude qui se poursuivra toute votre vie.

Une étude pour vous *connaître* l'un l'autre.

Un engagement à *comprendre...*
à vous *adapter...*
et à *changer.*

PREMIÈRE PARTIE

NOTRE FAÇON DE PENSER

1

Ce que tu penses, ce que je ressens

LE RÉALISTE OPPOSÉ À L'INTUITIF

Dès les tout premiers temps de notre mariage, certaines choses nous ont fait rire.

D'autres ont donné lieu à des disputes.

Au bout de nombreuses années, plus de choses nous font rire. Mais quelques-unes continuent de nous exaspérer.

Malgré tout, nous disons : « Dieu soit loué pour les différences ! »

Elles indignent, mais intriguent ; agacent, et pourtant attirent. Nous geignons et nous nous plaignons, nous tonnons et nous nous étonnons face à leur importance et leur variété.

Quelqu'un a dit que Dieu nous a donné deux yeux pour que nous ne voyions pas les choses d'un seul point de vue. Avec un seul œil, nous perdons une des trois dimensions. Le monde nous apparaît plat. Mais avec les deux yeux, nous percevons les trois dimensions et nous voyons le monde en relief.

C'est pourquoi nous disons : *vive la différence* !

Commençons par une différence de taille !

JACK

Je suis tombé un jour sur un livre dont les paragraphes d'introduction ont attiré mon attention. Voici ce que j'ai lu :

> Si je ne veux pas ce que tu veux, essaie s'il te plaît de ne pas me dire que mon désir est mauvais.
>
> Ou bien si je pense différemment de toi, marque au moins une pause avant de corriger mon point de vue.
>
> Ou encore, si ce que je ressens est moins fort, ou plus fort, que ce tu ressens dans les mêmes circonstances, essaie de ne pas me demander de ressentir plus fortement ou plus faiblement les choses.
>
> (...)
>
> Je ne te demande pas, du moins pour le moment, de me comprendre. Cela se produira seulement quand tu seras disposé à renoncer à me changer pour faire de moi une copie de toi.
>
> (...)
>
> Si tu veux bien m'autoriser certains de mes propres désirs, émotions, croyances ou actions, alors tu t'ouvriras, de sorte qu'un jour ces manières d'être qui sont les miennes ne te sembleront peut-être plus aussi mauvaises et finiront peut-être par t'apparaître bonnes — pour moi. Me supporter est la première étape qui te permettra de me comprendre. Il ne s'agit pas que tu épouses mes manières d'être en les jugeant bonnes pour toi, mais que tu ne sois plus irrité ou déçu par moi en raison de mon égarement apparent. De plus, en me comprenant, tu finiras peut-être par apprécier la valeur de mes différences par rapport à toi et, loin de chercher à me changer, par préserver et même entretenir ces différences.

En ce moment même, quelque part dans le monde, deux personnes s'énervent de plus en plus en discutant et devraient s'arrêter et réfléchir sur ces paragraphes. Voici à quoi ressemblent leurs paroles. L'un d'eux (selon toute vraisemblance l'homme) dit d'un ton accusateur : « Mais ce n'est pas ce que tu as *dit* ! » Et l'autre personne (selon toute vraisemblance la femme) de lui répondre : « Chéri, je ne peux pas te dire pourquoi, mais en tout cas *je sens qu'il y a quelque chose de louche*. »

Nous serrons les dents. Nous soupirons. Nous levons les yeux au ciel. Nous nous mordons la langue et essayons de nous maîtriser dans notre réaction par rapport à nos différences. Et si nous sommes agacés, c'est avant tout parce que nous n'arrivons pas à comprendre — à comprendre *vraiment*.

Nous avons notamment beaucoup de mal à accepter le *fait* (voilà qui vous indique de quel côté je me situe) qu'il existe fondamentalement deux manières d'appréhender l'information, de percevoir ce qui se passe autour de nous. Certains d'entre nous appréhendent l'information au moyen de leurs cinq sens : la vue, l'ouïe, le toucher, le goût et l'odorat. D'autres parmi nous traitent l'information au moyen d'un sixième sens : le pressentiment ou, comme nous avons coutume de l'appeler, *l'intuition*.

Il y a bien longtemps, Carole et moi nous sommes rendu compte que nous différions dans notre manière d'aborder ce que nous voyons autour de nous. Par exemple, pour moi, un fait est un fait et reste un fait. Je veux commencer par le commencement et procéder étape par étape. Je me retrouve dans une formule du genre : « La plupart des problèmes définis avec précision sont déjà en partie résolus. »

Pour Carole, un fait est légèrement plus ou moins qu'un fait, selon son humeur du moment. Elle est en accord avec une formule telle que : « Un fait unique vient souvent gâcher un argument intéressant. » Elle a tendance à embarquer à n'importe quel moment et à sauter les étapes. Je dois avouer que cette démarche me déconcerte totalement.

Tandis que je lis le mode d'emploi en faisant attention aux détails qui me permettront de mettre en pratique les instructions, Carole saute souvent les indications et... se met tout bonnement à essayer. En fait, c'est devenu une plaisanterie dans la famille. Quand un de nos appareils ménagers tombe en panne et que Carole est plantée devant, exaspérée, elle regarde dans ma direction, sourit d'un air penaud et dit: « Je sais. Je sais. Une fois que tu as tout essayé, *lis le mode d'emploi*. »

J'aime les façons de faire définies à l'avance, les habitudes établies, les choses qui sont précises et mesurables. Penseur au sens pratique, j'ai coutume de demander : « Est-ce que ça marchera ? Et si non, pourquoi ? » Carole apprécie le changement et la diversité, préfère imaginer des possibilités et aime le côté inventif et créatif des choses. Elle essaiera quelque chose pour *voir* si ça marche — et si ce n'est pas le cas, cela ne la tracassera pas plus que ça.

C'est là une différence à laquelle il est difficile de se résoudre et qui, de l'avis de certains psychologues cliniciens, crée le fossé le plus large entre les personnes.

Une des raisons expliquant la difficulté qui règne dans ce domaine est que les différentes manières de recueillir l'information (le réaliste opposé à l'intuitif) peuvent donner l'impression d'informations dissemblables ou opposées. En quelque sorte, ce trait particulier de la personnalité est la fonction la plus fondamentale. En effet, il détermine directement notre manière d'appréhender l'information qui constitue la matière première de notre façon de voir la vie, ainsi que de nos attentes par rapport à ce que nous percevons. Dans une large mesure, c'est notre perception de l'information qui nous fournit les données dont nous nous servons pour prendre nos décisions et cela peut engendrer d'énormes différences entre deux époux.

L'étude du test Myers-Briggs nous a démontré que presque tous les individus passent de l'une à l'autre de ces démarches, mais qu'en général l'une d'elles est *prédominante* et *plus développée*.

Dans son livre *Pour se mieux comprendre entre époux*, Paul Tournier formule ainsi ce phénomène : « Un esprit intuitif et un esprit scientifique auront grand'peine à se comprendre : pour le premier, les choses ne sont pas des choses mais des symboles d'autres valeurs qu'il rêve et qu'il y rattache ; pour le second, les choses ne sont que ce qu'elles sont, rien que ce qu'on en peut mesurer et peser. »

L'un veut des faits, se fie aux faits et se souvient des faits. Il croit à l'expérience et traite l'information à partir de ce que lui ou d'autres ont vécu. Cet individu observe et veut avoir affaire au réel — non pas au conditionnel ou à l'hypothétique. C'est un réaliste au sens pratique (devrais-je dire obstiné ?). (Le masculin me semble approprié ici parce que c'est ainsi que je suis ; mais certaines femmes ont aussi cette tendance.)

L'autre est loin de recueillir l'information de cette manière ! Pour la personne intuitive, les faits sont moins importants que les *impressions*. C'est sans doute pour cela qu'intérieurement je lève les sourcils en entendant les « faits » de Carole. Elle reconnaîtra qu'elle invente parfois des statistiques — quoiqu'elle ait vite fait de le dire si c'est le cas — et qu'elle exagère à d'autres moments. Les gens intuitifs comme Carole sont souvent théoriques et imaginatifs.

J'ai vu un certain nombre d'hommes de tempérament réaliste perdre patience avec leur épouse intuitive. C'est le genre d'hommes qui secouent la tête avec irritation, qui rabaissent leur épouse et se disent intérieurement (et parfois tout fort) : « L'intuition ? En voilà une manière idiote de fonctionner ! » Cependant, c'est un autre homme qui a dit : « Les bons instincts indiquent d'habitude comment procéder bien avant que la tête ait résolu la question. » Voilà au moins un homme qui reconnaît la valeur de ce bel art qu'est l'intuition !

Si seulement nous pouvions être convaincus que telle façon de penser n'est pas *mauvaise* en soi. Elle est tout simplement *différente*. Or, en réalité, nous avons besoin des deux pour nous compléter.

Nous avons observé qu'une personne intuitive est rarement exaspérée par la personne réaliste. Les gens réalistes, par contre, s'irritent lorsqu'ils n'arrivent pas à obtenir des faits ou des détails de la part de quelqu'un d'intuitif.

Identifions les différences

MOTS CLES

Réaliste	*Intuitif*
déduction	intuition
détails	schémas
présent	futur
pratique	imaginatif
faits	innovations
séquentiel	aléatoire
directives	pressentiments
répétition	variété
jouissance	anticipation

transpiration	inspiration
conservation	changement
vérification	invention
rassembler des faits	synthétiser des théories
observer les détails	déceler les possibilités
aime la boussole	se sert des étoiles

Que regardez-vous dans une maison que vous envisagez d'acheter ? Votre réponse peut s'avérer un bon indice pour savoir si vous êtes quelqu'un de réaliste ou d'intuitif. Personnellement, je regarde la superficie, la disposition des pièces et l'état de la chaudière, des murs et du toit. Ensuite, j'étudie les conditions du prêt, le financement, les frais d'entretien que nous aurons à supporter et le travail que demandera la pelouse.

Mais pas Carole ! Pour elle, il faut que la maison lui tape dans l'œil, sinon elle ne la regardera même pas deux fois. Quand je lui demande quel genre de maison lui taperait dans l'œil, croyez-vous qu'elle soit capable de me le dire ? Absolument pas. Il *faut* tout simplement qu'elle lui tape dans l'œil.

Cela dit, Carole est capable de voir des possibilités là où j'en suis incapable. Elle imagine à quoi ressemblera la maison une fois qu'elle aura repeint les pièces et installé le mobilier. Pour ma part, je vois... disons, je vois *la maison* telle qu'elle est devant moi.

Les deux approches présentent des avantages. Je réagis par rapport aux faits ; Carole découvre les possibilités. Je suis réaliste ; Carole voit les options non étudiées. Je me renseigne précisément sur la situation exacte ; Carole pense à ce qui pourrait se passer et qui ne s'est encore jamais produit.

Voyez-vous, Carole et moi pouvons nous trouver face à une situation et voir deux ensembles d'éléments complètement différents. Carole relève intuitivement l'expression du visage, le ton de la voix, la position du corps — les aspects non verbaux.

C'est ainsi qu'après un entretien avec un couple, par exemple, je demanderai à Carole ce qu'elle a *ressenti* à propos de la situation. Elle est alors incapable de me dire ce qu'elle a remarqué concrètement pour éprouver telle impression, mais elle me dit ce qu'elle ressent à la suite de cet entretien.

Je filtre sa réponse au travers de ma grille éminemment pratique et y ajoute l'ensemble des faits que j'ai observés. Ensemble, nous parvenons ainsi à une représentation bien meilleure que ce dont l'un ou l'autre d'entre nous aurait été capable seul.

Nous avons beaucoup appris de cette manière. Sur nous-mêmes. Sur les autres. Sur la vie. Sur Dieu. *Principalement* sur Dieu.

Carole, notamment, a dû apprendre que, bien des fois, Dieu nous enseigne à nous fonder sur les faits exposés par sa Parole et à ne pas nous fier à ce que nous ressentons sur le moment.

Lors de notre trente-cinquième anniversaire de mariage, tout semblait indiquer que Dieu avait permis que se réalise un rêve que nous avions depuis plusieurs années : aller en voyage en Angleterre avec notre fille et son mari. Mais voilà qu'à la toute dernière minute, notre gendre se mit à souffrir de calculs rénaux, de sorte qu'ils ne purent nous accompagner. Voici un extrait de la lettre que Carole leur écrivit par la suite :

> Je ne suis pas sûre de pouvoir écrire cela sans que les larmes montent à nouveau, mais je vais essayer de ne pas trop mouiller ma feuille.
>
> Je suis sûre, comme vous l'êtes peut-être, que mon problème majeur n'est pas que Dieu ait dit non au formidable privilège que nous lui avions demandé, mais plutôt qu'il ait dit oui tout du long, puis que, juste au moment où nous nous apprêtions à savourer le morceau délicieux, il l'ait apparemment brisé et écrasé sous son pied. C'est l'impression que nous avons de notre point de vue humain. Alors, je lui dis : « Hé là ! Moi, je ne ferais pas ça à *mon* enfant. Comment est-ce possible que tu le fasses à quatre des tiens ? »
>
> C'est là une autre pièce manquante, n'est-ce pas ? Depuis, sans relâche, ma tête doit rappeler à mon cœur : « Dieu est réellement plein d'amour. C'est là un *fait* et non un sentiment. Il fait toutes choses *parfaitement* et il fait toutes choses avec *amour*. » Mon cœur dit : « Vraiment ? » Ma tête répond : « En vérité. » Et ma *volonté* de conclure : « Alors je *veux* te louer, Père, même au milieu de cette épreuve. »

Mais Dieu que c'est dur !

Le premier soir [d'une conférence à laquelle nous participions], un message a été donné sur le psaume 23 et une illustration utilisée par Elisabeth Elliot nous fut rappelée. Elle parle des bergers qui doivent plonger leurs moutons dans un bain désinfectant à l'odeur horrible pour les débarrasser de tous les tiques et insectes qui leur feraient du mal. Les moutons, qui doivent être immergés complètement à plusieurs reprises, se débattent dans tous les sens et ne comprennent certainement pas la cruauté apparente du berger.

Eh bien c'est l'image qui me vient à l'esprit. Je me débats et je rue dans les brancards sans comprendre. Il n'empêche que Dieu est quand même le *bon* berger !

Carole s'efforce de faire concorder ses sentiments intuitifs avec les faits. Quant à moi, je m'efforce de faire appel autant à l'inspiration qu'à la transpiration.

Nous avons vraiment *besoin* l'un de l'autre pour ça !

Mais il est vrai que vous le savez déjà !

2

Les deux faces d'une médaille

LE LOGIQUE OPPOSÉ AU RELATIONNEL

JACK

Je suis bien obligé de le reconnaître : je suis un type logique. Je suis quelqu'un qui résous les problèmes en parvenant à des conclusions par étapes raisonnées. Je ne peux pas m'en empêcher. C'est mon mode de pensée.

Une année, un ami nous a offert pour Noël une horloge à roulement à billes — un objet ingénieux qui nous a pris jusqu'à minuit pour le monter. (Et qui nous a demandé beaucoup de logique pour l'*assembler*.) L'horloge se compose de trois sortes de gouttières inclinées, de soixante petites boules pour les minutes et de douze boules plus grosses pour les heures. Le tout est relié de telle sorte qu'à chaque minute une petite boule tombe dans la gouttière située en contrebas, jusqu'à ce que, à l'heure pile, toutes les boules roulent vers le bas et viennent pousser une boule des heures dans son créneau horaire. Le plus amusant est de voir toutes les boules changer de place à douze heures précises.

Ce mécanisme d'horlogerie me fascine : il est original et logique.

Par moments, je sens presque mon cerveau fonctionner comme cette horloge. On fait tomber une boule-problème dans mon esprit-horloge et le processus se met en marche.

Méthodiquement. Précisément. Sûrement.

Le problème glisse d'une gouttière à l'autre jusqu'à ce que les boules tombent à leur place et que la solution donne midi pile !

Si on faisait une coupe représentant les processus de décision de Carole, j'imagine qu'on y verrait un imbroglio de connexions allant dans tous les sens, l'électricité sautant d'un endroit à l'autre avec des changements rapides dans la direction du courant.

Et pourtant, il est intéressant de noter que Carole pourrait fort bien arriver à la même solution que moi — et ce beaucoup plus rapidement ! Evidemment, elle serait incapable d'expliquer le *processus* — mais il est vrai qu'elle n'y verrait aucune utilité.

De mon point de vue, la difficulté est double. Premièrement, s'il lui arrivait de se tromper, elle serait dans l'impossibilité de retrouver à quel stade elle s'est trompée en l'absence de tout *processus* identifiable. Deuxièmement, si elle a *raison*, elle est incapable d'expliquer sa pensée — tout du moins, pas à quelqu'un qui raisonne de façon logique comme moi.

Situation pas facile ! Et pas rare, d'après ce que nous avons pu observer. En fait, toujours dans son même ouvrage, Paul Tournier affirme : « D'instinct, un homme très rationnel va épouser une femme très sentimentale et cette complémentarité va, tout d'abord, l'enthousiasmer. Mais à la longue il voudra lui faire entendre le langage objectif de la raison ; il s'agacera de n'y point parvenir, voudra lui démontrer qu'elle n'est pas logique dans ses explosions sentimentales, ce dont elle n'a nul souci. Et elle reprochera à son mari ce ton de raisonneur glacial qui étouffe la vie. »

Parmi les nombreux couples avec lesquels Carole et moi entrons en contact, nous trouvons certaines femmes très logiques et certains hommes très subjectifs. Si cela correspond à votre profil, louez Dieu pour cela. Cependant, la plupart du temps, les hommes que nous rencontrons sont de type logique et rationnel, et les femmes de type irrationnel et subjectif.

Des raisons physiologiques peuvent expliquer cette différence générale entre les hommes et les femmes. De nos jours, nombreux sont ceux qui imputent les différences entre le logique et l'irrationnel au fait que certaines personnes (en général les hommes) fonctionnent principalement à partir du côté gauche de leur cerveau tandis que d'autres (en général les femmes) fonctionnent soit plus à partir du côté droit, soit en situation d'équilibre entre les deux. Selon Norman Wright, conseiller familial : « Le mode de pensée du côté gauche du cerveau est positif, analytique, linéaire, explicite, séquentiel (...) concret, rationnel et orienté vers un but. Le côté droit est intuitif, spontané, sensible (...) visuel, artistique, joueur, holiste et physique. » Le côté gauche veut savoir quel est le résultat final, tandis que le côté droit fait plusieurs tours avant d'y arriver.

Observez un couple à un match de foot, surtout si le fiston est sur le terrain ! La femme se tord les mains d'angoisse en craignant que son garçon ne se blesse, tandis que l'homme s'égosille pour que son fils marque un but.

Certains experts disent que, bien que nous fassions tous des allées et venues entre les deux côtés du cerveau, le cerveau de l'homme a de fortes chances d'être plus hautement spécialisé. Une femme fonctionne de manière plus globale, les deux côtés opérant en même temps. Cela signifie que l'homme peut consacrer plus d'attention à ce qu'il fait, mais la femme, qui se sert simultanément des deux côtés de son cerveau pour traiter un problème, possède un avantage.

Et ce n'est pas étonnant ! Une étude indique que, dès leur plus jeune âge, les femmes possèdent plus de connexions entre les deux côtés et peuvent donc intégrer plus habilement l'information. (Pas juste, n'est-ce pas messieurs ?) Apparemment, cela leur permet de se « brancher » sur tout ce qui se passe autour d'elles — par exemple de faire tout en même temps la cuisine, d'écouter un enfant faire ses gammes au piano, d'aider un autre à écrire une lettre au Père Noël et d'avoir une conversation au téléphone — tandis que son mari se plaint de ne pas pouvoir lire le journal parce qu'un des enfants est en train d'entrechoquer deux couvercles de casserole dans la pièce voisine.

Une des conséquences, pour la femme, de posséder des connexions supplémentaires est qu'elle peut avoir une perception d'autant plus aiguë à l'égard des personnes. Elle capte des sentiments et les relie plus facilement à ce qu'elle pense.

Si ces études (selon lesquelles les femmes sont dotées de connexions supplémentaires) sont exactes, cela signifie alors que *les attentes des femmes quant aux facultés perceptrices des hommes devraient être tempérées par cette connaissance.* En d'autres termes, les femmes devraient avoir beaucoup de patience et bien comprendre la difficulté qu'ont les hommes à traiter des éléments multiples ou à exprimer facilement leurs sentiments. Mais les hommes aussi doivent faire preuve de patience : pour comprendre et accepter ce que ressentent leurs femmes.

Lorsque Carole et moi avons passé le test de personnalité Myers-Briggs, cela n'a fait que confirmer ce que nous savions déjà ! Nous étions très différents dans trois domaines et semblables — plus ou moins — dans le quatrième. Le test indiquait que la différence entre la démarche logique et la démarche irrationnelle ou relationnelle (autrement dit, l'opposition entre *raisonner* et *ressentir*), correspondait à deux manières de se positionner par rapport à l'information et de l'évaluer. La première personne fonctionne en prenant ses décisions sur la base de considérations logiques et objectives — c'est mon profil. Je décide sans doute plus avec ma tête et je veux savoir quelle est la « vraie vérité » à propos de quelque chose avant de prendre ma décision. J'ai tendance à être un spectateur, à envisager les choses en restant en dehors de la situation, et je cherche à avoir une vue d'ensemble.

La personne axée sur ce qu'elle ressent décide sur la base de valeurs personnelles subjectives. C'est le profil de Carole, qui prend le plus souvent ses décisions avec son cœur. Elle se fie à ses convictions personnelles et se préoccupe des rapports humains et de l'harmonie. Elle aborde presque toujours les situations en tant que participante et a immédiatement une opinion personnelle.

J'ai besoin de la démarche de Carole pour contrebalancer mon mode de fonctionnement logique, impersonnel et objectif.

Il y a peu de temps, nous avons reçu deux invitations pour le même dimanche après-midi alors que nous étions rentrés la veille d'un long voyage. Ma tendance aurait été d'hiberner à la maison et de regarder le tournoi de golf à la télévision. Mais nous sommes allés à la petite réunion organisée pour le départ d'un missionnaire ainsi qu'à la réception donnée pour les fiançailles de la fille d'un ami. Pourquoi ? Parce qu'en dépit de l'état dans lequel je me sentais, j'ai choisi de m'en remettre à la sensibilité de Carole à l'égard des autres et à sa perception de l'importance des rapports humains.

CAROLE

Je dois avouer qu'il y a eu des années dans ma vie où non seulement je ne comprenais pas la manière dont Jack abordait la vie dans certaines circonstances, mais où je ne l'*appréciais* pas.

Cependant, plus le nombre de nos années de vie commune augmente, plus j'entrevois pourquoi Dieu nous a conduits l'un vers l'autre. Je me rends compte en quoi j'ai besoin de Jack et peut-être pourquoi Dieu a créé beaucoup d'hommes avec ce genre d'esprit logique.

Assez récemment, nous nous sommes retrouvés confrontés à une situation très pénible qui a mis mes circuits émotionnels sous haute tension. La même semaine, nous devions prendre la parole chaque matin lors d'une conférence. Jack sentait que j'avais toutes les peines du monde à maîtriser mes émotions. Le deuxième jour de la série de conférences, il m'a dit : « Chérie, il faut *absolument* que nous gardions un peu nos distances par rapport à cette situation pendant les deux semaines à venir pour que nous puissions nous consacrer pleinement à ces conférences. »

Intérieurement, je me suis dit : « *Comment* vais-je bien pouvoir y arriver ? » Mais avant que je n'aie pu exprimer ma question, il a ajouté : « La prochaine fois que notre ami appelle, tu n'as qu'à lui dire : 'Attends, je vais te passer Jack.' Je veux te protéger dans cette histoire. »

J'ai accepté avec reconnaissance.

Tandis que je montais l'escalier, je me suis dit : « Comme c'est merveilleux d'avoir un mari qui est plus apte que moi à traiter ce genre de situations du fait qu'il peut y faire face en y étant moins sensible que moi. Lui *peut* rester détaché. Il est capable de prendre ses distances. »

Auparavant, j'avais eu du mal à accepter cette aptitude à prendre ses distances, mais désormais je pensais : « C'est magnifique d'avoir quelqu'un sur qui compter qui est plus stable que moi ; pour assumer la responsabilité ; pour me 'retenir'. Mais Jack, qui a-t-il, lui ? Il a le Seigneur, bien sûr. Et il peut partager des choses avec moi. Mais quelle personne en chair et en os a-t-il sur laquelle il puisse se décharger émotionnellement ? » J'ai alors répondu moi-même à ma question : « Personne ! »

Jack, en tant que chef de famille, en tant qu'adulte d'âge mûr, n'a personne sur qui se décharger de ses problèmes. Au bout du compte, c'est lui qui porte la responsabilité.

Ce jour-là, j'ai été frappée comme jamais auparavant en comprenant combien il est nécessaire qu'il ne soit *pas* aussi sensible que moi. S'il l'était, il risquerait d'exploser à certains stades critiques de notre vie ensemble. Je sais que ce serait mon cas !

Deux semaines avant cet incident, nous avions eu un entretien avec un couple qui était exactement le contraire de nous. Lui avait été pilote dans l'armée de l'air quelques années plus tôt et, pendant un temps, il avait été assigné comme officier escorteur pour un ami qui venait de trouver la mort dans un accident d'avion. Sa mission consistait à accompagner le corps pendant son rapatriement aux Etats-Unis et à prêter assistance à la veuve et sa famille.

Dan était un homme sensible, très conscient des souffrances et des besoins de ceux qui l'entouraient. Pendant la semaine qu'il passa auprès de cette famille affligée, il s'immergea progressivement dans leur situation. Sur le plan émotionnel, il devint le mari de la veuve et le père des enfants, au même titre que l'ami endeuillé du défunt.

Lorsque Dan retourna auprès de sa famille, il craqua complètement ! Il était tellement épuisé émotionnellement qu'il était incapable de communiquer avec son épouse et sa famille. Sa femme était non seulement blessée, mais jalouse de ce qu'il se soit profondément investi auprès de cette épouse et sa famille.

En parlant avec eux, nous nous sommes rendu compte que Dieu avait fait un don précieux à Dan. Celui-ci était en effet capable de s'identifier, de compatir et de s'investir à un degré impossible pour la plupart des hommes. Mais ce don entraînait certains dangers contre lesquels il devait se prémunir avec la plus grande vigilance. Il en existait deux en particulier. D'une part, il allait devoir protéger ses propres ressources émotionnelles afin que le fait de donner à d'autres ne le vide pas au point qu'il ne lui reste plus rien pour sa propre femme et ses propres enfants.

D'autre part, il allait devoir prendre extrêmement garde à ce que son *investissement* émotionnel auprès d'autrui n'engendre pas de *compromissions* sentimentales.

Après coup, j'ai pensé aux fois où j'avais entendu des épouses dire : « Ah, mon mari ne donne pas l'impression de *ressentir* profondément les choses. Il est incapable de comprendre ce que j'éprouve. Je regrette qu'il ne soit pas comme Un tel » (un pasteur, un conseiller, un ami). J'ai réfléchi aux fois où j'avais dû moi-même couper court à mes pensées qui prenaient ce chemin-là. Puis je suis allée trouver Jack sur-le-champ et lui ai demandé pardon.

Ensuite, j'ai eu un moment spécial de louanges pour le Dieu qui avait créé un mari possédant exactement les qualités dont j'avais besoin. « Je te remercie, Dieu, ai-je prié, de m'avoir donné un homme capable de prendre du recul par rapport aux circonstances, aux personnes — oui, et même par rapport à mes sentiments. Un mari capable de m'aider à garder le sens des proportions, qui peut assumer la responsabilité parce qu'il est à même de garder son sang-froid et son équilibre. Merci, merci encore, pour Jack. »

JACK

Comme vous le voyez, il nous a fallu du temps pour comprendre et apprécier la manière qu'a l'autre d'aborder la vie. Il s'agit d'une différence fondamentale et nous espérons qu'il ne vous faudra pas autant de temps qu'à nous.

Il est nécessaire de voir comment nous nous complétons en tant qu'individus logiques ou irrationnels. La force de l'individu logique se traduit par le fait d'analyser les projets, de voir les rapports de cause à effet, de peser les conséquences et d'estimer le coût de toutes les options offertes. L'individu irrationnel, par contre, examine ce que ressentent les gens par rapport aux options, quelles sont les valeurs en jeu, quels sont les besoins des gens concernés, et peut faire une nouvelle estimation en comprenant comment chaque solution affectera à long terme les personnes impliquées.

Carole, étant celle qui est avant tout irrationnelle (ou subjective), *apprécie* spontanément les situations, tandis que moi, étant celui qui est logique, je dois faire attention de ne pas trouver de failles et critiquer.

D'aucuns laissent entendre qu'un individu logique peut sembler froid et condescendant aux yeux de l'individu sensible, tandis que ce dernier peut sembler brouillon aux yeux de l'individu logique.

Je dois avouer que, les premiers temps, Carole et moi nous attachions plus aux inconvénients de penser différemment qu'aux avantages découlant de la manière qu'avait l'autre d'envisager les situations. Mais maintenant, nous voyons à quel point nous avons besoin l'un de l'autre.

Identifions les différences

Qui êtes-vous et à quel genre de personne êtes-vous marié ? Arrêtez-vous un moment pour examiner ces mots-clés qui décrivent chaque manière de fonctionner.

Logique	*Sensible*
pensée	sentiment
tête	cœur
justice	harmonie
rester détaché	prendre à cœur
impersonnel	personnel
analyser	s'identifier
précis	persuasif
principes	valeurs

Au cours des quelques chapitres suivants, nous allons continuer d'examiner notre manière de *penser*. La limite entre certaines de ces fonctions est un peu floue — si vous êtes quelqu'un qui raisonne logiquement, cela peut vous déranger. Je vous demande de passer outre. Essayez de voir globalement les différences et ne cherchez pas à faire de subtiles distinctions entre les termes eux-mêmes.

Bien sûr, vous constaterez qu'aucun de nous n'est tout à fait conséquent. Chacun d'entre nous (disons, certainement la plupart d'entre nous) recourt à la fois à la logique et aux sentiments pour prendre des décisions. Mais notre mode de fonctionnement global se caractérise en général par l'une de ces deux démarches.

En examinant les différences qui existent entre votre conjoint et vous, dites avec nous : « Merci, Seigneur, pour notre diversité. Merci parce que nous ne sommes pas semblables dans ce domaine. Merci parce que tu opères à travers nos contrastes afin de nous façonner et de nous rendre semblables à toi. Merci parce que tu te sers de ces différences pour nous faire voir ton monde... *rond* ! »

Priez avec nous que Dieu veuille bien nous ouvrir les yeux sur ce prodige — ce phénomène incroyable — qui fait que nous sommes *un* alors même que nous sommes différents, que nous vivons dans l'unité au milieu de notre diversité.

3

Tout dépend du point de vue où l'on se place

L'OBJECTIF OPPOSÉ AU SUBJECTIF

CAROLE

Venue participer à une conférence organisée pour les femmes engagées dans un ministère, j'avais passé toute la semaine en état d'effervescence. Voir tant d'amies m'enthousiasmait un peu plus chaque jour. J'avais bien conscience d'être surexcitée, mais je n'y prêtais guère attention.

Le vendredi, nous nous rendîmes à l'aéroport pour accueillir un neveu particulièrement cher et sa femme, qui arrivaient pour assister au séminaire sur le mariage prévu juste après notre conférence. Mon excitation grandit encore. Ce soir-là, veille du séminaire, nous nous retrouvâmes autour d'une table avec quatre autres couples ne se connaissant pas pour la plupart, et ma fonction « hôtesse d'accueil » se mit alors en route, s'ajoutant à ma fonction « débit accéléré » qui était déjà enclenchée. J'avais l'impression d'être un moulin à paroles qui s'emballait.

Soudain, sous la table, je sentis la main de Jack presser mon genou et je perçus immédiatement son message : « Carole, me disait-il, calme-toi. »

(Jack, crispé, devient de plus en plus taciturne ; quant à moi, sous l'effet de l'excitation, je me mets au contraire à parler de plus en plus rapidement.)

Je m'étais rendu compte de cette tendance. Aussi, lorsque Jack me fit parvenir son signal discret... je fis un effort sur moi-même.

Le samedi, à mesure que je rencontrais et discutais avec des amis et des êtres chers, mon excitation continua de grandir. A plusieurs reprises, Jack se pencha vers moi et me souffla à l'oreille : « Chérie, calme-toi. »

Puis nous nous retrouvâmes enfin seuls dans notre chambre, prêts à nous écrouler après l'intense activité de la journée.

Mais, évidemment, entre mes batteries surchargées et mes scrupules à cause des rappels de Jack, je savais que je n'arriverais pas à dormir.

Je passai donc mes bras autour de Jack et voici la conversation qui se déroula entre nous :

Carole : Est-ce que tu m'aimes ?

Jack : Voyons donc, bien sûr que je t'aime.

Carole : J'ai besoin d'en avoir l'assurance à cet instant même.

Jack : Pour quelle raison ?

Carole : Il me semble avoir parfois l'impression que tu m'aimes vraiment, mais peut-être que tu ne m'apprécies pas par moments.

Jack : Qu'est-ce qui t'a donné cette impression ? Qu'ai-je fait qui ait pu te faire ressentir cela ?

Carole : Eh bien, tu m'as dit plusieurs fois aujourd'hui de me calmer.

Jack : Mais tu as été surexcitée toute la journée ; je voulais t'aider.

Carole : Je crois l'avoir compris, mais quand ça se produit *plusieurs fois*, je ne pense pas que tu puisses m'apprécier si je suis ainsi.

Jack : Mais il faut que tu acceptes que c'est parce que je veux t'*aider*.

Carole (soupirant) : Ma tête l'accepte. Mon cœur, pas toujours.

Jack : Chérie, je t'aime, et je t'apprécie.

Figurez-vous qu'une heure plus tard, malgré ma fatigue, je me relevai pour noter cette conversation mot pour mot. Si je le fis, c'est parce je fus frappée de constater que plusieurs éléments significatifs avaient jalonné cette conversation.

Premièrement, Jack ne cessa pas de chercher à comprendre et de poser les bonnes questions. S'il ne l'avait pas fait, je ne lui aurais pas dit ce qui se passait réellement en moi.

Deuxièmement, aussi humiliant cela fût-il, je décidai de faire preuve d'honnêteté et d'humilité quant au sentiment que j'éprouvais.

Mais, troisièmement, je me rendis compte que, même dans cet échange, nous avions abordé la situation de deux points de vue opposés — eh oui, *une fois de plus.* Encore et pour toujours, je suppose.

Moi, j'avais abordé la situation subjectivement, en me focalisant sur mes sentiments (« j'ai l'impression que tu ne m'apprécies pas quand je suis comme ça »). Jack, lui, l'avait abordée objectivement et d'après les faits (« j'essayais de t'aider »).

Au bout du compte, il me fallut accepter cette réalité objective qu'il essayait *effectivement* de m'aider. Mais lui comprit aussi, et ne condamna pas, le sentiment que j'éprouvais suite à ses rappels à l'ordre.

Nous essayâmes de trouver de quelle manière il pouvait m'aider quand je deviens trop excitée sans pour autant me donner le sentiment de ne pas être acceptée, mais nous n'y parvînmes pas. Dans ce cas, je dois me *remémorer* et *accepter* la manière dont Jack essaie vraiment de m'aider.

Je veux faire attention de ne pas mettre toutes les femmes dans la catégorie des gens subjectifs et mus par leurs sentiments, même si je serais sans doute d'accord avec certains psychologues qui croient que ce trait de caractère, qui consiste à se fonder sur ses sentiments, est plus présent chez les femmes que chez les hommes. Cela dit, il importe à chacun d'identifier notre propre manière d'aborder la vie ainsi que celle de notre conjoint. Ensuite, nous devons nous efforcer non seulement de comprendre et d'accepter chaque approche, mais aussi de nous compléter l'un l'autre.

Ma subjectivité me rend excessivement sensible à la taquinerie et j'ai tendance à voir dans certaines remarques des sous-entendus, bien souvent à tort. Une autre difficulté tient au fait que j'ai une petite bande de préjugés qui se déroule dans ma tête et sur laquelle se trouve préenregistrée la réaction que je prévois ou désire de la part de Jack. S'il ne réagit pas conformément à ma version préenregistrée, cela peut donner lieu à de gros malentendus.

Avant d'avoir entrepris d'étudier la manière dont Jack aborde la vie, j'aurais acheté une robe et, en rentrant à la maison, je lui aurais demandé : « Est-ce que ma robe te plaît ? »

Si Jack se fut contenté de répondre : « Elle me plaît », je l'aurais rapportée au magasin !

Pourquoi ? Parce que le « elle me plaît » de Jack aurait été trop objectif. Il aurait eu beau exprimer un fait, j'aurais cherché quelque enthousiasme dans sa voix, un haussement de sourcil, un sifflement — un signe *concret* de son approbation.

Nous avons vraiment fait des efforts sur ce point. Jack essaie de s'exprimer avec plus de sentiment et moi, je ne cesse de me répéter qu'il pense réellement ce qu'il dit même lorsqu'il communique simplement un fait objectif dans un langage ordinaire et sans fioritures.

La personne qui aborde la vie d'un point de vue subjectif a sans doute plus besoin d'être rassurée — sur tous les plans — que la personne objective.

Etant logique et objectif, Jack a catalogué et bien identifié chacun des types du test Myers-Briggs (vous remarquerez que c'est lui qui a rédigé l'annexe qui le présente). Pour ma part, j'ai encore un peu d'hésitation pour certains de ces types, mais je fais mon possible. Je dois avouer que je confonds parfois ces différents traits de la personnalité. Mais en y réfléchissant, il m'a semblé que ces descriptions pouvaient être utiles :

— Réaliste : considère les faits.

— Logique : *raisonne* en considération des faits.

— Objectif : considère les faits *de l'extérieur*.

En se servant de ces définitions comme d'un guide, une personne subjective, qui vit une situation *de l'intérieur* et qui la *ressent*, pourrait néanmoins faire preuve d'une certaine logique en considérant *aussi* les faits.

Cependant, être à la fois intuitif et objectif risque d'être plus difficile.

Etre sensible et objectif est plutôt délicat.

Sensible et réaliste ? Disons, peut-être.

Mais être subjectif et réaliste, voilà qui serait ardu !

Quant à une personne à la fois réaliste et intuitive — il semble que cela serait extrêmement difficile. (Avez-vous suivi ?)

Maintenant que je vous ai partiellement — ou peut-être complètement — embrouillé, retournons y regarder de plus près.

Selon certaines études, de nombreuses personnes logiques et organisées sont aussi du type subjectif. Dans le jargon du test Myers-Briggs, ce sont des « Analytiques/Subjectifs ». Dans son livre, qui parle de la mise à profit des différents dons de tempéraments pour le bien du corps de Christ, le pasteur Gary Harbaugh en donne un exemple :

> La différence entre Mike (un Analytique/Rationnel) et Maggie (une Analytique/Subjective) réside dans la manière dont ils ont tendance à prendre leurs décisions. (...) Mike combine son mode de perception Analytique avec un mode de décision Rationnel (logique). Cette combinaison Analytique/Rationnel engendre un don tout à fait particulier, le don du réalisme et de l'esprit pratique, ainsi que la capacité de centrer son attention sur l'instant présent.
>
> Maggie est, elle aussi, une personne axée sur le présent, mais elle combine son mode de perception Analytique avec un mode de décision différent. Elle sait qu'il est parfois utile de réfléchir aux décisions de manière logique et analytique, tout comme le fait Mike, en prévoyant les conséquences qui risquent fort de découler de la mesure prise aujourd'hui. Pourtant, lorsqu'il s'agit de prendre une décision vraiment *importante*, Maggie estime qu'on ne peut pas toujours se fier à la logique. Telle mesure pourra bien être la décision *logique* à prendre, mais elle pourra ne pas lui *sembler* bonne. Plutôt que de s'en remettre à l'analyse objective, le mode de décision de Maggie consiste à baser ses décisions avant tout sur des valeurs en rapport avec les personnes. Pour elle, cause et effet s'écrit cause et *affect* : comment cette décision parti-

culière affectera-t-elle les gens en général et, plus précisément, ceux qui sont importants dans sa vie.

Jung a dit que le mode de décision par les sentiments [« Subjectif »] est tout aussi rationnel que le mode de décision par la pensée [« Rationnel »]. C'est simplement le *raisonnement* qui diffère. Mike part du principe que la vérité et l'impartialité doivent constituer le fondement de tous les choix, et sa manière impersonnelle de parvenir à une conclusion ne se veut pas indifférente. Au contraire, sa manière à lui de prendre à cœur une situation ou une personne est de prendre une décision qui soit exempte au maximum de tout préjugé personnel.

Quand j'ai lu cela, la lumière s'est faite en moi.

Jadis, lorsqu'il était nécessaire d'agir au niveau des structures dans une situation impliquant un ami ou un proche qui nous était cher, j'insistais auprès de Jack pour qu'il fasse usage de ses fonctions de responsabilité pour intervenir et améliorer la situation. Cependant, Jack semblait se donner tout le mal du monde pour traiter la situation comme il aurait abordé n'importe quelle autre personne ou circonstance et il refusait toute pression. Cela me contrariait parce que je percevais cela comme de l'indifférence.

A présent, je comprends qu'il *prenait véritablement à cœur* la situation ou la personne : en « prenant une décision qui soit exempte au maximum de tout préjugé personnel ».

La combinaison chez une même personne des types intuitif et objectif est rare. Selon les études effectuées, il n'y a qu'environ vingt pour cent des hommes et neuf pour cent des femmes qui entrent dans cette catégorie. Ceux qui sont dotés de cette combinaison ont tendance à être intellectuels, logiques et ingénieux. Ils possèdent une aptitude naturelle à planifier à long terme et à trouver les problèmes stimulants. Ils sont stimulés par la complexité et aiment à voir comment chaque élément a sa place dans un ensemble. Etant donné qu'ils prennent en considération les sentiments uniquement quand cela leur semble logique, ces gens intuitifs-objectifs peuvent être mal perçus comme étant personnellement indifférents ou même distants. Cependant, leur façon plus impersonnelle d'aborder les situations ne se veut pas distante. Il s'agit plutôt de la démarche qui, aux yeux d'une personne de type Rationnel, empêche les préjugés personnels d'entraver la recherche de la meilleure manière possible de résoudre un problème.

Les gens de type Subjectif peuvent trouver cela difficile à concevoir, mais les gens intuitifs-objectifs peuvent faire, relativement facilement, la distinction entre une différence d'opinion et des sentiments personnels.

Comme vous le voyez, il existe donc toutes sortes de combinaisons de types de personnalités, de tendances et de manières de prendre les décisions.

Néanmoins, une chose me semble évidente : on épouse généralement son contraire.

Parfois, j'aimerais vivement être plus objective. Dans certaines circonstances, je me suis même donné beaucoup de mal pour l'être ! Mais il n'y a rien à faire : cela ne dure pas longtemps. J'ai tôt fait de redevenir l'otage de mes sempiternels sentiments et, malgré tous mes efforts, je ne peux m'empêcher d'être subjective.

Selon le dictionnaire, « subjectif » se rapporte à ce qui provient des sentiments ou du tempérament du sujet ou de la personne qui pense. Ce qui est subjectif est déterminé par, et met l'accent sur, les idées, pensées et sentiments de l'artiste ou de l'écrivain et ne se contente pas de transcrire ou de refléter rigoureusement la réalité.

Imaginez-moi en train de regarder un débat présidentiel avec Jack. Comme je trouve ce genre de spectacle très difficile à regarder, je me trouve toutes sortes de raisons pour quitter la pièce. Je deviens de plus en plus irascible — ce qui, hélas, se retourne de temps à autre contre Jack.

Pourquoi ai-je du mal à regarder ce genre de débat ? Parce que je m'implique tellement personnellement ! Je grimace de douleur quand l'un attaque l'autre, quand chacun semble répéter ce qu'il vient de dire, quand l'autre bafouille en cherchant un mot. J'ai horreur de la dissection critique qui fait suite au débat. Tout cela m'*écœure* d'un bout à l'autre !

Jack n'arrive pas à comprendre ce qui m'arrive. (D'ailleurs, au départ, moi non plus !) Ensuite, je me rends compte que c'est pour la même raison que je ne peux rester dans la pièce lorsque

Jack veut regarder une certaine émission d'information de type tribune dans laquelle les participants s'attaquent verbalement, ne laissent pas leur interlocuteur finir ses phrases et vont même jusqu'à s'insulter ! Personnellement, je trouve cela horrible. Jack, lui, trouve cela intéressant.

Ni l'un ni l'autre de nos points de vue n'est *mauvais* — simplement *différent*.

De par son objectivité, Jack voit la vie d'une certaine manière ; quant à moi, ma subjectivité complète le tableau.

La maturité se définit comme étant le développement complet. A mesure que nous grandirons sur le plan mental, spirituel et émotionnel, nous deviendrons des gens plus équilibrés en *choisissant* d'apprendre les processus de réflexion et de décision des autres qui sont différents des nôtres. Voici comment Gary Harbaugh exprime cela dans un autre passage de son livre :

> Apprendre à développer et intégrer les différents dons des autres n'est pas seulement un acte chrétien et bienveillant, c'est aussi un acte *indispensable* pour notre propre développement en tant que personne accomplie en Christ. Au début de notre vie, notre tâche est d'identifier et de développer les dons particuliers que Dieu nous a accordés afin de pouvoir être sûrs d'utiliser ce que nous avons reçu avec efficacité et fidélité « pour le perfectionnement des saints. Cela en vue de l'œuvre du service et de l'édification du corps du Christ » (Ephésiens 4.12). Cependant, à mesure que nous acquérons de la maturité, surtout vers le milieu de la vie et par la suite, le fait que nous soyons plus à l'aise par rapport aux dons qui sont contraires aux nôtres engendre une intégration personnelle plus profonde et plus complète. Si nous voulons devenir tout ce que nous sommes capables d'être, il nous faut apprendre à intégrer ces dons contraires dans notre vie, et ce de plus en plus complètement. De ce point de vue-là, les efforts que nous faisons en tant que chrétiens pour apprécier et soutenir ceux qui possèdent des dons différents des nôtres peuvent nous aider dans ce processus de croissance vers l'accomplissement.

Un des meilleurs moyens d'apprendre cela — et de devenir la personne mûre que Dieu veut que nous soyons — est d'épouser son contraire.

Quand deux vies se frottent l'une contre l'autre jour après jour, mois après mois, année après année, un changement devrait se produire. Nous devrions grandir. Nous devrions mûrir. Nous devrions, comme le dit le pasteur Harbaugh, parvenir à l'accomplissement.

Est-ce là un des effets qu'a votre mariage sur *vous* ?

4

Tu vois la forêt, je vois les arbres

LE GLOBAL OPPOSÉ AU DÉTAILLÉ

CAROLE

Jack avait l'air un peu maussade lorsqu'il rentra ce soir-là. J'attendis qu'il se soit installé confortablement sur le canapé avec un jus de fruit et le journal, avant de lui demander comment s'était passée la réunion.

— Bien, répondit-il laconiquement.

— Alors pourquoi as-tu l'air si sombre ? lui demandai-je.

— Bah, je ne sais pas, répondit-il, puis il s'arrêta. Enfin, peut-être que si, reprit-il. Nous avons passé le plus clair de la journée à écouter les idées de Dave, qui étaient vraiment bonnes, mais il lui a fallu des heures pour nous les *exposer* ! Il est tellement entré dans lcs détails...

Sa voix flancha. Je cessai de poser des questions et le laissai reprendre la lecture du journal du soir.

Jack a un mode de pensée conceptuel, ou global. Il doit faire des efforts pour écouter ceux qui ont besoin de penser tout haut, qui entrent dans les détails, mentionnent des questions sans rapport avec la discussion et s'éloignent constamment du sujet. Il le fait, mais cela lui est difficile.

Toujours est-il qu'il a bel et bien appris à le faire — puisque c'est exactement comme cela que je suis ! Je fais une fixation sur les détails, veux *tout* savoir à leur propos et suis du genre à passer des heures à raconter — et à écouter — tous les petits détails complexes d'une situation donnée.

Un jour, notre fille Lynn et moi avons passé un quart d'heure à discuter sérieusement de l'endroit où nous épinglerions un bouquet sur un genre de robe qu'aucune de nous ne possédait ou n'avait l'intention d'acheter ! Lorsque la discussion s'est calmée, je me suis mise à rire. Comme Lynn me demandait ce qui était si drôle, je lui ai dit : « Est-ce que tu peux imaginer ce que papa penserait de cette conversation ? » Sur quoi elle a haussé les épaules en levant les yeux au ciel.

Si une personne attachée aux détails n'est pas mariée à quelqu'un qui aime discuter sur ce mode, il lui faut se lier d'amitié avec une autre personne (du même sexe) pour qui c'est le cas.

Quand Lynn est partie faire ses études supérieures, j'ai essayé inconsciemment de forcer Jack à être cette personne pour moi, à la suite de quoi j'ai vécu dans la frustration pendant deux mois parce qu'il en était incapable. Puis j'ai fini par comprendre d'où venait mon problème et je me suis mise à prier pour trouver une femme qui puisse être pour moi ce que Lynn avait été jusqu'alors. Toutefois, pendant quelque temps, il n'y eut personne et j'ai découvert quelque chose de merveilleux : Dieu lui-même pouvait être cette oreille attentive. Je pouvais « épancher [mon] cœur en sa présence » (Psaume 62.9) avec tous les détails que j'avais besoin d'exprimer.

Je rencontre régulièrement des femmes qui se plaignent que leur mari ne prie pas avec elles. Et s'ils le font, ils ne prient pas « sur le ton de la conversation », ce qui, pour ces femmes, signifie prier sujet par sujet, en mentionnant chaque petit détail et en conversant avec le Seigneur sur chaque point. Certaines femmes pensent même que leur mari a des carences spirituelles parce qu'il n'aime pas prier de cette manière.

En ce qui me concerne, j'aime prier avec Jack. Mais quand Jack et moi prions ensemble, nous n'avons pas d'échanges sur le ton de la conversation. Jack prie, puis je prie ou vice-versa. La plupart du temps, il prie sous forme de concepts. Il érige la structure et moi, je bouche les trous.

Encore une fois, cette manière de faire n'est pas mauvaise. Elle est simplement différente.

La plupart des relations demandent une bonne dose de concessions mutuelles, de patience, d'égards. Mais n'est-ce pas de cela qu'est fait l'amour ?

Cela ne veut pas dire que Jack ne décrit jamais les choses dans ce qu'on pourrait appeler un style balzacien. Je suis parfois absolument stupéfaite de le voir s'emballer dans une description interminable. Mais c'est l'exception et non la règle.

Avant de commencer à comprendre que Jack pense en termes de concepts, et non de détails, j'ai passé de nombreuses heures à pleurer.

Les premières années, Jack partait souvent toute la semaine à diverses conférences tandis que je restais à la maison avec Lynn. A son retour, j'attendais avec impatience qu'il me raconte *tout* sur la conférence. Il me racontait donc *tout* sur la conférence — en dix minutes chrono ! Je me disais alors : « Il ne *s'intéresse* pas assez à moi pour tout me raconter sur cette conférence. Et s'il ne s'intéresse pas assez à moi pour tout me raconter sur cette conférence, il ne m'*aime* sûrement pas comme j'aspire à être aimée. »

J'entretenais alors cette pensée, me retirais en moi-même et pleurais souvent parce que je prenais à tort une *différence* pour un manque d'amour de sa part.

Il m'a fallu des années pour découvrir que puisque Jack se concentre sur les principaux concepts et les idées essentielles, il m'avait bel et bien, à sa manière, *tout* raconté sur cette conférence.

Et puis il y avait les fois où je commençais à lui raconter quelque chose — à propos de notre voisin du bout de la rue, « celui dont l'oncle était sénateur... tu sais, sa femme a fait un séjour dans un asile psychiatrique quand son fils a commencé à se droguer ; d'ailleurs, il a failli y rester — surtout la fois où il a eu un accident : c'était la Toussaint et... » A partir de là, je remarquais que Jack avait le regard absent. Je me disais alors : « Il ne m'*écoute* même pas » — et c'était vrai ! Puis mon raisonnement se mettait en route : « S'il ne m'écoute pas, c'est que ce que je dis ne l'intéresse pas, et donc moi non plus, *je* ne l'intéresse pas, de sorte qu'il ne m'*aime* certainement pas comme j'aspire à être aimée » — et c'était faux !

En effet, j'ignorais presque tout du mode de raisonnement de Jack.

Au fil des années, nous avons donc appris à nous comprendre.

Désormais, je suis capable de condenser une magnifique histoire de quatre heures en dix minutes chrono ! A d'autres moments, cependant, Jack comprend que c'est plus fort que moi : il *faut* que je lui donne tous les détails. Et il s'est exercé à m'écouter patiemment. Je l'aime pour cela.

En outre, il a appris à se souvenir de certains de ces détails vraiment importants que je tiens à ce qu'il me rapporte après une conférence. Vous savez, qui s'est fiancé, qui va avoir un bébé, le meilleur repas qu'il a pris — certains de ces éléments vitaux !

Peu à peu, nous y arrivons. (Seul un esprit terre-à-terre me demandera *où*.)

Le Dr Norman Wright appelle cela « apprendre à parler la langue » de son époux. Moi, j'appelle cela apprendre à s'adapter au mode de pensée et de communication de son être cher.

Cela dit, quel que soit le nom que vous donniez à cette différence, il est indispensable de bien la comprendre.

Et de s'y adapter.

Et de faire des concessions à ce niveau-là.

Et même, oui, d'apprendre à l'aimer.

Sans cela, cette différence vous *rendra fou* !

5

Est-ce que tu m'écoutes ?

LA CLEF DE LA COMPRÉHENSION

JACK

Voici ce qu'écrivait en 1970, dans un magazine chrétien américain, un certain John Drescher, dans un article intitulé « Recette pour un mariage heureux » :

> Aucune situation dans la vie n'offre plus de possibilités de progrès et de maturité que le mariage, et pourtant, voilà que nous craignons terriblement d'être confrontés à nous-mêmes.
>
> Qui vous connaît mieux, avec vos points faibles et vos points forts, que la personne à laquelle vous êtes marié ? Qui a plus intérêt à vous rendre meilleur que celui ou celle dont la vie même dépend de vous ? Quelle personne est plus à même de juger de vos pensées, idées et projets ?
>
> Il y a de grandes bénédictions pour ceux qui veulent bien apprendre à se compléter l'un l'autre. Tout d'abord, il nous faut vraiment écouter ce que dit l'autre, oublier notre personne et essayer de comprendre le point de vue de l'autre. Nous devons être prêts à dire : « Je sais que je risque de ne pas penser ou agir comme toi, mais je veux essayer de comprendre comment tu appréhendes telle ou telle situation. »

M. Drescher a raison de nous exhorter à voir le monde à travers les yeux de l'autre.

Paul Tournier écrit que le partage de choses intimes est bouleversant, mais très rare. « Mille craintes nous retiennent des confidences profondes. Il y a, par exemple, tout simplement la peur de pleurer. Mais il y a surtout la peur que l'autre ne mesure pas toute l'importance que ce souvenir ou ce sentiment revêt pour nous. Quelle blessure, alors, si cette ouverture poignante tombait à plat dans une oreille distraite ou moqueuse, incapable de comprendre quelle en est la portée ! »

Un autre conseiller conjugal expérimenté se vit un jour poser la question suivante : « Quelle est l'ingrédient indispensable pour un mariage heureux ? »

« Après l'amour, répondit-il, l'aptitude à se confier pleinement, librement et franchement l'un à l'autre. »

Maintes et maintes fois on entend, exprimé par de nombreuses voix, le besoin pressant de *s'écouter* l'un l'autre... d'*entendre en profondeur*.

***

Ils formaient un joli couple : ils étaient jeunes, cultivés, profonds. Pourtant, ils n'avaient pas l'air au mieux de leur forme ce jour-là. Elle avait un regard brillant et tendu révélant une nervosité qui voletait fébrilement au-dessus de la table du buffet. Lui avait les traits tirés et semblait fatigué.

Nous avions eu la surprise d'apprendre leur retour définitif aux Etats-Unis d'un des champs de mission les plus difficiles au monde. Mais leur histoire nous surprit plus encore.

Les raisons de leur retour étaient évidemment multiples. Néanmoins, un élément se détachait plus particulièrement. Dès le début, l'épouse avait eu des réserves quant à leur départ en mission outre-mer et elle en avait fait part à son mari — mais *il n'avait pas écouté.*

***

Un de nos amis avait un trait de caractère qui le portait à filtrer et déformer l'information. Cela finit par faire obstacle à son efficacité de responsable. Pendant des années, sa femme avait essayé de l'aider par rapport à cette tendance. Mais *il n'avait pas écouté.*

***

Si Dieu conduit deux personnes à s'unir, c'est pour que l'une compense les faiblesses de l'autre. Si nous n'écoutons pas la personne qui nous aime le plus, qui a à cœur notre intérêt suprême et qui est la plus à même de voir nos défauts, péchés et insuffisances, nous risquons fort d'être affaiblis par plusieurs carences.

Premièrement, nous ne serons pas « aiguisés » par cette relation comme Dieu l'a prévu.

Deuxièmement, cela risque de faire obstacle à nos prières. Pierre fait cette mise en garde aux maris en 1 Pierre 3.7 : « Vous de même, maris, vivez chacun avec votre femme en reconnaissant que les femmes sont des êtres plus faibles. Honorez-les comme cohéritières de la grâce de la vie, afin que rien ne fasse obstacle à vos prières. » Il résume au verset 8 en exhortant tous les frères à avoir la même pensée, les mêmes sentiments, à être remplis d'amour fraternel, de compassion et d'humilité. Comment pouvons-nous, dans notre vie de couple, avoir la même pensée et être remplis de compassion, comment pouvons-nous être véritablement compréhensifs, si nous n'*écoutons* pas notre conjoint ? Or, si nous ne sommes pas compréhensifs, Dieu dit que c'est notre communication avec lui qui risque d'être entravée.

Et troisièmement, nous risquons de craquer nerveusement ! Amos 3.3 pose cette question : « Deux hommes marchent-ils ensemble, sans en avoir convenu ? » Si vous vivez vingt-quatre heures sur vingt-quatre avec quelqu'un qui est en désaccord avec vous sur les questions fondamentales, cela affectera votre santé physique, mentale ou émotionnelle.

Enfin, nous risquons de passer à côté de la volonté parfaite de Dieu pour notre vie.

Si nous écoutons dans le but de comprendre — c'est-à-dire *avec le cœur* —, nous pouvons nous mettre à la place de l'autre et prendre sérieusement en considération ce qu'il pense et ressent au moment de prendre nos décisions. Hélas, certains hommes parmi les chrétiens estiment que le simple fait d'avoir écouté leur femme revient à avoir suffisamment pris en compte leur point de vue. Ils vont alors de l'avant et prennent leurs décisions de manière indépendante.

Selon la définition du *Petit Robert*, « écouter » signifie « s'appliquer à entendre, prêter son attention à », mais aussi, deuxième sens : « accueillir avec faveur (ce que dit quelqu'un), jusqu'à apporter son adhésion, sa confiance. »

Dieu nous appelle à être un dans le mariage. Certains maris le savent, mais ils pensent en quelque sorte que ce sont *eux* qui sont le « un ». Cette unité revêt de nombreux sens, mais il ne fait aucun doute que cela veut dire être intimement liés tant au niveau du cœur que de la pensée. Par conséquent, il est indispensable de parvenir à un accord sur les décisions importantes avant d'agir.

Il se peut que certains hommes se disent : « Mais alors, ma femme risque de s'opposer à ce que je fasse ce qui me semble être la volonté de Dieu. »

Les commandements de Dieu ne se contredisent pas. Dieu nous appelle à être « une seule chair », à être soumis l'un à l'autre, à aimer, favoriser et rechercher le meilleur pour notre conjoint. Comment pouvons-nous y parvenir en adoptant ce genre d'attitude : « Bon, merci de m'avoir donné ton opinion. A présent, je vais faire ce que bon me semble » — ou même « ce que je crois être la volonté de Dieu » ?

Il semble y avoir là un paradoxe. Comment Dieu peut-il demander l'unité et nous donner ensuite des mentalités opposées ? Quelle *devrait* être notre démarche concernant les décisions importantes ?

Prenons le cas du premier couple que j'ai mentionné. Le mari se sentait appelé vers un champ de mission dur et redoutable. Sa femme n'avait pas l'impression d'avoir ni les dons ni la capacité nécessaires à un tel appel, mais il refusa d'envisager un pays moins exigeant. Comme il ne prêtait pas attention à ce qu'elle ressentait, elle partit avec lui en y mettant tout le cœur qu'elle pouvait car elle voulait être un soutien pour lui. Deux ans plus tard, ils étaient de retour au pays, l'épouse au bord de la dépression et le mari effondré.

Je crois que la réponse réside dans la prière. Non pas dans le genre de prière banale en trois mots vite expédiés, mais dans la prière fervente, déchirante et qui demande du temps. *Jusqu'à quand ?* Jusqu'à ce que Dieu intervienne et remplisse le cœur de l'épouse de son appel vers le même champ de mission, et qu'il lui accorde les dons et les aptitudes qui lui permettront d'y vivre avec joie. Ou bien jusqu'à ce que le mari ait le cœur transformé au point de se satisfaire de rester au pays ou d'être réorienté vers un champ de mission moins difficile.

Seulement voilà : comme ce mari n'avait pas écouté sa femme, il n'avait *pas* prié jusqu'à ce que Dieu la transforme ou modifie la situation. Résultat : deux personnes furent profondément blessées.

Aimer c'est écouter ; d'ailleurs, Dieu dit trois fois dans le même chapitre (Ephésiens 5) : « Maris, *aimez* votre femme. »

Cela dit, écouter avec son cœur n'est que la première étape. La deuxième consiste à apprendre à exprimer ce que nous pensons et ressentons d'une manière qui puisse être comprise par notre conjoint. C'est sans doute là une des tâches les plus difficiles qui nous soit demandée dans le mariage, car nous estimons que *cela va de soi* : notre conjoint devrait raisonner de la même manière que nous. Nous partons du principe que, si nous sommes patients, si nous communiquons bien et prions ensemble (ou peut-être même qu'à force d'user de flatteries, d'insister, de harceler, de rester inflexibles, de nous obstiner, de faire la moue et de nous mettre en colère), *un jour ou l'autre* au cours de notre vie commune, nous penserons pareil.

C'est faux !

Il se peut que vous vous rencontriez sur certains points de vue, sur ce que vous aimez et n'aimez pas, sur vos goûts de voyage et sur la bonne manière de dépenser son argent, mais vous ne penserez jamais pareil. En fait, penser pareil n'est même pas le but. Comme l'a dit quelqu'un : « Si deux personnes pensent pareil, l'une d'elles est inutile. »

Le but, c'est de penser *ensemble* : de se faire part l'un à l'autre de ce que l'on pense à chaque fois, tout en *comprenant* le raisonnement de l'autre.

En comprenant, par exemple, que les gens intuitifs et subjectifs...

— risquent de se sentir plus personnellement mis en cause par la critique de leurs idées que ce qui était voulu. Donc, tenez compte de ce qu'ils ressentent quand vous leur dites quelque chose.
— ne supportent pas bien la taquinerie : ils se sentent personnellement visés à chaque fois !
— ont tendance à prendre trop d'engagements parce qu'ils ont du mal à dire non — surtout lorsque quelqu'un a besoin d'aide.

En comprenant aussi que les gens réalistes et objectifs...
— ont besoin de plus de compréhension et de soutien sur le plan *émotionnel* parce que l'aspect subjectif de la vie a tendance à leur être moins familier.
— parlent plus de ce qu'ils *font* ou *pensent* que de ce qu'ils *ressentent* et risquent de négliger de demander aux autres comment ils se sentent.
— sont susceptibles de témoigner leur amour plus par des actes que par des paroles profondes.
— sont souvent des gens qui apprennent de façon linéaire et apprécient qu'on leur présente un sujet point par point.

En comprenant, surtout, que les meilleures décisions sont celles qui sont prises en commun par une personne objective et logique et une autre subjective et irrationnelle. Ces décisions sont alors mûrement réfléchies, réalistes et pertinentes, mais elles prennent néanmoins en considération ceux qui en seront affectés.

Toutefois, une étape de plus est nécessaire. Une fois dépassé le stade de la compréhension, notre objectif est d'apprendre à contrebalancer et compléter les points forts et les faiblesses que nous constatons dans le couple que nous formons.

Comme vous avez pu vous en rendre compte, Carole et moi sommes extrêmement différents. Notre mode de pensée est *opposé* sur presque tous les plans, et notamment en ce qui concerne :

— notre manière de *faire des projets.*

• Carole fait généralement des projets lorsqu'elle est d'humeur à réfléchir à quelque chose.

• Je fais des projets en fonction de ce qui nécessite d'être étudié sur le moment, que cela corresponde ou non à mon humeur.

— nos *habitudes de travail.*

• Carole *se met* simplement à l'œuvre sans vraiment prévoir ce qui doit être fait, ou sans organiser son travail selon un ordre logique. Elle voit quelque chose à faire et *le fait* — aussi rapidement et simplement que possible.

• Je suis plus lent, plus prudent. Je me prépare avant de commencer afin de m'assurer au préalable d'avoir tout ce dont j'ai besoin.

— notre manière d'*organiser.*

• Carole a tendance à ne pas trop se compliquer la vie.

• J'ai tendance à faire des recherches, à réfléchir, à recueillir plus d'éléments, à essayer de faire le choix le meilleur et le plus logique.

Je voudrais m'arrêter ici un instant car je crains que vous ne pensiez que je dénigre la manière d'opérer de Carole. Bien des fois, sa manière de faire est tout à fait pertinente. Par exemple, il y a quelque temps, nous étions en train d'examiner une vieille voiture — ce qui s'appelle une *très* vieille voiture — qui était manifestement en cours de restauration. Son propriétaire avait déjà passé de longues heures à essayer d'enlever la vieille couche de peinture, mais il était seulement parvenu à nettoyer quelques petites parties. Cela lui prenait du temps qu'il n'avait pas, la voiture n'allait pas ressembler à grand-chose même une fois son labeur terminé et il était découragé. Carole jeta un coup d'œil et lui dit :

— Vous êtes sûr d'être prêt à vous donner tout ce mal ? N'étant pas une perfectionniste, je me contenterais de passer un bon coup de peinture en bombe. Enfin, s'empressa-t-elle d'ajouter, je suppose que, pour vous, ce serait un sacrilège.

L'homme eut d'abord l'air très surpris, puis il arbora un large sourire.

— Bah, pas tant que ça, répondit-il. En fait, c'est ce que je ferai demain.

Et c'est ce qu'il fit. Dans ce cas-là, la manière de faire *rapide* de Carole était la meilleure, compte tenu du temps passé pour quelque chose qui n'en valait pas la peine.

— notre manière de *nous divertir et d'employer notre temps libre*.

- Carole est quelqu'un qui aime visiter, regarder, mais elle est aussi aventurière dans la mesure où elle désire toujours essayer des choses nouvelles.
- J'ai tendance à rester spectateur (sauf dans certains sports) et je ne suis pas porté à essayer des choses nouvelles.

— notre manière de *donner*.

- Carole est quelqu'un qui donne de manière spontanée, impulsive et généreuse.
- Je suis quelqu'un qui donne de manière mesurée, réfléchie et planifiée.

— notre manière de concevoir *le temps que nous passons avec les gens*.

- J'ai tendance à évaluer le temps passé avec des gens à la lumière de ce qui est accompli.
- Le seul fait d'être avec des gens réalise l'objectif pour Carole.

Comment pouvons-nous nous équilibrer et nous compléter l'un l'autre alors que nous arrivons dans la vie avec des différences aussi importantes ? Je ne peux pas *vous* dire personnellement en détail comment y parvenir car chaque couple est unique, créé par Dieu de différentes manières. Permettez-moi néanmoins de suggérer quelques idées.

Il est avant tout nécessaire d'accepter et de ne pas essayer de changer la manière dont votre conjoint pense et réagit dans la vie.

En ce qui nous concerne, nous savons plus nous amuser grâce à l'imagination prolifique de Carole, mais le contexte dans lequel nous vivons ces moments est bien organisé grâce à mon mode de pensée. Je l'aide à bien réfléchir et à se fixer des objectifs. Quant à elle, elle m'aide à me détendre et à jouir davantage de la vie.

Pour beaucoup de couples, les différences qui *attiraient* deviennent des sources de *conflit*. Comment inverser ce processus ?

Eh bien, essayez la chose suivante : prenez un week-end, ou au moins une journée entière, juste pour tous les deux. Allez prendre un savoureux petit déjeuner quelque part, puis trouvez un endroit où vous puissiez être seuls.

En premier lieu, priez ensemble pour ce temps que vous allez passer, puis séparez-vous pendant une heure. Durant cette heure, priez, lisez la Parole et discutez avec le Seigneur des objectifs que vous devriez vous donner pour le mois suivant, les six mois suivants — peut-être même pour l'année. Veillez à ce que ce soient des objectifs concrets et mesurables. (N'oubliez pas qu'un objectif est quelque chose dont vous êtes maître. Un désir est quelque chose que vous aimeriez voir se produire mais dont vous n'êtes pas maître. Par exemple, vous désirez que vos enfants suivent Dieu. Vous priez pour cela. Pourtant, cela ne peut être un objectif car vous n'avez aucun moyen de contrôle sur leur volonté ou leur réponse. En revanche, votre objectif pourra être de leur enseigner un verset biblique chaque semaine ou de prier pour eux chaque jour.)

Au bout de cette heure, retrouvez-vous et partagez vos objectifs (les aspects personnels, conjugaux, familiaux ou professionnels sont tous des sujets à travailler, mais tenez-vous-en pour cette fois aux objectifs concernant le couple), alliez-les, déterminez les activités qui vous permettront de réaliser ces objectifs et prévoyez aussi les moments que vous y consacrerez. Puis portez-les, ensemble, devant le Seigneur.

Ensuite, passez le reste de la journée à profiter l'un de l'autre !

Tout couple mettant cela en pratique, environ tous les trois mois, fait d'énormes progrès et les deux époux apprennent très vite à contrebalancer et compléter leur mode de pensée respectif.

En résumé :
— *Ecoutez* avec votre cœur.
— *Communiquez* jusqu'à ce que vous compreniez.
— Cultivez la *compréhension* jusqu'à ce que vous acceptiez.
— Continuez d'*accepter* jusqu'à ce vous puissiez affirmer.
— *Affirmez* jusqu'à ce que vous puissiez progresser dans les points forts de l'autre.

— Régulièrement, *fixez-vous des objectifs* pour votre couple et passez-les en revue.

Et puisse un des sujets, tant au niveau de la définition des objectifs que de la communication, être la question suivante : « Comment commencer à apprendre à nous servir de nos différences de telle sorte qu'elles soient des *atouts* dans notre couple plutôt que des *handicaps* ? Que pouvons-nous faire concrètement pour qu'elles élargissent les possibilités plutôt que de créer des problèmes ? »

Difficile ? Tout à fait !

Passionnant ? Sans aucun doute.

Et, croyez-moi, *ce ne sera pas du temps perdu.*

A présent : au travail !

DEUXIÈME PARTIE

NOTRE FAÇON DE COMMUNIQUER

6

Tu dis au revoir, je dis bonjour

L'INTROVERTI OPPOSÉ À L'EXTRAVERTI

CAROLE

A la fin du cantique accompagnant la sortie du cortège nuptial, l'assistance fut invitée à quitter l'église rangée par rangée. Comme nous nous levions pour nous joindre à la file des invités à la réception, Jack se pencha et me chuchota à l'oreille :

— Viens, laissons tomber la réception.

Lui adressant un sourire enjoué, je lui dis :

— Tu sais, on pourra peut-être s'esquiver au bout d'une demi-heure.

Il y a des années, j'aurais soit (1) grogné en entendant sa proposition, (2) estimé que Jack était un rustre insociable, (3) accepté que nous nous esquivions et eu ensuite l'impression toute la journée de m'être fait duper, ou (4) insisté pour rester tout en étant contrariée par le seul fait qu'il ait proposé de s'en aller.

Mais, à présent, je le comprends mieux.

Jack est sociable. Ce n'est pas un rustre. Il ne déteste pas les gens. C'est simplement qu'il est du genre introverti.

Dans notre société occidentale, beaucoup de gens estiment qu'il est peu souhaitable d'être introverti. Nous connaissons un conseiller familial qui a coutume de dire qu'à son avis, nombreux sont les « introvertis clandestins ». Estimant qu'être introverti est socialement inacceptable, ces gens-là essayent de dissimuler leur tempérament en faisant tout leur possible pour avoir un comportement qu'ils croient *acceptable*.

En revanche, les tests révèlent que soixante-quinze pour cent des Orientaux sont des introvertis — tempérament qui semble socialement plus acceptable en Asie. Je pense toutefois que la population mondiale se répartit à peu près également entre les extravertis et les introvertis.

Qu'est-ce qui vous vient à l'esprit lorsque vous entendez le terme *introverti* ? Est-ce l'image d'une personne qui n'aime pas la compagnie, qui est solitaire, recluse, peu sociable et silencieuse ?

Débarrassons-nous une fois pour toutes de cette image. En réalité, un introverti est quelqu'un qui trouve son énergie dans ses ressources intérieures et son expérience mentale ; quelqu'un qui réfléchit et ensuite — éventuellement — qui agit.

Un extraverti, par contre, est quelqu'un qui trouve son énergie chez les autres et dans des expériences externes ; quelqu'un qui agit et ensuite — éventuellement — réfléchit.

Certes, il est vrai qu'un introverti est souvent réservé, silencieux et peut-être difficile à connaître. Les introvertis retiennent et préservent leurs sentiments. Ils ont en effet besoin d'intimité et de passer du temps seuls, et certains pourraient passer pour renfermés aux yeux des extravertis. Cependant, ils apportent quelque chose de très précieux : ils donnent de la *profondeur* à la vie. Ils *réfléchissent* avant de parler. Ils méditent et contemplent. L'introverti a tendance à être le poète, le philosophe, le théologien.

L'extraverti, en revanche, aura tendance à être bavard, sympathique et facile à connaître. Les extravertis expriment leurs sentiments plus facilement et ont plus besoin de relations. Les extravertis donnent de l'*ampleur* à la vie. Cependant, ils risquent de paraître superficiels aux introvertis.

Chacun présente par moments l'une ou l'autre de ces deux attitudes — les extravertis veulent passer du temps seuls tandis que les introvertis recherchent la compagnie —, mais l'une d'elles est en général prédominante.

Jack et moi aimons ces définitions positives. Elles nous ont aidés à découvrir non seulement qui nous sommes, mais aussi pourquoi nous réagissons comme nous le faisons à certaines situations.

Quelqu'un a dit que la jeunesse est l'époque où l'on découvre son identité, tandis que la cinquantaine est l'époque où l'on développe l'autre facette de son identité. Cela semble particulièrement nécessaire dans le cas des tempéraments extraverti et introverti. Je crois que, dans son humanité, le Seigneur Jésus possédait l'*équilibre parfait* entre les deux.

Plus Jack et moi avançons en âge, plus nous nous rapprochons à ce niveau. Chacun de nous a aidé l'autre à prendre certaines des qualités existant chez les extravertis et les introvertis. Jack m'a appris la valeur de la solitude et, désormais, je recherche davantage les moments seule que lorsque j'avais vingt ou trente ans. Je me rends compte que non seulement j'ai envie de passer plus de temps avec Dieu — pour l'étudier, pour le connaître, parler avec lui, méditer sur sa Personne —, mais que j'ai aussi besoin de passer plus de temps simplement isolée et dans le silence. Quand je passe du temps seule, ma créativité se met à porter du fruit. J'ai aussi des moments où je récupère, où je recharge mes batteries en vue des longs moments à passer avec les autres.

Jack a acquis une plus grande capacité d'être en compagnie d'autres personnes, que ce soit au niveau des relations mondaines ou du ministère chrétien, mais je reste plus apte à être avec des gens plus longtemps et plus souvent. Je peux passer dix à quinze jours sans avoir l'impression d'être vidée de toute mon énergie, tandis qu'au bout de trois ou quatre jours Jack a besoin d'avoir une soirée ou une journée pour lui tout seul. Désormais, nous en tenons compte lorsque nous organisons un voyage de quelque nature que ce soit. Cela dit, le fait que nous nous complétions et adaptions l'un à l'autre dans ce domaine comporte un aspect positif : en effet, même si j'ai *potentiellement* une plus grande endurance pour ce qui est de mes rapports avec les autres, cela est possible uniquement grâce à mon énergie nerveuse, dans laquelle je me mets à puiser inconsciemment. Ainsi, le fait de marquer plus fréquemment une pause en raison des besoins de Jack m'aide à conserver mon plein d'énergie.

Nos différences dans ce domaine ont une autre conséquence, qui touche à notre manière de discuter avec d'autres couples et en groupe. En effet, j'ai tendance non seulement à agir d'abord et à réfléchir ensuite, mais aussi à *parler* d'abord et à réfléchir ensuite. Jack, par contre, réfléchit d'abord et parle ensuite.

Or cela peut poser problème ! Je suis capable de débiter dix phrases en réponse à une question avant que Jack n'ait eu le temps d'ouvrir la bouche ! Mais si j'arrive à contrôler ma langue et à retenir ma réponse superficielle, Jack parlera — et exprimera une vérité profonde ! Je dois avouer que ce point me donne bien du fil à retordre. Il n'empêche que lorsque je fais attention à mes paroles, notre conversation a beaucoup plus de profondeur que lorsque je parle sans arrêt pour ne rien dire.

En revanche, lorsqu'il s'agit de tenir de menus propos — ce que Jack ne peut supporter plus de sept minutes —, il *compte* sur moi pour faire la conversation pour tous les deux.

Un grand nombre d'extravertis pensent tout haut parce que le fait de s'entendre dire des choses à d'autres les aide à clarifier leur propre compréhension. L'introverti, par contre, mène souvent son raisonnement intérieurement — réfléchissant, pesant et considérant les différents aspects d'une chose — et c'est seulement une fois qu'il est parvenu à une conclusion qu'il est prêt à partager ses pensées à haute voix avec autrui.

Toutefois, les gens bavards et expansifs ne sont pas tous des extravertis. C'est ce que nous a enseigné notre petite-fille Sonya. Le surnom de Sonya est Sunny [NDT : qui signifie « ensoleillé », « épanoui »] — et elle porte bien son nom. Elle possède un sourire vif, une personnalité généralement exubérante et une nature expansive. Elle semble être à l'aise dans la plupart des situations de groupe. Et pourtant, nous sommes convaincus que Sunny est une introvertie. Pourquoi ? Parce qu'elle a besoin de passer des moments seule au même titre qu'elle a besoin d'air pour respirer. Si elle n'a pas ces moments où elle est toute seule, elle devient grincheuse. Elle peut jouer des heures avec ses poupées, inventer des jeux, se mettre dans la peau de personnages. Bien sûr, cela s'explique en partie par l'imagination que Dieu lui a donnée et qu'elle utilise activement. Mais cela tient aussi en partie à son besoin de solitude. Elle est expansive, mais introvertie — du moins selon la définion positive que nous avons donnée plus haut.

En revanche, notre petit-fils Eric est un extraverti bien que, naturellement, il soit plus silencieux et pas tout à fait aussi à l'aise dans toutes les situations. Même lorsqu'il était tout petit, il voulait de la compagnie. Il n'était pas fait pour passer des heures à jouer tout seul. Non, il voulait quelqu'un qui joue *avec lui*, qui lui fasse la lecture, qui lui tienne *compagnie*.

Ce sont tous les deux des êtres sociables. Ils parlent tous les deux librement avec les adultes. Mais Sunny trouve son énergie dans ses expériences internes et ses ressources intérieures, tandis qu'Eric la trouve dans les gens, le sport et des expériences externes.

Ce qu'il ne faut pas oublier, c'est que ce sont là deux attitudes complémentaires à l'égard du monde. Aucune n'est « meilleure » que l'autre.

Vous est-il déjà arrivé de rencontrer un professeur qui soit un merveilleux discoureur capable de disserter sur une quantité de sujets — et qui quitte ensuite le groupe au bout de quelques minutes pour se réfugier dans la bibliothèque avec un bon livre ? Il s'agit sans doute d'un introverti.

Nous avons fait des études avec un homme, connu pour sa brillante intelligence, qui est aujourd'hui un des orateurs les plus recherchés du pays. Nous avons un jour invité cet homme et sa femme pour un barbecue avec quelques autres couples. Bien qu'il ait pris part à la conversation, il fut un des plus silencieux du groupe. Je crois que j'aurais pu le prévoir : étant donné que son enseignement est profond et réfléchi, c'est sans aucun doute un introverti.

Ce trait de caractère demande à être abordé franchement, compris et ensuite *apprécié*. Mais, croyez-moi, cela nous en a pris du temps !

Ces tendances ont une incidence sur bien des circonstances de la vie et notamment :

Les vacances. L'extraverti aime les grands voyages, il veut voir la famille et les amis, préfère le cadre des grands hôtels, les foules, les galas, les réunions et les cérémonies en tout genre.

L'introverti aura tendance à vouloir éviter la plupart de ces choses. Il aime les randonnées, la découverte des cités antiques, le camping à la ferme, la pêche, les petits hôtels ou les meublés un peu à l'écart.

Les loisirs et les réunions mondaines. Dans ce domaine, un des facteurs est la capacité mentale, mais un autre peut aussi être le désir de l'introverti d'avoir un contact profond avec quelques personnes (entre une et quatre) plutôt que superficiel avec un grand nombre. Ainsi, Jack aura tendance à choisir une personne avec laquelle il aura une conversation en profondeur plutôt que de passer d'un groupe à l'autre.

L'extraverti aime, ou du moins n'a rien contre, les grands dîners, les réceptions de mariage, les repas fraternels à l'église et diverses sortes de réunions.

Le nombre d'amis et de connaissances. Les extravertis ont en général un plus grand nombre de personnes avec lesquelles ils veulent rester en contact, mais les introvertis auront souvent sensiblement plus de profondeur dans leurs relations (moins nombreuses).

En écrivant ces lignes, je me rends compte à quel point Jack et moi avons eu des affinités au niveau de ces tendances différentes — pour notre plus grand plaisir, je crois. Ni l'un ni l'autre nous n'aimons les grands hôtels, mais nous préférons plutôt choisir un meublé ou un bungalow dans lequel nous pouvons nous détendre et nous faire au moins notre petit déjeuner sans devoir nous aventurer dans la salle à manger d'un hôtel. Nous préférons en général communiquer simplement l'un avec l'autre pendant les vacances, peut-être du fait que, dans notre travail, nous avons énormément de contacts. C'est pourquoi nous choisissons des lieux d'hébergement plutôt petits et nous recevons des groupes réduits.

Cela dit, Jack veut néanmoins laisser tomber les réceptions de mariage tandis que je désire rester et discuter avec les invités ; j'ai tendance à parler plus longtemps le soir lorsque nous sommes accueillis chez une famille ; je me joins volontiers à un groupe pour peu qu'il pratique la moindre activité qui me semble intéressante ; je persiste à vouloir toute une foule d'invités pour les grandes fêtes (et Jack me fait plaisir sur ce point).

La manière dont Jack et moi nous levons le matin est un condensé de nos tendances. En général, Jack se lève plus tôt que moi, il se glisse sans bruit hors de la chambre, descend dans la cuisine et met une tasse de café (qu'il a pris soin de laisser de côté la veille) à réchauffer au micro-ondes, tandis qu'il en prépare du frais dans la cafetière. Puis il va s'asseoir sur le canapé pour prier, réfléchir, être *tranquille*. Au bout d'un moment, il va se chercher une autre tasse de café, monte dans son bureau, ferme la porte et a son culte personnel avec le Seigneur.

Quand je me lève une demi-heure plus tard, je suis déjà active avant même d'avoir mis le pied par terre. Je fais le lit, ma gymnastique, je me maquille, m'habille, puis je descends me chercher une tasse de café que je remonte pour mon moment de recueillement avec Dieu. Pendant que le café réchauffe au micro-ondes, je range ce qui a besoin d'être rangé dans la cuisine.

Où avez-vous votre place, dans la catégorie des extravertis ou des introvertis ? Examinez les qualificatifs suivants :

Identifions les différences

MOTS CLES

Extraversion	*Introversion*
actif	réfléchi
tourné vers l'extérieur	tourné vers l'intérieur
sociable	réservé
le groupe	l'intimité
nombreux	peu
ampleur	profondeur
communicatif	renfermé

Par ailleurs, les extravertis aiment l'action et le changement, ils aiment faire fonctionner leur cerveau en discutant avec autrui, agissent rapidement, parfois sans avoir beaucoup réfléchi, et veulent connaître ce qu'attendent les autres. Les introvertis aiment le calme et avoir le temps de réfléchir, ils préfèrent mener leur propre réflexion avant de parler, hésitent parfois à essayer des nouveautés sans les comprendre, et veulent fixer leurs propres règles.

Le Dr Gary Oliver, conseiller familial, se sert au cours de ses ateliers d'une illustration très parlante, qui cristallise les définitions de cette paire de tempéraments opposés : pour l'introverti, « la vie non étudiée ne vaut pas la peine d'être vécue » ; pour l'extraverti, « la vie non vécue ne vaut pas la peine d'être étudiée ».

J'espère vraiment que vous n'êtes pas semblable à votre conjoint dans ce domaine !

Dans un magazine chrétien américain, William Petersen raconte à quel point un couple de missionnaires, du nom d'Adoniram et Nancy Hasseltine Judson, s'accordait magnifiquement en dépit des différences extrêmes qui existaient entre eux. Nancy aimait s'amuser, elle était gâtée, impétueuse, têtue et sociable. Ses amis avaient coutume de dire que personne ne pouvait être maussade ou malheureux en sa compagnie. Cela ressemble-t-il au tempérament extraverti ?

Adoniram était brillant, parfois d'humeur changeante et un peu original ; depuis son enfance, il avait toujours préféré lire à s'amuser. Introverti, n'est-ce pas ?

Ils se marièrent et mirent le cap sur l'Inde à bord d'un bateau minable que Nancy décrivit comme ressemblant à l'arche de Noé. Pourtant, après avoir confessé ses craintes de mourir en mer, elle commença à apprécier le voyage. Pour faire un peu d'exercice, Adoniram et Nancy sautaient à la corde et dansaient !

En lisant cela, j'ai ri aux éclats ! Imaginez ce rat de bibliothèque dansant à bord d'un bateau bondé ! Pourtant, c'est ainsi que Nancy lui fit garder sa santé et sa forme.

Tandis qu'ils apportaient l'Evangile en Inde et en Birmanie, ils subirent des épreuves incroyables : leur premier enfant fut mort-né ; leur ministère fut lent, dur et solitaire ; ils n'eurent pas d'amis américains ; les lettres provenant du pays mettaient des années à arriver ; leur deuxième fils mourut à l'âge de huit mois ; Adoniram fut emprisonné et Nancy vécut dans une chambre non loin de lui afin de lui venir en aide. Et pourtant, écrit M. Petersen, leur mariage fut une réussite. Ils « se respectaient et s'honoraient mutuellement, en dépit de leurs particularités. Malgré le fait qu'ils travaillaient souvent en équipe, chacun d'eux laissait de l'espace à l'autre pour se développer de façon indépendante. Ils n'avaient pas de meilleur ami que leur conjoint. »

Peut-être est-ce en partie là le secret d'un mariage qui unit une personne extravertie à une personne introvertie : se laisser mutuellement de l'espace pour se développer, former une équipe et apprendre ce que cela signifie qu'être le meilleur ami de son conjoint.

Quand je ne parle pas, Jack croit que je suis soit malade, soit en colère ou encore à l'article de la mort. (Bien qu'il sache à présent qu'il y a effectivement des moments où je n'ai vraiment pas envie de parler !) Je tiens cela de ma mère. J'entends encore mon père dire : « Je n'ai pas besoin de radio quand je suis avec ta mère. » Puis, se mettant lentement à sourire, il ajoutait : « Si je parle en dormant, c'est parce que c'est pour moi le seul moyen d'en placer une. » Pourtant, ses paroles ne renfermaient aucune méchanceté. Il adorait ma mère.

Etant donné le nombre de situations de la vie qui sont affectées par ces différences, une bonne dose de compromis est nécessaire afin de s'y adapter : il s'agira, par exemple, de limiter le temps passé à une réception, d'emporter du travail à faire pendant un voyage afin de permettre à l'autre de disposer du temps de solitude dont il a besoin, ou d'entretenir des relations séparées n'impliquant pas l'autre. Il est également nécessaire de se laisser mutuellement de l'espace.

Mais il s'agit avant tout de *comprendre* et d'*accepter* les tempéraments extraverti et introverti — ce afin d'aimer. Afin de croître dans son couple.

Afin d'être — comme vous le désirez — les *meilleurs amis*.

7

Tu dis stop, je dis vas-y

L'ORGANISATION OPPOSÉE À L'IMPROVISATION

CAROLE

Le soleil me chauffait le visage. Tandis que nous agitions nos verres de coca-cola, les glaçons faisaient un cliquetis mélodieux. La petite terrasse de l'appartement meublé où nous profitions d'une pause de trois jours dans notre programme donnait sur un terrain de golf bien vert et nous regardions avec indolence quelques golfeurs faire leur parcours. Ayant poussé un soupir de contentement, je me remis à parcourir le magazine de la station.

— Dis donc, écoute ça ! m'exclamai-je soudain. On peut faire une descente de trois heures en eau vive sur un radeau demain matin à huit heures. Qu'est-ce que tu en dis ?

Quelques années auparavant, Jack se serait mis à grogner mais, ce matin-là, seul un petit soupir lui échappa. Il y eut un moment de silence, puis il fit la contre-proposition suivante :

— Tu n'aimerais pas plutôt louer des vélos et faire une promenade dans le coin ?

— Non, vraiment pas, affirmai-je. Enfin, si l'idée de faire du radeau en eau vive t'horrifie, je suppose que je me contenterai du vélo.

Il m'adressa un large sourire.

— Non, si tu veux vraiment faire du radeau, allons-y pour ça.

Quelques minutes plus tard, nous sortions jusqu'au village afin d'acheter nos tickets pour la descente en radeau.

Le lendemain matin, nous avons descendu la rivière au milieu de gerbes d'éclaboussures, nous sommes arrivés trempés jusqu'aux os et *nous nous sommes amusés comme des petits fous !*

A la fin de la matinée, Jack me dit (sans la moindre trace de mauvaise grâce) :

— Je suis content que tu m'aies persuadé de faire cette descente. C'était superbe.

Au fil des années, nous avons éprouvé à la fois de l'exaspération et de la reconnaissance en constatant combien nous étions différents dans notre manière de faire des projets.

Lorsque Jack et moi avons passé le test de personnalité Myers-Briggs, nous avons découvert que nous n'étions semblables que dans un seul domaine — pourtant, même dans celui-là, nous sommes en réalité aux antipodes.

Le domaine dans lequel nous nous sommes révélés le plus proche est celui que le test Myers-Briggs appelle *jugement* et *perception*. Possède une attitude dite de « jugement » celui qui préfère un mode de vie organisé, qui aime l'ordre et les structures précises, et qui apprécie de maîtriser les circonstances de la vie. Une telle personne aime être déterminée et apprécie les limites et les catégories bien définies.

L'attitude dite de « perception » est celle de celui qui préfère choisir un mode de vie souple, qui aime aller avec le courant, qui préfère vivre la vie comme elle se présente, et qui prend du plaisir à être curieux et à découvrir des surprises. Ce genre de personnes aiment la liberté d'explorer sans limites.

Le test Myers-Briggs avance que le mot-clé correspondant à l'attitude de *jugement* est *fermeture*, tandis que le mot-clé de l'attitude de *perception* est *ouverture*. Selon ce test, les « juges » risquent de paraître exigeants, rigides et crispés aux yeux des « perceptifs » ; en revanche, pour les « juges », les « perceptifs » risquent de sembler désorganisés, brouillons (voire trop rapides) et irresponsables.

A mon avis, ces désignations *juge* et *perceptif* sèment la confusion ; en effet, « juge » fait penser à quelqu'un qui juge les autres, or ce n'est pas du tout de cela qu'il s'agit.

Je vous propose donc de changer ces désignations et d'appeler ces deux types l'*organisé* et l'*improvisateur*.

Jack et moi avons été stupéfaits de constater que le test Myers-Briggs nous plaçait *tous les deux* du côté « organisé » de l'échelle (nous savions que *lui* le serait !), même s'il convient de noter que les résultats obtenus par Jack dans ce domaine étaient beaucoup plus probants que les miens. Cela dit, j'ai aussi appris quelque chose à mon sujet : en effet, en y réfléchissant, je me suis rendu compte que j'aime bel et bien planifier mes journées. Il m'arrive parfois de vouloir des réservations fermes, un programme connu à l'avance et des objectifs bien définis.

Toutefois, je préfère avoir mes objectifs uniquement en tête et non sur papier comme le fait Jack, et je ne veux pas être trop liée par eux. J'aime les samedis « programmés non programmés » où nous avons une vague idée de ce que nous voulons faire tout en restant libres de suivre nos envies. Et j'aime être surprise par les plaisirs imprévus (ce que Jack aime évidemment aussi !).

Par conséquent, bien qu'étant du côté organisé de l'échelle à certains égards, je passe assez souvent dans la catégorie des « improvisateurs ».

Le tempérament structuré de Jack est beaucoup plus marqué.

Or cela ne pose aucun problème. Les gens organisés ont besoin d'improvisateurs pour s'amuser dans la vie et les improvisateurs ont terriblement besoin de gens organisés qui les aident à accomplir leurs tâches. C'est là une différence à laquelle nous avons vraiment eu du plaisir à nous adapter dès le départ (du moins, pour l'essentiel).

Cependant, ce n'est pas le cas de tout le monde. Et, qui plus est, bien sûr, certaines personnes sont non seulement extrêmes dans un sens ou dans l'autre, mais elles refusent d'apprendre et de changer à mesure qu'elles avancent en âge.

Un ami nous a raconté qu'il avait rencontré un officier de l'armée qui venait de prendre sa retraite. Cet officier et sa femme étaient en train de passer quatre-vingt-dix jours de vacances, mais comme ils étaient en retard sur leur programme, ils ne pouvaient consacrer beaucoup de temps à visiter les attractions touristiques de la région. Notre ami découvrit que cet homme avait planifié chaque *minute* de ces quatre-vingt-dix jours : du nombre exact de kilomètres que sa femme et lui allaient parcourir chaque jour, à la moindre attraction qu'ils allaient visiter. Il avait fait des réservations à l'avance pour quatre-vingt-dix nuits. Au bout de quelques jours de vacances, sa femme et lui étaient déjà épuisés.

Voilà le cas d'un organisateur extrême ! Cette anecdote me rappela l'histoire que j'avais lue à propos de cet homme qui monta en voiture jusqu'à un belvédère surplombant le Grand Canyon, dit à sa famille de rester dans la voiture, se précipita pour prendre des photos, revint en courant à la voiture et annonça : « Allons-y ! On regardera les photos plus tard. »

Et puis il y a cette amie qui déclara d'un ton catégorique à propos de son mari : « *Jamais* plus je ne l'aiderai à organiser un camp ! Ça a été une *catastrophe.* Il a tout laissé jusqu'à la dernière minute, il m'a annoncé le matin où le camp devait commencer que c'était moi qui devais me charger de la musique, il n'avait pas établi de programme détaillé... » et de continuer ainsi en se lamentant. Lorsqu'elle s'arrêta enfin en poussant un gémissement, elle répéta en serrant les dents : « *Plus jamais !* »

Il n'était pas difficile de comprendre ce qui s'était passé. Son mari se vantait d'être d'un tempérament « improvisateur » et il n'était pas du genre à se laisser emprisonner par les détails d'une planification.

Je suppose que le mariage entre une femme organisée et un homme adepte de l'improvisation risque d'être une union particulièrement sensible et complexe, exigeant beaucoup d'adaptation. Lui rêve, elle analyse. Il imagine un voyage, elle règle les factures. Il a un projet visionnaire, elle tremble à l'idée des conséquences.

Nous connaissons plusieurs couples dont l'épouse est l'organisatrice et le mari un véritable improvisateur. Une fois, l'un de ces maris invita de nombreux membres de la famille à passer plusieurs jours dans leur tout petit chalet de vacances. Lorsque sa femme lui demanda où tout ce beau monde allait dormir, voici quelle fut sa réaction : « Bah, ça marchera. Chacun n'aura qu'à se trouver un lit. » (Sa femme savait qu'il y aurait des laissés pour compte. Heureusement, elle s'occupa de la question du couchage avant que tout le monde débarque.)

En général, les improvisateurs ne sont pas experts en matière de planification et ils adoptent l'attitude du « ça marchera ». Ils improvisent souvent en s'en remettant à leur intuition et ont tendance à s'opposer à *toute* programmation, estimant que cela enlève tout plaisir à la vie. En revanche, les personnes très organisées vivent mal les changements de projets — surtout les changements de dernière minute. Leur esprit a tout simplement du mal à s'adapter.

Il nous faut apprendre les uns des autres dans ce domaine. Si les vrais improvisateurs ne veulent pas en faire voir de toutes les couleurs aux personnes organisées, ils feraient bien de faire des efforts pour changer. Et si les gens très organisés — comme cet officier de l'armée à la retraite — ne veulent pas avoir un conjoint malheureux, ils feraient bien d'apprendre à se détendre un peu ! (En fait, cet homme s'est bel et bien laissé fléchir en voyant combien il était épuisé et il a fait l'« impensable » : il a annulé toutes les réservations et décidé de procéder journée par journée. Alors là, nous disons : « Bravo ! »)

N'oubliez pas que l'important est de *changer*, aussi bien que de *comprendre*. Par « changer », nous n'entendons pas devenir *comme* l'autre, mais plutôt évoluer vers l'appréciation, et l'acquisition de certains aspects, de la tendance opposée qui est celle de l'autre.

Cela dit, il y a tant à apprécier concernant les différences qui existent dans ce domaine. Les improvisateurs auront tendance à vouloir « se mouiller » et prendre des risques indispensables dans une nouvelle entreprise, ils ajouteront peut-être une note de créativité dans le foyer, ils exhorteront leur famille à procéder à un changement nécessaire, ou auront peut-être une plus grande propension à faire confiance à Dieu et à recevoir des consignes particulières de la part du Seigneur. Cependant, ils auront besoin de la stabilité de leurs « contraires » afin d'être mis en garde contre les voix trompeuses ou les idées insensées.

Jack reconnaît qu'il pourrait être du genre barbant s'il avait une épouse extrêmement organisée. Il aurait tendance à laisser complètement de côté l'exploration des châteaux, les équipées en buggy dans les dunes et les descentes de rapides en radeau.

Pour ma part, j'apprécie les qualités de Jack — et d'ailleurs, j'ai aussi besoin de lui. Il remet de l'ordre dans ma vie quand je ne m'en sors plus, m'aide à définir des priorités et des objectifs, et m'encourage à réaliser mes rêves.

Identifions les différences

MOTS CLES

Organisé	*Improvisateur*
jugement	perception
ordonné	flexible
structure	flux
maîtrise	connaître
catégorique	curieux
réfléchi	spontané
fermeture	ouverture
planifier	attendre
échéances	découvertes
productif	réceptif

A présent, voyons un peu mieux qui nous sommes. Quelle est la réponse qui décrit le mieux votre sentiment ou attitude habituels ?

1. Quand vous partez pour la journée, préférez-vous...
   a) prévoir ce que vous allez faire et quand, ou
   b) tout simplement partir ?
2. Préférez-vous...
   a) prévoir les dates, les soirées, etc., bien à l'avance, ou
   b) être libre de faire ce qui vous tente le moment venu ?
3. Est-ce que l'idée de dresser la liste de ce que vous devriez faire pendant le week-end...
   a) vous tente,
   b) vous laisse froid, ou
   c) vous donne carrément le cafard ?
4. Lorsqu'il est établi bien à l'avance que vous ferez telle chose à tel moment, est-ce que vous trouvez cela...

a) agréable de pouvoir vous organiser en conséquence, ou
b) un peu désagréable d'être astreint de la sorte ?

Les gens organisés veulent s'acquitter rapidement des décisions à prendre. Ils considèrent ce qu'il est nécessaire d'accomplir et prennent les décisions qui conviennent, ce qui clôt une question et leur permet de s'occuper du reste de la vie. Pour les improvisateurs, par contre, le fait de prendre une décision définitive risque d'exclure certaines options et possibilités ou de les empêcher de laisser la porte ouverte à de nouvelles perspectives.

Récemment, j'ai fait un saut du côté « improvisateur » de ma personne et j'ai pu voir cette différence de façon bien concrète.

Notre fille, son mari et leurs deux enfants, qui vivent au Mexique, sont venus habiter au Colorado pour un an et nous avons eu la joie de leur chercher une maison afin qu'ils aient un endroit où emménager à leur arrivée.

Dès le début de nos recherches, nous avions trouvé un logement qui répondait à tous leurs critères, mais je n'arrêtais pas de dire : « Bah, cherchons encore un peu. On trouvera peut-être quelque chose qui fera 'Tilt !' »

Jack fit preuve de patience et chercha encore avec moi pendant environ trois semaines. Puis il me dit : « Chérie, j'aimerais régler la question *ce week-end.* »

C'est ainsi que nous nous décidâmes pour la toute première maison que nous avions visitée, qui avait vraiment plus d'aspects positifs que toutes les autres. (Cependant, j'aurais volontiers poursuivi les recherches...)

Je ne crois pas que Jack me considère comme indécise — bien que certaines personnes organisées me percevraient ainsi. Par contre, je mets sans doute sa patience à l'épreuve toutes les fois où je veux « y réfléchir plus tard ».

Cela dit, permettez-moi de vous rappeler une fois de plus un des enseignements que nous avons tirés du test Myers-Briggs : presque tout le monde passe constamment de l'approche organisée à l'approche « improvisateur », mais en général, l'une d'elles est prédominante.

Avez-vous identifié votre attitude prédominante ? Et celle de votre conjoint ? Si c'est le cas, prenez un quart d'heure pour réfléchir :

— à ce qui vous agace dans cette différence de tempérament.
— aux aspects positifs de ces différences.
— à la manière dont Dieu peut s'en servir.

Ensuite, passez en revue ces listes dans la prière.

Chaque fois que je le fais, je trouve de nouveaux aspects à apprécier chez Jack. Vous aussi, vous pourrez en découvrir chez votre conjoint.

Dieu nous montrera comment compenser nos faiblesses respectives. Il faut que nous criions du fond de notre cœur cette prière du psalmiste, qui se trouve au Psaume 139 : « Sonde-moi, ô Dieu, et connais mon cœur ! Eprouve-moi, et connais mes préoccupations ! Regarde si je suis sur une mauvaise voie, et conduis-moi sur la voie de l'éternité ! » Le Seigneur nous montrera ce qui doit changer en chacun de nous et nous donnera la grâce d'accepter ce qui ne peut ou ne doit pas changer chez notre conjoint.

Certes, cela demande des efforts. De *gros* efforts. Mais les bénéfices sont considérables !

Prenons la ferme décision de nous y mettre et de transpirer mentalement en nous consacrant à cette tâche, qui consiste à...

connaître,
comprendre,
apprécier,
et ensuite... changer.

Que Dieu lui-même nous accorde son aide.
Nous en avons certainement besoin !

8

La question du romantisme

LE DÉMONSTRATIF OPPOSÉ AU RÉSERVÉ

JACK

Un jour, alors que nous étions mariés depuis quelques années, Carole me fit savoir que nous avions besoin d'avoir une Grande Discussion. Vous voyez ce que je veux dire : non pas un petit échange verbal sur l'impulsion du moment, mais une Conversation Sérieuse. J'ai tendance à vouloir repousser ce genre de discussions aussi loin que possible, mais j'avais déjà appris entre-temps que cela n'était pas sage.

Voici à peu près comment se déroula la conversation :

— Tu sais, chéri, commença Carole, je commence à me poser des questions sur un point. Il me semble qu'en général c'est moi qui prends l'initiative du contact physique, des étreintes, des baisers — bref, de ce genre de marques d'affection. Or j'ai de plus en plus l'impression que ce n'est pas quelque chose que tu apprécies. Par moments, tu as l'air presque embarrassé par ces marques d'affection. A d'autres moments, tu sembles les écarter d'un geste et rester planté sans réaction.

Elle marqua une pause, s'efforçant de choisir ses mots avec précaution.

— Je sais, poursuivit-elle, que le contact physique et l'affection ne sont pas forcément des baromètres de l'amour, et je sais que tu m'aimes. Mais je ne veux pas faire quelque chose que tu n'aimes pas ou qui t'embarrasse. Je dois reconnaître que le contact physique est important pour moi, mais je veux te faire plaisir et j'essaierai de changer dans ce domaine si telle est ta volonté.

CAROLE

Jack donne l'impression d'un entretien beaucoup plus contenu que le souvenir que j'en ai ! J'ai pleuré des seaux de larmes à cause de cela, j'ai prié, et pleuré encore. Puis j'ai imploré Dieu de me donner sa sagesse et, ponctuée par des pauses me permettant de m'essuyer les yeux, la Conversation Sérieuse commença.

JACK

Ma gorge se serra. Ce qu'elle disait était vrai. Parfois, lorsque je rentrais à la maison, elle m'accueillait en me serrant et m'embrassant avec exubérance, tandis que je restais planté comme un poteau électrique. Apparemment, Carole s'était lassée de serrer un poteau électrique dans ses bras.

J'ai grandi dans une famille où l'on n'exprimait pas l'amour par un grand nombre d'étreintes et de baisers — même si j'avais l'assurance que mes parents m'aimaient. Chez Carole, c'était tout le contraire. Pour dire « merci », « tu es génial » ou « je t'aime », on avait coutume de se serrer très fort dans les bras et de se donner un baiser. Or il arrive souvent que les « tactiles » se retrouvent mariés à un « non-tactile ».

Cependant, ma réserve n'est pas seulement le fruit de mon passé familial. J'ai tendance à être plus retenu dans l'expression de *toute* émotion, pas seulement de l'affection. Cela ne veut pas dire que je n'éprouve pas d'émotions fortes, mais simplement que je ne les affiche pas en public.

Toujours est-il qu'il ne m'a pas fallu longtemps pour comprendre quelle devait être ma réaction à cet égard. En effet, j'*appréciais* la nature démonstrative de ma femme. Je trouvais du plaisir dans ces contacts physiques, ses étreintes et ses baisers. Voici par conséquent ce que je lui ai dit : « Chérie, je regrette que tu aies eu l'impression que je n'appréciais pas tes marques d'affection. Je dois avouer qu'en raison de mon éducation et de ma nature, je suis un peu gêné par moments, notamment quand tu m'embrasses en public ou en compagnie d'autres personnes. Cela dit, j'apprécie ! Donc, je t'en prie, ne change pas. N'arrête pas. »

Je savais qu'il fallait que je fasse encore un pas de plus ; aussi ai-je ajouté : « En fait, je veux apprendre à être plus démonstratif à ton égard, à être à l'aise pour exprimer mes sentiments — même en public. Donc, sois patiente avec moi et aide-moi à apprendre. »

Or c'est ce qu'elle a fait. Elle est devenue mon « entraîneur » en matière d'étreintes et de baisers (et je me suis révélé un élève doué). Désormais, après toutes ces années, je sais serrer dans mes bras et embrasser comme pas un !

Plus nous lisons, étudions et faisons l'expérience de la vie, plus je suis reconnaissant à Dieu de m'avoir aidé à être disposé à changer. Je ne me sens plus maladroit dans certaines des situations mondaines dans lesquelles il nous arrive de nous trouver. Je ne me sens pas mal à l'aise quand la culture d'un pays exige de se serrer dans les bras et de se donner un baiser sur les deux joues — en arrivant *et* en partant —, ni lorsque la maîtresse de maison qui nous reçoit s'attend à ce qu'on la serre dans ses bras en arrivant. Le contact physique fait désormais partie de ma personne et de mon processus de croissance.

Carole et moi constatons de plus en plus que la plupart des êtres humains ont un grand besoin d'être simplement touchés. Dans son livre, le Dr Ed Wheat indique :

> Dieu nous a créés avec dans la peau des centaines de milliers de terminaisons nerveuses microscopiques destinées à éprouver une sensation de bien-être lors d'un contact affectueux. Une caresse pleine de tendresse nous indique que quelqu'un éprouve de l'affection pour nous. Elle est capable de calmer nos craintes, d'apaiser la douleur, de nous apporter le réconfort ou encore de nous donner la satisfaction bénie de la sécurité affective. Une fois adultes, le contact physique reste un moyen primordial de communiquer avec ceux que nous aimons, que nous en soyons conscients ou non. Notre besoin de caresses affectueuses est normal et sain, et jamais nous n'atteindrons un âge où ce besoin aura disparu. (...) Le contact physique est absolument essentiel au développement

du sentiment d'amour. Vous pouvez prendre cela comme un avertissement qui donne à réfléchir : la plupart du temps, l'infidélité conjugale est moins une recherche de rapports sexuels que d'intimité affective.

Tout récemment, Carole et moi avons eu un entretien avec un couple dont le mari se plaignait en disant : « J'ai besoin de plus d'affection. Elle ne me *touche* pas et ne semble pas avoir besoin d'être touchée. Je désire vivement plus de contact physique, d'étreintes et de baisers. »

Le problème de ce couple ne se limitait pas à un manque d'affection de la part de l'épouse et nous avons découvert quelques raisons expliquant pourquoi elle se détachait de son mari, mais c'était là une *épouse* qui devait faire des efforts pour être démonstrative et affectueuse.

Dans la plupart des cas, toutefois, il semble que ce soient les femmes qui aient un désir plus grand de contacts non sexuels plus nombreux, de tendresse et de romantisme.

J'ai vu un jour un dessin humoristique dans lequel une femme demande à son mari (qui, le dos tourné, se repose sur le canapé) : « Dis-moi, est-ce que je fais partie du décor à présent ? Est-ce que nous sommes mariés depuis si longtemps que la passion a disparu de notre relation ? » Entre-temps, il s'est redressé sur le canapé, l'air endormi, et elle le secoue. « Est-ce que tu me regardes avec le même désir qu'au début, lorsque nous sommes tombés amoureux ? »

La dernière image le montre qui part en titubant tout en lui répondant : « Attends, je vais chercher mes lunettes. »

Un magazine national reçut un jour la lettre d'une lectrice qui posait cette question : « Le mariage marque-t-il la fin du romantisme ? » Elle poursuivait en expliquant que, d'après sa propre expérience ainsi que celle de la plupart de ses amies, au bout de quelques années de mariage, il ne reste plus aucun romantisme. Ces sentiments qui font chaud au cœur lui manquaient. « Les femmes, écrivait-elle, ont une partie de leur personne qui réclame périodiquement d'être nourrie de romantisme. »

L'auteur de l'article eut la réaction judicieuse de rassembler cette lectrice et plusieurs de ses amies, *ainsi que leurs maris* pour une conférence. Tandis que les femmes, réunies dans une pièce, se plaignaient du manque de romantisme amoureux dans leur vie, les hommes, qui se trouvaient dans une autre, tenaient ce genre de discours :

> J'en ai autant envie qu'elle. Vous savez, avant qu'on se marie, elle me donnait toutes sortes d'indications me montrant qu'elle me considérait comme quelqu'un de spécial, qu'elle me voulait. Ce n'est pas parce qu'on est mariés maintenant que je suis prêt à considérer que cela coule de source. Je tiens encore à ces signes de sa part qui m'indiquent qu'elle me veut et que je lui plais vraiment.

La mère de deux jeunes enfants essayait de raconter pourquoi elle se sentait si bien dans son couple. « Il me renforce dans ma féminité, expliquait-elle, et je crois que je le renforce dans sa masculinité. »

L'auteur de l'article posa alors cette question : « N'est-ce pas de cela qu'il s'agit quand nous parlons de romantisme ? N'est-ce pas pour cela qu'il est tellement important de se sentir activement désirée et consciemment recherchée ? Vu sous cet angle, le romantisme amoureux est bien plus que la légèreté rêveuse des fréquentations. C'est ce sens achevé de notre féminité, cet épanouissement de notre sexualité aussi bien à l'intérieur qu'à l'extérieur de la chambre à coucher. C'est nous sentir bien dans notre personne, nous sentir *renforcées* dans notre féminité. »

Cet article indique que les hommes comme les femmes désirent ce romantisme amoureux, certains plus activement que d'autres et sûrement de manière différente. Les femmes veulent l'inattendu, l'intensité du désir, le cadre romantique : une promenade sur une plage au clair de lune, un dîner aux chandelles dans un chalet au charme vieillot, une couverture étalée à l'ombre d'un bosquet. Mais attention : même ces choses perdent leur romantisme si c'est pour parler du travail, des problèmes ou des enfants. Non, il faut que la conversation tourne autour des deux amants, de l'amour, de souvenirs merveilleux, du désir.

En général, l'idée que se font les hommes du « romantisme amoureux » est diamétralement opposée à celle des femmes. Lorsque Carole m'a demandé ce qui me venait à l'esprit en pensant au qualificatif « romantique », je lui ai cité plusieurs *lieux*, comme la fois où nous avons pris un chocolat chaud dans notre chambre d'hôtel qui donnait sur la baie de Hong Kong. Elle, par contre, a pensé en premier lieu à des *humeurs*.

Plus avant dans son livre, le Dr Ed Wheat décrit cinq types d'amour et la manière dont chacun d'eux peut être *développé*. Un des types d'amour est « éros », c'est-à-dire l'amour romantique. Les autres types d'amour sont l'amour sexuel, l'amour amitié, l'amour sécurité et l'amour agape ou don. Lorsqu'il y a trahison ou infidélité, la confiance est détruite et l'amour de type sécurité disparaît. Cela affecte évidemment l'amour romantique. Lorsque des conflits surviennent dans l'amour sexuel, l'amour romantique s'en trouve lui aussi affecté. Par contre, même quand l'amour sexuel et l'amour sécurité sont forts, l'amour romantique peut être dans un état pitoyable.

Chaque type d'amour nécessite d'être développé. Il n'y a *pas de relâche possible* ! Si une femme dit aimer le jardinage, mais qu'elle ne fait jamais ni plantations, ni arrosage, ni désherbage, son discours sur ce qu'elle aime n'a aucun sens.

Nombre d'épouses et de maris devraient commencer à arroser leur jardin : travailler à développer le romantisme, l'affection et l'intimité.

Pour Carole, l'entretien du romantisme amoureux dans notre couple se fait en grande partie par le contact physique. Par les câlins. Par le contact visuel quand nous entendons quelque chose de drôle. Par une étreinte inattendue.

Mais il existe un autre moyen de développer un climat d'intimité dans nos relations : en lançant fréquemment des regards vers notre conjoint. C'est là un signe qui permet de dire si deux fiancés sont vraiment amoureux l'un de l'autre. Chaque plaisanterie, remarque profonde ou parole inepte est l'occasion de poser les yeux sur l'autre et d'échanger un regard. Hélas, la plupart des couples commencent à perdre ce contact visuel après quelques mois de mariage. Si vous avez perdu l'habitude d'échanger ces regards profonds, longs et intimes ou ces coups d'œil furtifs entendus, discutez-en et recommencez à vous lancer fréquemment des regards au cours des discussions en groupe (ou même lorsque vous regardez la télévision). Si l'autre ne répond pas à votre regard, donnez-lui un petit coup de coude (si vous êtes assez proche de lui) et vous pourrez ainsi vite retrouver le plaisir et la sensation chaleureuse que procure le partage de ces moments intimes.

Un grand nombre de femmes aspirent à recevoir plus d'affection de la part de leur mari. Pour elles, le contact physique est une manière concrète de leur montrer qu'elles sont *appréciées*. Or tout le monde a besoin de se sentir apprécié. C'est ce qu'affirme vigoureusement David Goodman dans son livre :

> Il existe une loi psychologique qui s'énonce ainsi : apprécie et tu prospères ; déprécie et tu perds. Si nous n'apprenons pas à mettre en pratique cette loi, qui est tout aussi psychologique que spirituelle, nous sommes voués à vivre une existence de médiocrité, de frustration et de défaite.
>
> La question de l'appréciation n'est pas un thème simple, un thème vague ou généralisé. L'appréciation d'autrui est une force très réelle. Elle est gouvernée par un principe presque aussi direct qu'une loi physique : nous nous attirons le bénéfice de tout ce que nous apprécions.

Quant au Dr Gary Oliver, conseiller familial, il déclare : « Les gens réservés doivent faire des efforts pour être plus démonstratifs non seulement pour le bien des *autres*, mais pour *leur propre bien*, pour leur équilibre, leur maturité et leur développement personnels. Tout comme Dieu a *démontré* son amour pour nous, le processus de sanctification consiste en partie à ce que nous apprenions à démontrer efficacement notre amour les uns pour les autres. »

Comment les gens réservés apprennent-ils à être plus démonstratifs et affectueux ? Eh bien, les gens logiques prennent des mesures logiques, n'est-ce pas ? Ils se débarrassent des fauteuils à une seule place devant la télévision (sauf pour les invités, bien sûr). Ils n'ont surtout pas de lits jumeaux. Ils s'exercent à se dire bonjour, bonsoir ou bonne nuit en se serrant au moins dans les bras s'ils n'arrivent pas à se donner un baiser.

J'ai lu un jour l'histoire d'une mère qui avait pris l'habitude de demander tous les jours à ses enfants si leur « coupe d'amour » était pleine. S'ils répondaient que non, elle les prenait dans ses bras jusqu'à ce qu'ils aient « fait le plein ». Ce ne serait pas une mauvaise idée pour les gens mariés également.

J'ai conscience d'avoir écrit beaucoup plus à propos de la nécessité pour celui qui n'est pas démonstratif de faire des efforts en vue de satisfaire les besoins de son conjoint affectueux ; mais il est vrai que, dans ce cas, la responsabilité repose bel et bien sur celui qui est réservé, et ce pour deux raisons : (1) le tempérament démonstratif ne peut être réprimé sans graves conséquences et (2) l'intimité au sein du couple augmente grâce aux marques d'affection et d'amour.

Je sais que certains d'entre vous qui êtes réservés secouent la tête en disant : « Comment vais-je y arriver ? Et pourquoi mon conjoint n'accepterait-il pas tout bonnement le fait que je suis peu démonstratif de nature ? »

Leighton Ford a dit : « Dieu nous aime et nous accepte tels que nous sommes, mais il nous aime trop pour nous laisser ainsi ! »

Par conséquent, une fois de plus, le changement est nécessaire. Nous pouvons identifier les ingrédients clés ainsi : *communication*, *compromis* et *réforme*.

Communication

La première étape consiste à communiquer à propos de *ce qui est désiré*. Non pas en termes généraux, mais de manière précise. Pour Carole, cela demande un grand effort de réflexion car, en général, elle *ressent* simplement le désir de quelque chose sans beaucoup réfléchir à ce qui peut être à l'origine de ce sentiment. Or, étant concret, j'ai besoin qu'elle me donne les détails.

Consacrez du temps à examiner ensemble des questions telles que : Quelle est l'importance pour toi de fêter certaines occasions particulières telles que les anniversaires, les annéees de mariage, la Saint-Valentin ? Que revêt pour toi la notion de « fête » ? Qu'est-ce qui est « romantique » à tes yeux ? Que voudrais-tu que je fasse dans le but précis de te témoigner de l'affection et de la sollicitude ? (Entrez vraiment dans les détails sur ce point, par exemple : Je veux que tu m'accueilles par un baiser quand je rentre à la maison ; je voudrais que tu me tiennes la main en public ; je voudrais que tu t'asseyes à côté de moi sur le canapé quand nous regardons la télévision.) Parmi ces points précis, lequel est le plus important pour toi ? Le moins important ?

Tout en discutant ensemble de ces questions, parlez-en aussi avec Dieu. N'oubliez pas que Dieu est un Dieu *créateur* et qu'il vous donnera de nouvelles pensées créatives si vous le lui demandez. Il a une *foule* d'idées ! Et tout ce qu'il attend, c'est de vous les révéler.

Ensuite, parlez aussi avec des personnes plus âgées qui font preuve d'amour dans leur couple. Demandez-leur comment elles témoignent à leur conjoint un intérêt particulier et notez leurs réponses. Lisez des livres sur le sujet.

Compromis

Une personne de nature réservée ne sera jamais en mesure de satisfaire tous les besoins physiques d'être touchée et prise dans les bras qu'éprouve une personne démonstrative. Un compromis sera donc nécessaire. Les enfants et les amis contribuent à remplir la « coupe d'amour » des personnes qui sont de nature affectueuse. C'est le cas aussi des moments de communion intime passés avec Dieu — un Dieu qui aime sans réserve. Certes, il n'a pas une peau comme les humains, mais lorsque nous sentons dans notre esprit ses bras d'amour nous enlacer, c'est souvent comme si notre coupe d'amour était pleine à ras bords.

Changement

Nous ne le dirons jamais assez : ce qui compte, c'est de changer. Peut-être seulement millimètre par millimètre, mais nous avons la possibilité et le devoir de changer. Si celui qui est affectueux change en apprenant à accepter que certains de ses besoins soient satisfaits par Dieu et par les autres, et si celui qui est réservé acquiert tous les deux ou trois mois une nouvelle manière de montrer son affection, alors les deux personnes croîtront en compréhension et progresseront en intimité.

Cependant, quelles que soient les mesures à prendre, il *faut* absolument les prendre !

J'espère entendre les logiques dire : « C'est bien vrai. »
Je sais que les intuitifs déclarent : « Je vous le parie ! »
Les réservés disent-ils : « Je vais essayer » ?
Peut-être pas. Mais je suis sûr d'une chose ; les tactiles diront : « Super ! Tentons le coup ! »

9

Comment exprimez-vous l'amour ?

DONNER ET RECEVOIR L'AMOUR

CAROLE

Lorsque j'ouvris la porte, je me retrouvai nez-à-nez avec un petit garçon dont les cheveux noirs étaient tout ébouriffés et qui me regardait avec de grands yeux bruns. Puis il me parla, mais ce qu'il me dit m'échappa complètement.

Je lui souris, fis un pas en arrière en lui faisant signe d'entrer, puis j'appelai mon petit-fils qui se trouvait à l'étage : « Eric ! Il y a quelqu'un pour toi à la porte. »

Puis je me fis cette réflexion : « J'espère vraiment qu'il est venu pour voir Eric et pas pour *vendre* quelque chose ! »

En effet, voyez-vous, je n'avais pas compris un mot de ce que ce petit bonhomme avait dit. Jack et moi étions en visite chez nos enfants qui vivent au Mexique et je ne parle pas l'espagnol.

Parfois, je *regrette* terriblement de ne pas parler l'espagnol. Et je *désire* vraiment le parler. Mais voilà, je n'ai pas payé le prix, en temps et en assiduité, que nécessite l'apprentissage de cette langue.

Nous n'avons pas le choix lorsqu'il s'agit d'apprendre le « langage amoureux » de notre conjoint — si toutefois nous voulons avoir une relation amoureuse profonde et intime au sein de notre couple.

Un article, paru récemment dans un magazine chrétien américain, explique l'importance de cette décision : « On tombe amoureux — mais on ne tombe pas dans le mariage. Le mariage fait entrer en jeu la volonté au même titre que les sentiments. Le mariage se construit. Il se construit en premier lieu par consentement mutuel et engagement réciproque. Par la suite, il reste nécessaire de le construire à mesure que l'on partage la vie et l'amour. »

Un des moyens de « construire son mariage » consiste à prendre la résolution de comprendre quel est le principal mode d'expression de l'amour de son conjoint, afin de pouvoir entreprendre de cultiver ensuite tous les modes d'expression secondaires de l'amour. Un homme m'a raconté avoir senti que sa première tâche, une fois prononcés les vœux de mariage, était d'apprendre le langage de sa femme, c'est-à-dire comment elle exprimait avant tout l'amour. Lorsqu'il eut compris ce langage, il put alors commencer à l'accepter, l'apprécier, le cultiver et à apprendre à s'exprimer en retour au moyen de ce langage.

Pour le Dr Gary Chapman, il existe principalement cinq modes d'expression de l'amour : le contact physique, la parole (ou communication), le fait de rendre service, de faire des cadeaux et d'adresser des paroles d'encouragement.

Je pense qu'il suffit d'examiner attentivement quelqu'un pendant vingt-quatre heures pour découvrir quel est son mode d'expression de l'amour. Connaissez-vous quelqu'un qui vous donne l'accolade en vous disant bonjour, qui vous pose la main sur le bras pour donner du poids à ses paroles, qui vous donne une petite tape amicale pour vous témoigner sa sympathie ? Son principal mode d'expression de l'amour est sans doute le contact physique.

Ou avez-vous un ami qui désire partager de façon profonde et intime, qui est prêt à passer des moments de qualité autour d'un café même s'il est très bousculé par son emploi du temps ? Son mode d'expression de l'amour est la parole, la communication.

Peut-être connaissez-vous quelqu'un qui éprouve beaucoup de plaisir à servir et faire des choses pour les autres. Vous le verrez insister pour faire la vaisselle après une soirée entre amis, pour tondre la pelouse d'un voisin et proposer de faire les courses pour une personne clouée chez elle.

Il y a ensuite la personne qui apporte à chaque fois de petits cadeaux, dont l'esprit est constamment attentif aux besoins des autres, dont le passe-temps favori est de flâner dans les marchés aux puces pour récupérer toutes sortes d'objets, non pas pour elle mais pour les autres. Cette personne exprime l'amour en donnant autour d'elle.

Enfin, qui n'apprécie pas d'être encouragé ? Mais avez-vous déjà perçu cela comme étant un des principaux modes d'expression de l'amour ? La personne qui pense à dire : « Voilà une couleur qui vous va à merveille » ou « Je me rends compte que votre travail se fait avant tout dans les coulisses, mais je voulais vous dire combien je l'apprécie », exprime l'amour par l'encouragement.

Prenez un mari dont le mode d'expression dominant est le service : cela se traduira par de nombreuses heures — souvent des heures supplémentaires — consacrées chaque semaine à travailler pour subvenir aux besoins de sa famille. Or voilà que le mode d'expression principal de sa femme est la parole — la communication intime —, mais son mari n'a pas de temps pour cela et ne se rend pas compte qu'il le faudrait. Elle ne comprend pas sa manière de manifester l'amour et lui reproche constamment de tant travailler. Lui non plus ne déchiffre pas son mode d'expression de l'amour et se demande pourquoi elle lui fait continuellement des reproches sur le temps qu'il passe à travailler. Comme chacun est incapable de comprendre le langage de l'autre, aucun d'eux ne se sent aimé ou apprécié.

Par contre, lorsqu'ils se *comprennent* l'un l'autre, chacun peut faire des efforts pour estimer le mode d'expression de l'autre. L'épouse peut se répandre en éloges à propos de son mari qui travaille si dur et fait d'autres choses pour veiller à son bien-être et à celui de leurs enfants. En échange, lui doit commencer à comprendre combien elle a besoin d'intimité et de profondeur en matière de communication, et prévoir de passer des moments de qualité à écouter son « langage ».

Le Dr Chapman a défini cinq modes d'expression de l'amour, mais nous en ajouterions quelques autres. Peut-être même en aurez-vous d'autres encore.

Tandis que Jack et moi parlions de ces différents modes d'expression de l'amour, nous nous sommes rendu compte que Jack perçoit mon amour avant tout lorsque je suis à cent pour cent *en accord* avec lui. Pour peu qu'il ait le sentiment que je ne suis pas tout à fait en accord avec ce qu'il fait ou avec la décision dont nous étions convenus, il ne se sent pas réellement aimé. Bien sûr que nous discutons de tout et il y a évidemment des moments où nous ne sommes pas d'accord ! Mais, une fois toutes les discussions terminées, il a besoin de sentir que je suis vraiment *en accord* avec lui dans mon cœur. Et lorsqu'il me demande, d'un ton légèrement plaintif : « Chérie, est-ce que tu es vraiment en accord avec moi sur ce point ? », je sais que je ne lui ai pas exprimé ma loyauté — et par conséquent, à ses yeux, mon amour.

En rcvanche, je perçois l'amour de Jack avant tout par l'*acceptation* qu'il manifeste à mon égard. En effet, je suis un peu cinglée et je le sais. J'ai une imagination débordante et il arrive qu'il me vienne à l'esprit des idées qui sont, disons, plutôt *farfelues*. Pourtant, autant que je me souvienne, pas une seule fois au cours de toute notre vie de couple Jack n'a dit : « Alors là, chérie, c'est sûrement l'idée la plus cinglée qui te soit jamais passée par la tête ! » (Il se peut qu'il l'ait *pensé*, mais il ne l'a jamais *dit* !) Je me sens parfaitement acceptée et c'est là sa façon de me dire : « Je t'aime (avec tes idées cinglées et tout le reste) ».

Une fois que nous avons appris le mode d'expression de l'amour de notre conjoint, nous pouvons alors commencer à développer les modes d'expression secondaires dans notre relation — et passer ainsi de nombreux moments merveilleux de créativité. En revanche, si nous ne maîtrisons pas le mode d'expression principal, notre conjoint risque fort dc ne se sentir aimé d'aucune autre manière et nos efforts passeront alors inaperçus.

Nous avons entendu des remarques telles que :

« Mon mari me rapporte toujours des fleurs ou des sucreries. C'est comme s'il essayait de se faire pardonner le fait qu'il n'est jamais avec nous en famille. »

« Je travaille dur toute la journée et ensuite ma femme me critique sous prétexte que je manque de romantisme ! »

« Pourquoi est-ce qu'il ne me serre pas plus dans ses bras quand il ne veut pas avoir de rapports ? Est-ce qu'il ne se rend pas compte que j'ai besoin de plus de contact physique non-sexuel ? »

« Elle est toujours après moi pour que je lui dise que je l'aime. J'ai du mal à être aussi démonstratif qu'elle en paroles, mais en tout cas j'essaie de m'occuper de tout ce qui en a besoin dans la maison. »

Il est clair que, dans ces situations, le problème posé peut aller bien au-delà de la simple question de la compréhension du langage de l'autre. Il n'empêche que ce peut être la première question — et la plus simple — à se poser. Et il est fort possible que le problème s'en trouve résolu.

Quelqu'un a dit : « Mieux vaut négliger le monde entier que se négliger l'un l'autre. » Si l'on néglige l'examen concerté de ses modes d'expression de l'amour, cela peut porter préjudice à la relation entre époux.

Je me demande combien d'entre nous connaissent leur *propre* mode d'expression de l'amour. Je crois que, Jack et moi, nous n'avions même pas conscience du nombre de modes d'expression différents qui existaient jusqu'au jour où nous les avons analysés, et même ensuite, il s'est passé un certain temps avant que nous découvriions quel était le nôtre.

En plus de mon mode d'expression principal qui est basé sur l'acceptation, il semble que j'exprime et entends l'amour dans trois autres dialectes ! L'un d'eux, placé en tête sur ma liste, est mon grand besoin de communication profonde et intime, ce que le Dr Chapman appelle « la parole ».

Il convient de noter ici que notre mode d'expression se manifeste non seulement par rapport à notre conjoint, mais aussi dans le type de communication que nous désirons avoir avec autrui. Une épouse a déclaré un jour :

— J'aime les groupes intimes où l'on peut partager en profondeur.

Et son mari de riposter :

— Moi, j'aime les *grands* groupes où l'on n'est *pas* obligé de partager trop en profondeur.

Deux de mes autres modes d'expression qui viennent loin en tête ne sont pas si bien placés sur la liste de Jack. J'exprime l'amour par des mots — le fameux « je t'aime », toujours aussi important, sans oublier les termes d'affection ainsi que les compliments — et par le contact physique et la tendresse. J'aime aussi l'entendre exprimé de cette manière.

Jack, par contre, est ce que l'on pourrait appeler un *protecteur*. Une des manières dont il exprime son amour consiste à faire des choses qui me protègent et contribuent à mon bien-être. Il essaie d'anticiper et de prévoir mes besoins.

La complicité est sans doute un autre mode dominant par lequel Jack perçoit et exprime l'amour. Il aime que nous fassions des choses ensemble, que nous soyons ensemble (moi aussi, d'ailleurs) — qu'il s'agisse de lire, de regarder la télévision, de voyager ou de jouer au golf.

Il y a plusieurs années, Jack a fait tout son possible (à part marcher sur les mains) pour m'encourager à apprendre le golf. (Il aurait marché sur les mains s'il avait cru que cela eût pu y contribuer.) J'ai fini par comprendre sa motivation. Peu lui importait si j'étais nulle au golf — ce qui est le cas. Ce qu'il voulait, c'était ma complicité.

Un certain nombre d'épouses devraient réfléchir à cet aspect. Il semble tout à fait égal à certains maris que leur épouse partage leur passe-temps ou leur sport favori. D'autres, par contre, pour qui la complicité est un mode d'expression dominant de l'amour, ont besoin d'une épouse qui soit prête à faire cet effort supplémentaire pour se joindre à eux pendant leurs loisirs.

Etant donné que Jack et moi employons des « langages » différents, j'ai facilement tendance à avoir deux types de réaction erronés. Je peux me dire que Jack ne m'aime pas dans la mesure où il ne parle pas mon langage pour le moment, et je peux me retirer dans ma coquille en pensant qu'il devrait *savoir* ce dont j'ai besoin sans que je le lui dise.

« Il devrait *savoir* ce dont j'ai besoin ! » — voilà une affirmation que l'on entend souvent. J'ai lu un jour l'histoire d'une femme qui alla consulter parce qu'elle avait l'impression que son mari ne lui apportait pas le soutien dont elle avait besoin dans une période de crise très pénible pour elle : la maladie de sa mère. Elle était censée prendre l'avion pour se rendre au chevet de sa mère, dont elle craignait la mort prochaine. Elle avait demandé à son mari s'il allait l'accompagner. « Est-ce que tu veux que je t'accompagne ? » lui avait-il alors demandé. Sur quoi sa femme s'était mise en rage.

Comme le conseiller lui demandait si elle lui avait répondu qu'elle voulait en effet qu'il vienne, elle secoua la tête en plein désarroi.

— S'il faut que je le lui demande, dit-elle, ce n'est pas la peine. Je veux qu'il vienne parce qu'*il* en a envie !

Le conseiller lui demanda alors :

— Lui avez-vous dit à quel point vous avez peur ?

— Non ! répondit-elle avec indignation. *Il devrait le savoir.*

Elle partait du principe que son mari ne se souciait pas d'elle du fait qu'il n'avait pas le comportement qu'*elle* aurait eu. Cependant, le problème plus profond, selon ce psychologue, n'était pas que son mari était insensible à ses besoins, mais qu'elle était hypersensible à son comportement. Toute la validité de ses désirs et sentiments était pendue au fil de sa réaction. Le fait qu'*elle* voulait qu'il l'accompagne ne suffisait pas : il fallait que *lui* le veuille, sinon cela ne comptait pas. Selon son conseiller, si elle estimait ainsi que son mari « devait savoir » ce qu'elle éprouvait, c'était en fait parce qu'elle essayait d'échapper à la douloureuse nécessité d'exprimer ses propres désirs et besoins.

Le Dr Seymands dit que lorsque nous devenons adulte, la responsabilité de communiquer nos sentiments personnels nous incombe ; le problème, c'est que les hommes ne sont pas les femmes et qu'ils expriment souvent leur sollicitude dans un langage différent. Il est possible de leur en enseigner un autre, mais seulement lentement et patiemment.

La plupart d'entre nous, les femmes, avons, à un moment ou à un autre, commis l'erreur de penser : « Il devrait savoir ce dont j'ai besoin. » D'ailleurs, aujourd'hui encore, il arrive à Jack de me dire : « Tu sais, chérie, je ne peux pas lire tes pensées », ce qui me rend consciente du fait que c'est précisément ce que j'attendais de lui. Même après quarante ans de vie commune avec cet homme, il me faut me rappeler que je ne peux pas raisonnablement partir du principe qu'il sait toujours forcément ce que je ressens. Non, je dois ravaler mon orgueil et lui dire honnêtement ce que j'éprouve et ce dont j'ai *besoin*, afin qu'il me comprenne. Voilà ce que veut dire « construire son mariage ».

Et vous, comment dites-vous : « Je t'aime » ? Comment votre conjoint le dit-il ? Si vous ne le savez pas trop, étudiez attentivement votre conjoint cette semaine et voyez si, par hasard, vous ne pouvez pas le découvrir.

La prochaine fois que vous sortirez ensemble, demandez-vous l'un à l'autre de quelle manière, avant tout, vous ressentez et exprimez l'amour. Puis partagez l'idée que vous vous faisiez du mode d'expression et de perception l'un de l'autre.

Je vous garantis une conversation intéressante.

Et précieuse.

10

Et si c'était la saison du dégel ?

COMMENT FAIRE FONDRE LES DIFFÉRENCES

JACK

Certaines idées à l'égard du mariage s'apparentent à l'attitude de ce garçonnet du Cours Préparatoire qui donna ce conseil avisé à son frère cadet qui entrait à la maternelle :

— Surtout, ne te laisse pas faire : il ne faut pas apprendre à épeler « papa » !

— Pourquoi pas ? demanda son frère. Pourquoi est-ce que je ne devrais pas apprendre à épeler « papa » ?

— Parce qu'après, répondit son aîné, tous les mots qui viennent sont de plus en plus difficiles !

Il y a des gens sur cette terre qui refusent obstinément de changer ou d'apprendre ce que Dieu voudrait leur enseigner dans le mariage, pour la simple raison que... les choses risquent de devenir plus difficiles. En réalité, il y a de *fortes* chances que les choses deviennent effectivement plus difficiles.

Je n'essayerai pas de vous berner. Compléter et équilibrer notre rapport à la vie et notre rapport l'un à l'autre n'est pas facile. Cependant, si nous refusons d'apprendre les leçons, nous passons à côté d'un des grands desseins que Dieu a prévu de réaliser dans le vécu du mariage.

Nous ne sommes pas les premiers à le dire, mais nous n'hésiterions pas à attester la validité de la formule suivante, qui résume la situation d'un certain nombre de couples « mal assortis » et dont le mariage marche malgré tout : « Chacun comble les lacunes de l'autre. »

Dans son livre sur le mariage, le Dr David Hubbard écrit : « Le mariage n'exige pas la perfection, mais il faut lui donner la priorité. C'est une institution destinée aux pécheurs. Il ne nécessite nul autre candidat. Toutefois, il trouve sa gloire complète lorsque des pécheurs voient en lui le moyen que Dieu emploie pour nous conduire à son programme suprême d'apprentissage de l'amour et de la justice. »

Le mariage est une école ouverte sept jours sur sept, une école dans laquelle le résultat final voulu par Dieu est la justice, la *conformité à l'image de Christ.* Pour nous permettre d'accomplir ce dessein, certaines lois sont en vigueur — des principes divins auxquels il s'agit d'obéir.

Cela dit, obéir à Dieu n'est jamais facile. La bonne nouvelle, cependant, c'est que nous ne sommes pas seuls pour y arriver. Dieu nous a donné son Esprit Saint pour qu'il habite en nous et nous donne ainsi la capacité de réagir de manière *surnaturelle* plutôt que selon nos propres schémas naturels, égoïstes et obstinés.

On raconte l'histoire d'un petit garçon qui laissa son cerf-volant monter si haut qu'il devint invisible au-dessus des nuages.

— Pourquoi tiens-tu cette ficelle ? lui demanda alors un passant.

— Parce qu'il y a un cerf-volant à l'autre bout, répliqua l'enfant.

— Comment le sais-tu ? Je ne vois rien, lui dit l'homme pour le taquiner.

— Je le sais parce que je sens que ça tire, répondit l'enfant.

Si nous laissons Dieu agir, nous sentons son Esprit Saint qui « tire » de façon indéniable et constante dans notre vie. Il nous incite constamment à être pleins de bonté, indulgents, sensibles, ainsi qu'à nous aider — et à nous compléter — les uns les autres.

Mais Dieu ne nous laisse pas dans le vague concernant les règles auxquelles il veut que nous obéissions. Il nous les a exposées avec précision dans l'Ecriture.

En Ephésiens 4.32 se trouve un commandement universel et crucial que tous les époux devraient, à mon avis, pratiquer avec application chaque jour de leur vie commune : « Soyez bons les uns envers les autres, compatissants, faites-vous grâce [pardonnez-vous] réciproquement, comme Dieu vous a fait grâce [pardonnés] en Christ. »

Si déjà nous mettions ce simple verset en pratique chaque jour, nos mariages compteraient parmi les plus heureux qui existent.

Soyez bons. Combien de fois sommes-nous le moins bon avec ceux que nous aimons le plus.

Soyez compatissants. A mon avis, quatre-vingt-dix pour cent des conflits surviennent parce que deux personnes abordent la vie de manière opposée. Lorsque nous obéissons à ce commandement qui nous dit de *compatir*, de comprendre profondément, nous résolvons une grande proportion des conflits conjugaux. Pour comprendre, il nous faut *écouter. Vraiment écouter.*

Et vous, savez-vous bien écouter ? Avez-vous déjà essayé de reformuler ce que veut dire votre conjoint ? Si oui, vous savez qu'il est parfois nécessaire de s'y reprendre à deux ou trois fois avant que le conjoint dise : « Ça y est : *maintenant* tu comprends. »

Cela dit, on pose souvent cette question : « J'ai écouté et je comprends bien. Mais que faire s'il ne s'agit pas simplement d'un point de vue différent ? Comment réagir si la personne a bel et bien *tort* ? »

Là est le nœud du problème.

Très bien, admettons que l'autre ait *tort*. Votre conjoint vous a fait quelque chose d'incroyablement égoïste et blessant, que Dieu qualifie de *péché* dans la Bible. Vous le savez. Votre conjoint le sait. La blessure vous atteint profondément.

Quand nous sommes blessés, nous érigeons une muraille autour de nos émotions de manière à ne plus souffrir autant au cas où cela se reproduirait. Cependant, lorsque les atteintes persistent, la muraille continue de monter, jusqu'au jour où elle est si haute et si épaisse que nous commençons à vivre comme étrangers l'un à l'autre.

Que pouvons-nous faire ? Aussi difficile que cela puisse être, la Bible déclare que nous devons *pardonner*. C'est ce que dit la troisième partie d'Ephésiens 4.32 : « Faites-vous grâce [pardonnez-vous] réciproquement, comme Dieu vous a fait grâce [pardonnés] en Christ. »

Quelle est l'étendue de la grâce que Dieu vous a faite en Christ ? Il s'agit d'une grâce illimitée, totale. C'est le pardon qui nous permet de faire tomber cette muraille qui nous sépare des autres — et, d'ailleurs, qui nous empêche dès le départ de l'ériger.

Le « pardon ». C'est un mot facile à prononcer, n'est-ce pas ? Et pourtant, il s'agit d'un acte complexe, profond, difficile — et même, c'est vrai, impossible à accomplir. Impossible pour *nous*, en tout cas. Mais pas pour Dieu. Or il est tout aussi nécessaire de pardonner les petites choses au quotidien que de pardonner les gros péchés, fautes et manquements de notre conjoint. Je vais vous donner un conseil : il est plus facile de pardonner *avant* que la première brique ait été scellée qu'une fois le mur en place.

David Augsburger définit le pardon avec éloquence :

> Déclaré dans les relations entre époux, le pardon intervient lorsque l'amour accepte — délibérément — les blessures et écorchures de la vie et abandonne tous les griefs qu'il a contre l'autre. Pardonner, c'est accepter l'autre lorsque vous savez tous les deux qu'il a fait quelque chose d'inacceptable.
>
> Pardonner, c'est adresser un sourire d'amour silencieux à votre conjoint quand vous avez sur le bout de la langue les raisons d'entretenir un affront ou une blessure et que vous les ravalez. Non pas parce que vous y êtes obligé, pour rester en paix, mais parce que vous le voulez, pour *faire* la paix.
>
> Pardonner, ce n'est pas accepter « à condition » que l'autre devienne acceptable. Le pardon est un don gratuit. Un don rendu possible par le fait que celui qui pardonne a profondément conscience d'avoir lui aussi besoin d'être constamment pardonné, jour après jour.
>
> Le pardon met en action la force que Dieu donne d'aimer et de recevoir l'autre sans avoir la moindre assurance qu'il restitue complètement et fasse réparation.
>
> Le pardon est une relation entre deux êtres égaux qui reconnaissent avoir profondément besoin l'un de l'autre, chacun ayant sa part à donner. Chacun a besoin du pardon

de l'autre. Chacun a besoin d'être accepté par l'autre. Chacun a besoin de l'autre.

Ainsi donc, devant Dieu, chacun abandonne tous ses griefs, refuse toute autojustification et pardonne. Et pardonne. Soixante-dix fois sept fois.

Le refus de pardonner engendre automatiquement l'amertume. Quelqu'un a dit que l'amertume fait beaucoup plus de mal au récipient dans lequel elle est stockée qu'à celui sur lequel elle est déversée. Et laissez-moi vous dire que l'amertume emmagasinée ronge comme de l'acide.

Je me demande combien d'entre nous se rendent compte que l'amertume que nous nourrissons à l'encontre de celui qui nous a porté préjudice est aux yeux de Dieu un péché aussi grave que le préjudice initial. La Bible dit : « Veillez à ce que personne ne se prive de la grâce de Dieu ; à ce qu'aucune racine d'amertume ne produise de rejetons et ne cause du trouble, et que plusieurs n'en soient infectés » (Hébreux 12.15). C'est en premier lieu à *vous* que l'amertume fera du mal, puis à votre conjoint, puis à beaucoup d'autres. Elle est semblable à un caillou qui tombe dans l'eau et fait des ronds de plus en plus larges.

Pour être guéri de l'amertume, voici la marche à suivre qui est recommandable. Elle consiste en quatre étapes fondamentales.

Premièrement, *confessez-la.* Ne l'évacuez pas par quelque justification ou explication.

Deuxièmement, *demandez à Dieu la capacité d'accepter ce qui est à l'origine de votre amertume.* Acceptez les blessures et la souffrance par la puissance de Dieu. *Accepter ne signifie pas approuver* et il ne s'agit pas non plus de remercier Dieu pour le préjudice subi. Remerciez Dieu de ce qu'il est capable d'œuvrer au travers du mal pour nous apporter la bénédiction dans notre vie. Christ *accepta* ses souffrances, ce qui lui permit de les supporter.

Troisièmement, *demandez à Dieu la capacité de pardonner à celui qui vous a fait du tort.* Nous sommes incapables de pardonner par nos propres forces. Même si la personne ne vous a pas présenté ses excuses, pardonnez de toute façon. Le pardon libère énormément de pression accumulée à l'intérieur. Pardonnez en nommant la personne.

Quatrièmement, *demandez à Dieu de vous libérer de votre prison*, de guérir toute l'amertume du passé comme du présent. Sinon, vous serez lié par cette amertume.

Si je m'attarde ici sur la nécessité du pardon, c'est parce que l'absence de pardon constitue souvent le principal obstacle qui nous empêche de bâtir en utilisant les qualités de notre couple ou même de voir nos différences d'un point de vue constructif. Si nous avons laissé s'ériger des murs entre nous, *tout* va nous sembler négatif. Il faut que ces murs soient détruits avant que nous puissions entrevoir comment nous compléter l'un l'autre dans notre manière de penser et de communiquer.

Un verset, trois commandements : *Soyez bons. Soyez compatissants. Faites-vous grâce.* Chacun de ces commandements est impératif pour quiconque désire préserver l'amour et l'intimité de son couple.

La chaleur produite par la mise en pratique de ces consignes données par Dieu irradiera jusque dans les fibres de l'introverti et de l'extraverti, du démonstratif et du réservé. Son effet sera perceptible même si vos modes d'expression de l'amour n'ont rien en commun.

Voici quelques suggestions pour faire fondre les différences :

Fixez-vous des objectifs. Notez des mesures concrètes que vous pouvez prendre afin de progresser au niveau de la communication. Prévoyez de participer à un séminaire sur le couple ; faites une étude biblique sur la personne de Christ (pour voir par exemple le parfait équilibre qui peut régner dans une vie) ; mémorisez ensemble quelques versets qui parlent de la compréhension ; priez ensemble chaque jour à propos de la compréhension. Demandez à quelqu'un qui vous est proche de vérifier votre progression.

Commencez maintenant et faites-le ! Une jeune femme demanda un jour à un homme de Dieu que nous connaissons bien :

— Ma mère et moi n'arrêtons pas de nous disputer et il ne se passe pas un jour sans que nous nous accrochions. Qu'est-ce que je peux faire ?

— Arrêter ! lui conseilla-t-il.

N'oubliez pas que nous le *pouvons* si nous le *voulons.* Notre volonté a son rôle à jouer dans le processus de mise en action de ce que Dieu veut que nous changions.

Enfin, *réjouissez-vous* de vos différences.

Vers la fin de sa vie, et d'un deuxième mariage, Catherine Marshall écrivit : « Les maris et les femmes sont fondamentalement incompatibles. (...) C'est pour cela que le foyer conjugal est le laboratoire dans lequel Dieu nous place afin de nous façonner et nous modeler pour nous permettre de devenir des gens mûrs. »

Réjouissons-nous de l'œuvre de modelage accomplie par Dieu.

Carl Rogers utilise l'analogie suivante : « Quand je vais sur la plage pour regarder le coucher du soleil, je ne m'écrie pas : 'Un peu plus d'orange sur la droite, s'il vous plaît', ou 'Est-ce que vous voulez bien nous donner un peu moins de violet dans le fond ?' Non, j'admire les couchers de soleil tels qu'ils sont, différents à chaque fois. Nous ferions bien d'agir de la même manière avec ceux que nous aimons. »

Réjouissons-nous du caractère unique des créations de Dieu.

Le mariage est une ascension — et la pente est parfois raide. Mais lorsqu'on s'agrippe à la main de Dieu, le panorama est magnifique vu d'en haut.

Il l'est dans la mesure où l'on apprend à rester sur les sommets avec Dieu — qui est le Maître béni de toutes choses.

TROISIÈME PARTIE

NOTRE FAÇON DE PARLER

11

Quelqu'un jouerait-il au chat et à la souris ?

L'EXPANSIF OPPOSÉ AU SECRET

JACK

Il se tourna vers moi, les yeux pleins de désespoir.

« Elle m'a plaqué, dit-il. Elle m'a tout bonnement appelé un jour au bureau pour m'annoncer qu'elle en avait assez et qu'elle me quittait. (Il essaya de contrôler le tremblement de sa bouche.) Je me rends compte à présent que je suis en grande partie responsable. Elle a sans doute essayé de m'en parler... »

En l'écoutant, je me rendis compte à quel point ce qu'il avait dit était juste. Elle avait effectivement essayé de lui en parler. A la naissance de leur fils, elle n'avait pas voulu reprendre le travail immédiatement, mais il avait fait pression sur elle, lui disant qu'ils avaient besoin de son salaire. Elle avait un peu protesté et, par la suite, elle avait fait une grave dépression, mais il ne pensait pas que sa dépression ait quoi que ce soit à voir avec lui ou avec le fait qu'elle était séparée de leur fils.

En réalité, cette épouse avait utilisé tous les signaux dont elle disposait pour lui faire prêter l'oreille à sa douleur et sa colère. Cependant, il n'avait pas conscience de ses cris intérieurs. Comme il menait de front deux emplois, il n'était pas beaucoup à la maison — mais, plus grave encore, même lorsqu'il était présent à la maison, il la décevait sur le plan affectif.

Le jour vint où elle estima que la douleur du divorce était plus facile à supporter que la souffrance de vivre sous le même toit tout en étant émotionnellement aux antipodes.

Donc... elle le quitta. Ce ne fut pas la bonne attitude, mais je peux la comprendre. C'était sans doute une dernière tentative désespérée pour faire réagir son mari. Elle y parvint, mais il était déjà trop tard.

Je me demande combien de relations brisées sont l'aboutissement d'un scénario analogue. Je me demande combien d'hommes sont, en ce moment même, en train de s'éloigner de leur épouse parce qu'ils ne comprennent pas ses besoins : besoin d'être écoutée, besoin de voir ses sentiments et émotions reconnus par un mari qui s'y intéresse de près et les comprend.

Non pas que les hommes n'aient pas besoin d'un soutien émotionnel et d'intimité — ils en ont évidemment besoin. Je connais des hommes qui ont un besoin tout aussi grand de communiquer à un niveau émotionnel, sentimental et personnel, que n'importe quelle femme. C'est souvent eux qui pratiquent la relation d'aide, auxquels les autres s'adressent lorsqu'ils ont des problèmes, qui ont un rôle de pasteurs-bergers. Toutefois, au cours de nos entretiens avec des couples, Carole et moi avons constaté que, dans le couple moyen, c'est en général une question de *degré*. Or le besoin des femmes semble d'habitude plus grand. Ce sont elles qui, le plus souvent, aspirent à une communication « d'âme à âme » et qui ont l'impression que ce désir n'est jamais vraiment satisfait par leur conjoint.

Voici un incident qui était relaté récemment dans un article de journal :

> Judy, qui était artiste, se faisait du souci concernant la préparation d'une exposition et commença à en parler à Cliff, son mari. Elle attendait de lui qu'il la soutienne et lui soit solidaire.
>
> Au lieu de cela, Cliff la bombarda de consignes : « Premièrement, rassemble tous les artistes. Deuxièmement, appelle ton comptable : il se peut que les frais soient déductibles. Troisièmement, vois avec la banque pour savoir combien d'argent vous avez. Quatrièmement, contacte les personnes chargées des relations publiques. »

Judy se sentit rejetée et se dit en elle-même : « Peu importe à Cliff comment je me sens. Tout ce qu'il veut, c'est se débarrasser de moi. »

Cliff pensait lui avoir véritablement témoigné son soutien : il avait fait de son mieux pour lui donner de bons conseils. Seulement voilà, Judy désirait qu'il la rejoigne sur le plan émotionnel, pas qu'il résolve son problème.

Carole et moi connaissons bien ce problème ! Pendant toute notre vie de couple, j'ai dû m'efforcer de montrer davantage d'intimité dans nos échanges. C'est sans doute lié au fait que je suis un homme d'un tempérament par ailleurs logique, réaliste et objectif. Je dois bien reconnaître que je suis quelqu'un qui, par nature, cache ses sentiments. En fait, si l'on imaginait une balance ayant un plateau représentant la capacité d'exprimer ses sentiments et l'autre le besoin de les taire, Carole et moi arriverions sans doute à un bel équilibre.

La plupart des conseillers conjugaux s'accordent pour dire que le tempérament secret est plus répandu chez les hommes, et ce pour diverses raisons telles que l'éducation, la société, la conception de la virilité et la personnalité. Or cette tendance à taire ses sentiments est lourde de conséquences. Dans un article intitulé « Pourquoi les hommes ne veulent pas demander de l'aide », James Collier explique que la plupart des hommes estiment contraire à la virilité le simple fait de reconnaître qu'ils *ont* un problème — sans parler de demander de l'aide :

> Les hommes considèrent qu'ils devraient être capables de faire face à tout ce qui peut bien leur arriver et, s'ils ont des ennuis, c'est déjà un aveu d'échec. Certains hommes préféreraient échouer dans leur mariage ou avec leurs enfants plutôt que de reconnaître que quelque chose ne va pas et de chercher une solution.
>
> (...) Voici ce que déclare le spécialiste du mariage Goldstein : « Les hommes ne sont pas sensés éprouver de l'affection ni avoir des sentiments de tendresse à l'égard des gens qui les entourent — et encore moins les exprimer. » C'est comme l'histoire de ce vieux fermier marié depuis

40 ans qui déclara : « J'aime tellement Sarah que parfois j'ai toutes les peines du monde à me retenir de le lui dire. »

Les modes de communication des uns et des autres sont très différents.

— Différents dans le nombre de questions et ce qui les motive. L'expansif pose souvent de nombreuses questions, qui sont pour lui le moyen d'entretenir la conversation. Il se dit : « Si je ne demande pas, l'autre ne saura pas que je m'intéresse à lui. » Les questions sont pour lui un signe d'intimité et de sollicitude.

Mais pas pour celui qui a un tempérament secret ! En effet, il peut considérer les questions comme un signe d'indiscrétion. Il se dira plutôt : « Ça non, n'essaie pas ! Tu n'arriveras pas à me faire parler. Si je veux te dire quelque chose, je te le dirai — pas besoin de toutes tes questions. »

— Différents aussi dans la nature des réactions à l'égard de la communication.

L'expansif aura tendance à ponctuer la conversation d'interjections encourageantes telles que « ah-ah » et « hmmm » pour inciter l'autre à poursuivre ; en revanche, il sera frustré en présence de quelqu'un de secret qui se manifeste si peu de cette manière. Quand j'écoute Carole sans rien dire, elle me demande parfois : « Chéri, est-ce que tu m'écoutes ? »

— Différents dans l'usage de ce qu'on appelle parfois les mots d'« unité » tels que *vous* et *nous*. L'expansif aura tendance à employer beaucoup plus de mots de ce genre, ainsi que des ponts dans la conversation tels que « Vas-y, continue », « Tu veux bien me donner un autre exemple ? », etc.

Est-ce que vous vous reconnaissez ? Comme je l'ai dit, j'ai tendance à être secret et — étant par ailleurs logique — je dois dire que, bien souvent, les hommes logiques ont des raisons logiques justifiant leur tempérament secret ! J'ai lu un article rapportant une expérience dans laquelle on avait demandé à un groupe d'hommes pour quelles raisons ils ne parlaient pas. Plusieurs d'entre eux donnèrent des raisons plutôt logiques, disant par exemple qu'ils n'étaient simplement pas d'humeur bavarde, ou qu'ils étaient fatigués et ne voulaient pas dépenser de l'énergie à parler, et même qu'ils voulaient protéger leur épouse lorsqu'elle était fatiguée et angoissée et que ses réserves émotionnelles étaient presque à zéro.

Toutefois, les réponses données par d'autres membres du groupe indiquèrent que leur tempérament secret ne devait pas être pris au premier degré. Voici les raisons que donnèrent certains d'entre eux :

> (1) Le silence m'aide à éviter les divergences d'opinion. J'ai grandi dans une famille qui exprimait rarement des sentiments forts. Parler m'est donc difficile, surtout quand je sais que ce que j'ai à dire ne correspond pas à ce que ma femme veut entendre.
>
> (2) Le silence me protège. Il m'arrive de ne pas vouloir parler de certaines choses à ma femme parce que j'ai peur qu'elle s'en serve contre moi.
>
> (3) Le silence maintient, entre l'attachement et la liberté, un équilibre grâce auquel nous sommes à l'aise dans notre relation. Par moments, j'ai besoin de proximité, mais à d'autres moments j'ai besoin de distance. Je retire la plus grande satisfaction dans notre couple quand il y a une sorte de flux et reflux dans l'interaction qui se produit entre nous.
>
> (4) Le silence exclut les éclats passionnés. Si je n'appuie pas sur la détente, j'ai moins de risques d'essuyer des feux croisés ou d'avoir à ramasser les débris une fois la bataille terminée.
>
> (5) Quand quelque chose me tracasse, je ne parle pas parce que ma femme a tendance à réagir de manière excessive et à aggraver les choses. Je ne veux surtout pas qu'elle se tape la tête de colère contre les murs ou bien qu'elle se mette à pleurnicher à cause de cela.

Avez-vous remarqué une similitude dans ces cinq raisons expliquant le silence de ces hommes ? Il semblerait que la plupart de ces raisons soient basées sur la protection ou le bien-être de sa propre personne et non sur l'intimité du couple ou les besoins de l'épouse.

Certes, il y a bien sûr des moments où le silence est positif. Mais le fait de taire constamment nos sentiments finit fatalement par étouffer l'intimité et éloigner la proximité qu'exige notre couple (et dont la plupart des épouses ont besoin) si nous voulons véritablement devenir un.

Voici comment un conseiller conjugal a exprimé cette différence sur ce point : « Alors que les femmes pensent que le couple marche tant qu'il est possible d'en parler, les maris estiment au contraire que la relation ne fonctionne pas dès lors qu'on est obligé d'en parler constamment. »

Nous sommes donc différents. Il s'avère que l'un de nous ne parle guère de ce qu'il ressent, alors que l'autre en fait part librement. Y a-t-il quelque chose à faire ?

Voici ce que le conseiller conjugal Norman Wright écrit :

> Une femme n'est pas condamnée à se résigner à vivre avec un homme peu communicatif. L'attitude fataliste ne résout rien, et je ne veux pas non plus parler de divorce. N'écoutez pas si l'on vous dit : « Ne t'en fais pas à ce point si les hommes n'expriment pas leurs sentiments ; ils sont comme ça et c'est tout ! » Les hommes ont en effet tendance à être ainsi, mais ils peuvent changer. Les défis et les reproches ne marchent pas. Par contre, les invitations formulées avec soin peuvent marcher. Les hommes réagissent en premier lieu aux questions qui appellent des réponses pratiques. Un homme a plus de facilité à dire à sa femme ce qu'il fait au travail que ce qu'il éprouve à ce sujet. Il lui est plus facile de lui raconter les performances accomplies en sport ou à l'école pendant son adolescence, que ce qu'il éprouve au sujet de celles-ci. Néanmoins, c'est en commençant par les faits que l'on peut arriver jusqu'aux sentiments.

Mais attention : que les expansifs prennent garde ! Norman Wright dit aussi qu'un homme peut finir par s'ouvrir à une femme pour découvrir ensuite qu'elle ne tient aucun compte de ce qu'il lui partage, qu'elle en fait part à d'autres, ne le croit pas, le tourne en ridicule, le rejette et même qu'elle s'en moque. N'oubliez pas que la sécurité, le sentiment d'acceptation et le soutien moral sont indispensables pour qu'un homme abaisse le pont-levis de son château fort. Il veut que ce qu'il partage soit utilisé *pour son bien et non contre lui*. La confiance est un élément déterminant.

Soyons concrets. A quoi ressemble véritablement un partage intime et profond ?

Voici comment le *Petit Robert* définit le terme « intime » : « Qui est contenu au plus profond d'un être » ; ou encore : « Qui est tout à fait privé et généralement tenu caché aux autres ». Un des sens de « profond » est « extrême en son genre, intense ». Par conséquent, pour avoir un partage intime et profond, je dois d'abord savoir ce qui se passe au plus profond de mon cœur (degré que Dieu m'aidera à atteindre si je le lui demande), puis il faut que je sois prêt à m'ouvrir à ce sujet.

Angoissant ? C'est garanti. Difficile ? Absolument. Je risque de peiner et lutter, de m'arrêter, recommencer et m'arrêter à nouveau. Je risque de faire un pas en arrière chaque fois que j'en aurai fait deux en avant. Cela risque de me prendre des mois ou même des années. Mais avec l'aide de Dieu et ma détermination, j'en suis néanmoins capable.

Je peux partager mes expériences d'hier et d'aujourd'hui : mes succès, mes échecs, mes idées, mes espoirs et mes rêves. Je peux dire à mon épouse quand j'ai peur (même peur de me confier !), quand je suis découragé, quand je ne me sens pas à la hauteur, quand je suis intimidé ou en colère. Je peux partager mon bonheur, ma joie, mes plaisirs intenses. Je peux lui parler de ce que j'ai vécu aujourd'hui, des moments où je voulais pleurer, des absurdités que je voulais dénoncer en criant, des scènes qui m'ont fait pouffer de rire. Et je peux demander à mon épouse de partager avec moi quelques-uns des sentiments analogues qu'elle a éprouvés. Quand chacun de nous s'engage à cela, la véritable unité d'âme et d'esprit commence à se réaliser.

La Bible définit le mariage comme étant deux êtres qui deviennent un. Mais comment cela est-il possible si la conversation se limite à du bouche à oreille — à des choses superficielles, des phrases toutes faites ?

Nous avons besoin de tellement plus que cela. Nous avons besoin d'autre chose que d'une communication entre deux esprits (limitée à des faits et des idées), ou entre deux cœurs (limitée à des sentiments).

Ce dont nous avons réellement besoin si nous voulons connaître l'intimité et l'unité dans le couple, c'est de deux âmes... véritablement *entrelacées* l'une dans l'autre.

Voilà ce qu'est l'intimité.

Et voilà ce qu'est l'unité.

12

Encore une fois... avec sentiment

L'EXPRESSION DES FAITS OPPOSÉE À L'EXPRESSION DES SENTIMENTS

CAROLE

C'était un jour morne et froid. La pluie crépitait contre la vitre. Lançant un regard par la fenêtre, je dis à Jack : « Il pleut dehors. »

Or Jack n'est pas aveugle, et il n'est pas non plus sourd. Il savait très bien quel temps il faisait dehors.

Pourquoi exprimais-je donc une évidence ? Pour faire la conversation ? Pas vraiment. Croyez-moi ou non, j'exprimais là un *sentiment*. Ce que je disais en réalité, c'était que cette pluie me donnait le cafard.

Je me sers souvent de la parole pour exprimer mes sentiments. Ce jour-là, j'aurais pu vouloir dire toutes sortes de choses, comme par exemple : « la pluie me donne de l'énergie ; je vais me lancer dans le ménage de la maison ce matin », ou « la pluie me met d'humeur songeuse ; j'aimerais m'asseoir près de la cheminée et feuilleter mes vieux albums photos de classe ». Toujours est-il qu'il y a de grandes chances qu'en disant ce genre de choses, j'exprime un sentiment.

Il n'en va pas de même pour Jack ! Lui se sert le plus souvent de la parole pour exprimer un *fait*. S'il dit : « Il pleut dehors », il veut dire que les nuages se sont crevés et que de petites gouttes d'humidité tombent sur le sol.

Cette différence dans la manière dont nous nous servons de la parole a une incidence déterminante sur nos relations ; c'est une différence qu'il nous faut apprendre et réapprendre, accepter, comprendre, et ensuite nous rappeler... et nous rappeler... et nous rappeler encore.

J'ai lu un jour l'histoire d'un pasteur qui devait se rendre dans une ville voisine afin d'y officier à un enterrement. Comme il demandait à sa femme de l'accompagner, celle-ci lui répondit :

— Si tu veux.

— Bon, dit le pasteur après un moment de silence, j'irai tout seul.

La personne qui racontait cette histoire faisait remarquer que chacun d'eux avait été inutilement déçu. Le mari voulait avoir sa femme auprès de lui et espérait qu'elle lui propose de l'accompagner. Quant à elle, elle voulait y aller, mais comme elle n'était pas sûre que cette invitation tienne vraiment à cœur à son mari, elle lui renvoya la décision. Lui supposa qu'elle refusait son invitation ; elle supposa qu'il n'avait pas besoin de son soutien. Et c'est ainsi que deux époux qui voulaient exprimer leur amour et leur besoin réciproques finirent chacun par avoir le sentiment d'avoir été rejeté par l'autre.

Pouvez-vous interpréter ce bref échange ? Le pasteur était quelqu'un qui exprimait des faits. Il n'aurait pas demandé à sa femme de l'accompagner pour une raison autre que son désir qu'elle vienne. Sa femme, par contre, qui n'abordait pas la vie en se basant autant sur les faits, cherchait à être rassurée dans son for intérieur quant au désir de son mari qu'elle l'accompagne.

Si vous voulez savoir qui exprime plutôt des faits et qui exprime plutôt des sentiments, il vous suffit d'écouter les conversations autour de vous dans les lieux publics.

Récemment, tandis que je longeais un couloir d'aéroport, j'entendis se dérouler derrière moi une conversation entre deux hommes.

— La perspective de cette réunion ne m'enchante guère, disait le premier.

— Comment ça, tu n'es pas *emballé* par les possibilités actuellement à l'étude ? lui demanda le second avec enthousiasme.

— Je ne sais pas, répondit le premier d'une voix terne.

Je *sentis* l'enthousiasme du second se dégonfler d'un seul coup comme une baudruche. J'imaginais l'expression de son visage. Pourtant, le premier homme ne faisait qu'être honnête et s'en tenir aux faits. Tandis que l'un exprimait des faits comme il les voyait, l'autre exprimait des sentiments comme il les éprouvait.

Imaginez un couple regardant des tableaux dans un musée.

— Est-ce que vous aimez celui-ci ? leur demande un ami.

— Oui ! répond l'un d'eux.

— Ah oui ! Il est magnifique ! renchérit l'autre.

— Et que pensez-vous de celui-là ?

— Non, répond le premier.

— Bah ! Il est affreux ! s'exclame l'autre.

— Tiens, et cette peinture abstraite ?

— Je ne sais pas, répond l'un des époux.

— Hmmm, disons qu'elle est intéressante, mais je ne peux pas dire l'effet qu'elle me fait au premier coup d'œil.

Ceux d'entre nous qui se servent de la parole pour exprimer des *sentiments* ont beaucoup de mal à dire des choses comme « Je ne sais pas », « Oui », « Non » ou « Pas beaucoup. » Nous ne disons pas facilement des phrases toutes simples et concrètes (« factuelles ») parce que, dans la mesure où elles n'expriment pas un sentiment, elles ne constituent pas des faits à nos yeux. Les faits, c'est ce que nous *ressentons*. (Avez-vous saisi, vous les réalistes ? Probablement pas !)

Je ne peux pas vous dire combien il m'est parfois difficile d'exprimer ou d'écouter les *faits* purs et simples à propos de telle ou telle chose. Pour moi, cela n'a pas grand intérêt, un point c'est tout ! J'essaie de changer, mais je vous assure que c'est dur !

Le *Reader's Digest* a publié un jour un article humoristique dans lequel l'auteur, une femme, suggère que les couples passent un test d'aptitude au mariage sur le même modèle que l'examen de conduite. Certaines des questions qu'elle propose sont amusantes, mais aussi profondes — sur le mode comique —, et elles montrent comment les sentiments peuvent parfois s'exprimer à peine voilés, sous couvert de « faits ». Elle demande à des hommes de choisir la réponse qui correspond à leur situation lorsque leur femme leur fait les remarques suivantes :

« Je suppose que tu regrettes que je ne sois pas une aussi bonne cuisinière qu'Emmy. »

(a) Si déjà tu lui arrivais à la cheville...

(b) Je suis sûr que tu serais capable de cuisiner aussi bien qu'Emmy si tu voulais y consacrer autant de temps.

(c) Oh, je serais plutôt écœuré de manger de la nourriture aussi riche tous les jours. D'ailleurs, il paraît que son mari a le foie malade.

« Est-ce que tu m'aimes autant que le jour de notre mariage ? »

(a) Bien sûr !

(b) Ah non, tu ne vas pas recommencer !

(c) Chérie, si tu es obligée de poser cette question, c'est forcément ma faute. A l'évidence, je ne te manifeste pas tout l'amour que j'éprouve pour toi.

« Tu ne me parles jamais. »

(a) Si je ne te parle pas, c'est parce que les seuls sujets qui t'intéressent, c'est le fichu bulletin scolaire de Billy, ton fichu lave-vaisselle et ce fichu laitier qui n'arrête pas de salir ton carrelage.

(b) Bien sûr que je te parle ! Qu'est-ce que je suis en train de faire — du mime ?

(c) Et moi qui étais justement en train de me dire combien tu es belle, quelle chance j'ai de t'avoir et comme il fait bon vivre chez nous !

Certaines de ces réponses sont évidemment cruelles. Mais dans chaque cas, il y en a une qui s'en tient aux faits — et ceux qui s'expriment sur ce mode estimeront sans doute que ces réponses sont correctes. Par contre, ceux qui ont tendance à exprimer des sentiments choisiront à chaque fois la réponse (c).

Je crois que c'est cette différence qui m'a le plus fait pleurer. Et, aujourd'hui encore, il faut parfois que je me la remémore.

J'ai encore en mémoire un incident qui s'est produit il y a des années, alors que Jack s'était absenté pour une quinzaine de jours. Lynn et moi avions décidé de refaire la chambre d'amis et de faire la surprise à Jack. Nous l'avons repeinte, avons mis de nouveaux rideaux et avons même utilisé les bons d'achat que nous avions scrupuleusement mis de côté pour acheter de nouveaux dessus-de-lit. Après avoir accueilli Jack à son retour, nous l'avons tiré jusqu'à l'étage, avons ouvert la porte de la chambre d'amis d'un geste magistral et lui avons demandé avec beaucoup d'enthousiasme :

— Alors, qu'est-ce que tu en dis ?

Il a lentement promené ses regards sur la pièce, a hoché la tête et dit sans la moindre effusion :

— Ça me plaît.

Nous avons échangé un regard avec Lynn, puis nous avons éclaté de rire. Voyez-vous, nous venions d'étudier quelques différences — dont celle-ci — et nous nous sommes vite rendu compte que Jack exprimait un fait et que cela suffisait à ses yeux. Pour ma part, j'aurais fait des commentaires à n'en plus finir à propos des couleurs, du travail accompli, des rideaux et du décor, afin de convaincre la personne que cela me plaisait.

Pour certains d'entre nous, il faut que les choses soient dites *avec sentiment* ou alors nous n'y croyons pas.

En 1 Pierre 3.7, l'apôtre Pierre fait aux maris une recommandation intéressante, qu'Alfred Kuen rend ainsi dans sa transcription : « Quant à vous, maris, essayez de comprendre vos femmes. »

Je me demande combien de maris obéissent à ce commandement. Nous entendons tant de maris dire : « Je ne comprends vraiment pas pourquoi elle se met dans un tel état » ou « Je n'arrive pas à comprendre pourquoi elle ne me croit pas quand je lui dis que j'aime sa robe. »

Quant à leurs femmes, elles se plaignent souvent en disant : « Il n'est pas du tout sur la même longueur d'ondes que moi » ou « Il semble ne rien ressentir profondément. »

Cela peut ne pas être vrai de tous ceux qui ont tendance à exprimer des faits, mais Jack ressent malgré tout les choses profondément. Je l'ai vu s'agenouiller au pied du lit de Lynn alors qu'à l'âge de dix ans elle s'était cassé une incisive en essayant de faire le poirier sur la chape du sous-sol. Lynn dormait et on pouvait lire sur le visage de Jack toute l'angoisse et la préoccupation qu'il éprouvait pour elle (il avait perdu une dent à l'université et il se demandait comment cet accident risquait d'affecter Lynn).

Je l'ai vu déchiré au point de ne pas pouvoir dire un mot dans une situation que je prenais personnellement avec un peu plus de philosophie.

Il ne fait donc aucun doute qu'il *ressent* les choses. Mais étant donné la manière dont il exprime verbalement ces sentiments-là, ces derniers ressortent comme des faits. Jack s'exprime calmement (la plupart du temps), posément, précisément. Pas de grandes déclamations ni de tempêtes chez lui. Les faits et rien que les faits.

J'ai entendu une anecdote à propos d'un auteur renommé de livres sur le mariage. Il y a bien des années, cet homme et sa femme firent le genre d'analyse du tempérament dans laquelle chaque personne passe deux fois le test : la première fois pour soi et la deuxième en imaginant les réponses que donnerait son conjoint. La femme classa son mari parmi ceux qui éprouvaient peu de sentiments, mais lorsqu'ils reçurent ses résultats, ils constatèrent que le score qu'il avait obtenu dans la catégorie des sentiments était nettement supérieur à la moyenne. Cette femme finit par se rendre compte que son mari éprouvait bel et bien toutes sortes de sentiments profonds, mais qu'il les *exprimait* rarement — et c'est ainsi qu'elle commença à apprendre à poser des questions qui l'aident à exprimer ces sentiments à sa femme.

Si Jack et moi avions passé ce test, il ne fait aucun doute que nous aurions obtenu des résultats semblables. Cependant, au fil des années, Jack a appris à m'exprimer ses sentiments lorsque je lui pose des questions. Il n'empêche qu'il demeure quelqu'un qui exprime principalement des « faits ».

Un événement récent nous l'a rappelé une fois de plus.

Cette année, nous avons participé à un week-end destiné à réunir les camarades de promotion de Jack quarante ans après l'obtention de leur diplôme. Ce fut l'occasion de renouer des liens d'amitié et de partager ce que les uns et les autres avaient vécu au cours des années écoulées. Mais ce fut aussi pour moi l'occasion d'être confrontée à ma propre condition de mortelle. Je n'ai pas apprécié d'être obligée de regarder les badges pour reconnaître les gens. Et j'ai encore moins apprécié de voir qu'ils étaient obligés de le faire avec moi ! Je suis revenue de ce week-end en pensant avec gravité au processus de vieillissement.

J'ai alors fait part à Jack de mes pensées mélancoliques. M'ayant écoutée, voici ce qu'il m'a dit : « Bah, tu sais bien ce qu'on dit : 'L'âge — moins on y pense, mieux on se porte.' »

Fin de la discussion. Je sentais qu'il avait déjà l'esprit à autre chose.

J'ai failli m'écrier : « Non ! Tu ne m'aides pas du tout. Tu es indifférent à ce que je *ressens* : à mes craintes et mes interrogations quant à l'avenir. J'ai besoin que tu comprennes ce qui se passe *en moi* en ce moment même. »

Mais, cette fois-là, j'ai gardé le silence. En effet, Jack comprenait bel et bien ce que je ressentais. Il me rappelait simplement un fait — un fait qui est juste et vrai. Un fait que j'avais besoin d'entendre à nouveau.

Au fil des années, j'ai appris qu'il est essentiel pour notre relation de bien comprendre que Jack exprime des faits alors que, moi, j'exprime des sentiments. Tant que je ne l'avais pas *compris*, j'étais incapable de l'*accepter*.

Même aujourd'hui, ce n'est pas facile. Mais, chers amis, c'est *possible*.

Et ça, c'est un fait !

13

Traduction, s'il vous plaît ?

COMMENT SURMONTER VOS BARRIÈRES LINGUISTIQUES

CAROLE

Jack et moi prîmes place sur des coussins mœlleux, isolés du monde par les hautes parois rembourrées de notre box. Je poussai un soupir de contentement, me réjouissant à l'avance du dîner et de la soirée agréables qui s'annonçaient.

Au milieu de mon repas, je posai à Jack une question qui me préoccupait depuis quelque temps.

— Chéri, je sais que tu perçois mon amour principalement quand tu sais que je te soutiens à cent pour cent — quand je ne tire pas dans une autre direction. Mais, à part ce mode d'expression de l'amour, quelle est l'autre manière dont tu perçois le mieux l'amour ?

Jack garda le silence quelques instants, puis il dit d'un ton songeur :

— En tout cas, je sais comment tu perçois *mon* amour.

— Ce n'est pas exactement ce que je t'ai demandé, mais ça ira pour commencer, répliquai-je. A ton avis, comment est-ce que je perçois ton amour ?

— Je *sais* comment tu perçois mon amour, dit-il avec insistance. Tu le perçois à travers une communication intime de cœur à cœur — comme ce que nous faisons en ce moment.

Je réfléchis un instant avant de dire :

— Tu as raison, bien sûr. Et toi ? Est-ce que tu perçois l'amour de cette manière ?

— *Maintenant*, oui, répondit Jack.

— Pourquoi maintenant ? insistai-je.

— Après toutes ces années de vie commune avec toi et maintenant que j'ai découvert l'unité et la profondeur que cela confère à notre relation, pour rien au monde je ne vivrais autrement.

— Mais avant ? insistai-je encore. Si tu n'avais pas épousé une expansive — quelqu'un qui perçoit l'amour à travers la communication intime —, est-ce que tu aurais perçu ou exprimé l'amour de cette manière ?

— Je ne sais pas, répondit-il. Je sais seulement que je l'exprime et le perçois désormais de cette manière.

(Il nous fallut revenir ici au tempérament logique et analytique de Jack et je l'acceptai. Jack n'est pas très doué pour imaginer les situations hypothétiques — d'ailleurs, en général, il n'essaie même pas.)

J'ai alors posé ma main sur la sienne, me suis penchée vers lui et lui ai dit :

— Eh bien, en tout cas, je suis contente que désormais tu parles et perçoives ce langage, mon chéri.

J'ai toujours eu un besoin avide d'intimité et de profondeur dans le partage. Comme je suis reconnaissante qu'au fil des années, Jack ait appris à en avoir besoin lui aussi. Je sais que, de son côté, cela a été un engagement, une détermination et un choix délibéré d'apprendre.

Une épouse peut aider son mari à apprendre à partager en profondeur. Mais ce n'est pas en le harcelant qu'elle y parviendra. Ni en se renfermant. Ni en le submergeant de questions et d'idées.

Je n'ai pas toujours aidé Jack de la meilleure manière, mais, au fil des années, j'ai trouvé quelques moyens qui marchent :

Soyez sensible aux humeurs de votre conjoint. Je me souviens d'une fois où je m'étais préparée à une sortie en amoureux en rassemblant quelques questions qui me semblaient être formidables, drôles et loufoques — le genre de questions qui nous permettent souvent d'engager la conversation tous les deux. Je m'étais promise de ne pas parler des problèmes qu'il y avait au bureau et qui avaient occupé une bonne partie de nos conversations cette semaine-là.

Aussi, le moment venu, j'ai posé gaiement mes questions. Jack m'a regardée d'un air maussade et a marmonné une réponse. Autre question ; autre réponse monocorde.

Il y avait eu des fois où je m'étais énervée et renfermée face à une telle réaction, mais cette fois-là, je voulais comprendre et apprendre. J'ai donc fini par dire : « Très bien, chéri. A l'évidence, tu n'es pas d'humeur à tenir ce genre de conversation. Parlons donc de ce qui te préoccupe vraiment. » Et pendant le reste de la soirée, nous sommes revenus sur les problèmes qui lui pesaient le plus sur le cœur.

Nous essayons d'éviter que les sujets graves monopolisent nos conversations lors de nos sorties en amoureux, mais nous savons combien il est important d'être à l'écoute des humeurs de l'autre.

Cette sensibilité aux humeurs de votre conjoint consiste notamment à poser des questions destinées à le faire parler. Toutefois, ne soyez pas insensible dans votre manière de les poser ! Posez de bonnes questions, mais ne submergez pas votre conjoint par un déluge lui tombant dessus d'un seul coup.

Soyez disponible envers votre conjoint qui est moins loquace. Parfois, quand je suis en plein travail de rédaction, je fais un saut à l'étage pour y chercher quelque chose, complètement absorbée par le sujet que je suis en train d'étudier. (J'ai délibérément installé mon cabinet de travail au sous-sol pour ne pas être obligée de tout ranger quand je m'arrête en fin de journée. Quant au bureau de Jack, il est à l'étage de notre maison.) En m'apercevant, Jack va me dire : « Tu veux bien t'asseoir une minute ? J'ai quelque chose à te montrer. » Ma tendance serait alors de lui répondre : « Ça va devoir attendre : je suis en plein travail. » Mais je lutte contre cette envie parce que je sais que Jack a besoin de parler quand il est dans une disposition à le faire. D'ailleurs, nous avons eu de très bonnes conversations spontanées dans son bureau. Je fais délibérément ce choix pour encourager mon mari, qui est moins loquace, à partager à un niveau profond. Si je l'empêchais de parler dans des moments comme ceux-ci, je pense qu'il aurait moins envie de partager quand c'est moi qui veux communiquer.

N'oubliez pas que lorsque vous incitez votre conjoint à s'ouvrir, la disponibilité doit aller de pair avec la confiance. Jack et moi avons fait des efforts pour nous donner cette sécurité l'un à l'autre. Nous nous sommes engagés à ne pas noter ce que nous dit l'autre et à ne pas répéter des informations confidentielles.

Apprenez le « langage amoureux » de votre conjoint. Jack s'est donné tant de mal pour apprendre mon langage amoureux que celui-ci fait désormais partie de sa personne et que cela lui manquerait si nous ne passions pas souvent des moments à partager « d'âme à âme ».

Cela dit, je commence à croire qu'il y a à peu près autant de ressemblances entre la manière dont la plupart des maris définissent la « bonne communication » et celle dont la définissent la plupart des épouses, qu'entre une girafe et un hippopotame. Les deux sont des animaux, mais la ressemblance commence et s'arrête là.

Prenez une personne qui est émotionnelle et subjective. Incorporez son mode d'expression de l'amour : la communication intime, profonde et de type irrationnel.

Puis ajoutez un conjoint qui est objectif, logique et réaliste : son principal mode d'expression de l'amour est l'attention et la protection.

Envoyez-les manger au restaurant et donnez-leur trois heures de conversation. Comme ils n'ont pas vraiment communiqué depuis un moment, ils démarrent tous les deux avec une coupe vide. Observons la scène.

Une heure passe pendant laquelle ils échangent les dernières nouvelles concernant leur travail, leur emploi du temps, les enfants et leurs amis.

La coupe du mari est maintenant à moitié pleine ; celle de l'épouse est remplie tout au plus à cinq pour cent.

Puis ils passent encore une heure à discuter d'un problème qu'il a avec un client, à envisager ce qu'ils pourraient faire pendant leurs prochaines vacances et à évaluer l'état de leur situation financière.

La coupe du mari est maintenant pleine à quatre-vingt-cinq pour cent ; celle de l'épouse à quinze pour cent.

Au cours de leur troisième heure, ils partagent ce qu'ils apprennent aux études bibliques et ce qu'ils aimeraient voir se passer dans le petit groupe dont ils font partie. Le dîner est terminé.

La coupe du mari est pleine à quatre-vingt-quinze pour cent — et celle de l'épouse ??? Peut-être à vingt-cinq pour cent.

Tandis qu'ils quittent le restaurant, il se dit : « Quels bons moments nous avons passés à communiquer en profondeur ! »

Quant à elle, elle se dit — et ressent profondément — : « Nous en étions tout juste au début ! Et maintenant nous n'aurons pas le temps de *vraiment* parler ! »

Lui dit :

— Il faudra qu'on remette cela le mois prochain.

Elle dit :

— Et pourquoi pas demain ?

Pour vous qui êtes d'un tempérament à exprimer vos sentiments, je n'ai pas besoin de vous faire un dessin. Mais, pour vous qui fonctionnez sur la base de faits, laissez-moi vous expliquer.

L'épouse a joui de chaque minute de leurs trois heures de conversation. Mais son besoin était plus grand. Pour que sa coupe à elle soit remplie, il aurait fallu qu'une partie de ces trois heures soit consacrée à partager les joies, les peines, les frustrations, les plaisirs et les émerveillements dans tous les domaines, qu'il s'agisse des problèmes rencontrés au travail, des choses apprises en étudiant la Bible ou des soucis concernant les enfants. Qui plus est, elle aurait voulu étudier les diverses réactions provoquées chez elle par chacune de ces joies, peines, frustrations, par chacun de ces plaisirs et émerveillements. Pour couronner le tout, le bouquet final aurait été que son mari lui fasse part de ce qu'il éprouvait à l'égard de ces questions. Alors, sa coupe aurait été pleine à ras bord !

Voici une excellente question qu'une personne de type objectif pourra poser à quelqu'un de subjectif et irrationnel : « Sur une échelle de un à dix, comment te sens-tu en ce moment en tant que parent... dans ton travail... en tant qu'ami... en tant qu'enfant de parents... en tant que conjoint... dans ton cheminement avec Dieu ? » Ensuite, pour mettre la cerise sur le gâteau, partagez avec votre conjoint comment *vous* vous sentez à propos d'un ou deux des thèmes ci-dessus.

Demandez à n'importe quel groupe de dix couples d'évaluer leur réussite en matière de communication et je parie que, dans huit ou neuf cas, le mari dira : « Oh, on se débrouille très bien. Je nous donnerais au moins huit ou neuf sur dix. » Et l'épouse aura l'air embarrassé parce que, dans sa tête, elle estime qu'ils méritent deux sur dix.

Pourquoi ? Parce que la plupart des femmes considèrent qu'elles n'ont pas vraiment *communiqué* tant qu'elles n'ont pas partagé au niveau des sentiments. Par contre, la plupart des hommes se satisfont d'exprimer et de commenter les faits.

Comment venir à bout de cette grande disparité ? Lentement, peut-être. Attendez-vous à ce que cela prenne du temps — peut-être même des années — parce que vous êtes deux à devoir changer.

Celui qui est subjectif et irrationnel doit réfléchir à ses *attentes* — et, dans bien des cas, les modifier.

Nous avons demandé un jour à un conseiller pour fiancés quelle était la difficulté qu'il rencontrait le plus fréquemment. Sans la moindre hésitation, il nous a répondu : « Les attentes irréalistes. »

Les fiancés ne sont pas les seuls concernés par ce problème. Un couple marié fit un jour quatre heures de route pour venir nous faire part de certaines difficultés qu'il avait. Pendant le trajet, l'épouse exprima toutes ses frustrations et ce qu'elle avait sur le cœur à son mari, qui l'écouta et lui répondit avec patience. Par la suite, au cours de notre entretien, elle observa :

— Ah, si nous pouvions simplement faire cela tous les jours, nous n'aurions pas de problèmes.

Tandis que son mari levait les yeux au ciel, je me mis à sourire et lui répondis :

— Votre mari deviendrait *fou* s'il devait passer tous les jours quatre heures à discuter de ce que vous ressentez.

Sur quoi le mari hocha vigoureusement la tête.

Cette épouse devait se poser la question de ses attentes irréalistes. Rares sont ceux qui ont la capacité de se pencher sur des sentiments profonds plusieurs heures par jour. Plus nombreux sont ceux qui peuvent le faire plusieurs heures par semaine, mais pour la plupart des gens de type objectif, il est plus réaliste de parler de quelques heures par mois, et encore faudrait-il que ces heures soient réparties en plusieurs moments. (Pour cette raison, je suis convaincue qu'une femme axée sur les sentiments a besoin d'une amie intime de même tempérament afin d'éviter au mari d'être la seule personne avec laquelle elle peut analyser ce qu'elle ressent.)

Cela dit, même si beaucoup doivent reconnaître qu'ils ont des attentes irréalistes, les gens objectifs doivent prendre conscience des besoins des autres, cultiver le désir de satisfaire ces besoins, et prier pour être prêts non seulement à écouter ce que ressent leur conjoint, mais aussi à exprimer leurs propres sentiments.

Cela exige une attitude *désintéressée*, car il est difficile de prendre le temps d'examiner et d'écouter. Pourtant, c'est indispensable si l'on veut parvenir à l'intimité et l'unité. Partager uniquement des faits revient à rester très superficiel. Le conjoint frustré risque de devenir malheureux et d'adopter des réactions destructrices afin d'obtenir l'attention.

La patience est nécessaire pour les uns comme pour les autres. Les gens logiques ont besoin de patience pour écouter des propos sur lesquels ils ne sont peut-être pas « branchés » naturellement. Quant aux gens plus subjectifs, ils en ont besoin pour tenir le coup pendant le long processus nécessaire à la personne de type objectif pour apprendre à exprimer ses sentiments.

Il est un élément qui ajoute encore aux difficultés dans ce domaine : la plupart d'entre nous appartiennent à la catégorie des amplificateurs ou à celle des condensateurs. L'amplificateur exprime quelque chose qu'il se met ensuite à commenter ; le condensateur réduit tout au minimum. Selon Norman Wright, les conjoints moins portés à s'exprimer sont souvent réticents à aborder certaines questions parce qu'ils craignent qu'un sujet de dix minutes ne se transforme en une discussion d'une heure. En effet, les conjoints discoureurs finissent par avoir une telle soif de communication que, lorsque leur conjoint s'ouvre enfin, ils sautent sur l'occasion à pieds joints, tant et si bien que leur moitié hésitera beaucoup à s'ouvrir à nouveau.

Voici comment Norman Wright suggère de répondre à cette différence de tempérament :

> Imaginons que celui qui est loquace aille trouver son conjoint en lui disant : « Chéri (e), je veux discuter avec toi pendant dix minutes, et même si je suis au milieu d'une phrase au bout des dix minutes, je te promets que je m'arrêterai. Tu veux bien essayer ? »
>
> Au début, son conjoint sera peut-être circonspect et méfiant. Toutefois, si le conjoint loquace tient parole, son mari ou sa femme acceptera sans doute. Or, après en avoir fait deux ou trois fois l'expérience, il dira peut-être : « Tu sais, je peux discuter encore pendant dix minutes, poursuivons cette conversation. » Le moins loquace des deux a besoin de savoir que s'il s'ouvre, la situation ne lui échappera pas, mais que l'autre comprendra qu'il lui est difficile d'exprimer des sentiments.

Un couple que nous aidions dans ce domaine nous a demandé : « Très bien ; disons que nous avons deux heures chaque semaine et que nous voulons les passer à cultiver les relations au sein de notre couple. Qu'est-ce que nous devons faire, précisément, pendant ces deux heures ? »

Nous n'avons pas pu nous en empêcher : nous avons ri ! Puis nous nous sommes excusés et avons commencé à expliquer que cultiver la relation conjugale est un travail qui se fait vingt-quatre heures sur vingt-quatre. On y travaille continuellement de mille et une manières : par l'engagement à communiquer, à surmonter les conflits, à comprendre, à pardonner. Il est indispensable de s'efforcer de comprendre *comment* nous communiquons. Une bonne perception de ce domaine essentiel facilitera nos rapports avec les autres, tant au sein de notre famille qu'en dehors.

Les gens secrets épousent des expansifs, selon le dessein de Dieu.

Ceux qui expriment principalement des faits se marient avec des personnes portées à exprimer des sentiments, et chacun d'eux apporte des points forts particuliers dans la relation.

Certes, ces différences entraînent des conflits. Mais c'est en surmontant les conflits que l'on progresse. Plus le conflit est profond, plus grandes sont la compréhension et l'intimité par la suite.

Que Dieu nous permette de le vivre ainsi !

14

Peut-on en parler plus tard ?

L'AFFRONTEMENT OPPOSÉ AU REPLI — NOTRE MANIÈRE DE NOUS DISPUTER

CAROLE

U.R.P., telle est l'appellation créée en 1979 par Vernon Cronen, professeur de sciences de la communication à l'université du Massachusetts. Ce sigle signifie « Unwanted Repetitive Patterns » [Schémas Répétitifs Involontaires], ce qui est une façon originale de dire que nous avons tendance à être prisonniers des mêmes attitudes lors des disputes, principalement en raison de la manière dont nous avons été « programmés » dès notre naissance.

Il y a autant de manières de se disputer que de personnalités. Certains bouillonnent, d'autres explosent. Certains attaquent de front, d'autres de façon déguisée. Il y a en tout cas deux attitudes opposées que nous connaissons tous : l'affrontement et la fuite, ou l'attaque et le repli. D'autres appellent ces deux comportements l'expressif et le non-expressif, comme le font Chuck et Barb Snyder dans leur livre sur l'incompatibilité dans le mariage : « En règle générale, le non-expressif voudra éviter le conflit tandis que l'expressif désire en parler, mettre en lumière ce qui ne va pas et faire la paix (...). Les non-expressifs ne veulent pas parler des difficultés et croient que, s'ils n'en parlent pas, le conflit disparaîtra. Ils croient qu'en laissant le problème de côté, tout le monde restera en bons termes. »

Quel que soit le nom que vous donniez à ces tempéraments, ils sont facilement reconnaissables, de même que les tactiques auxquelles ils font appel.

L'aspect positif de ce que nous appellerons l'attitude de l'affrontement est que les sujets conflictuels sont mis au grand jour, les parties en discutent et, dans le cas idéal, ils trouvent leur conclusion. Le problème, c'est que ceux qui fonctionnent ainsi veulent l'affrontement *tout de suite* — peu importe le moment, l'endroit ou le sujet ; or cela tombe parfois *très mal.*

Ceux qui ont une attitude de repli savent que, par moments, le silence est véritablement d'or, car les désaccords peuvent sembler énormes quand on est fatigué, malade ou qu'on lutte avec d'autres problèmes pressants. Il suffit parfois d'une petite distance pour se rendre compte que le Monstre du Lagon Perdu n'est en réalité qu'un banal petit crapaud.

Cela dit, les deux types de personnes ont souvent recours à des tactiques déloyales.

L'adepte de l'affrontement est généralement expert pour rappeler le passé. Un homme fit remarquer un jour :

— Quand nous nous disputons, ma femme devient historique.

— Tu veux dire hystérique, non ? lui demanda son ami.

— Non, je dis bien historique : elle me ressort tout ce que j'ai pu faire.

Les « attaquants » sont aussi doués pour ajouter des sujets annexes : « Non seulement tu ne veux pas m'aider dans les travaux de la maison, mais tu as oublié de venir me chercher chez le coiffeur la semaine dernière ! »

Les expressifs ont tendance à l'exagération et à l'intimidation. Ils pourront crier, hurler et même recourir à une menace « suprême » du genre : « Eh bien, peut-être qu'on devrait divorcer » ou « Tu aimerais bien que je me suicide, n'est-ce pas ? »

Certains auront aussi tendance à employer l'humiliation afin d'intimider par des excès de langage, notamment : « Mais comment peux-tu être aussi bête ? »

Les adeptes du repli ont leur propre mode de fonctionnement. On aura compris que leur attitude consiste globalement à éviter l'affrontement par tous les moyens possibles : en affirmant être trop occupés pour parler, en reportant la discussion, ou en marmonnant qu'il n'y a qu'à en parler à un autre moment ou que ce n'est pas la peine d'en faire un plat.

S'ils sont contraints de discuter, ils esquiveront souvent la question (1) en changeant de sujet, (2) en interrompant l'autre, l'empêchant ainsi de terminer ce qu'il a à dire, (3) en se mettant à pleurer, ou (4) en brandissant le drapeau blanc de la reddition avant la fin de la discussion. Les adeptes du repli auront aussi tendance à refuser purement et simplement de parler du problème, à faire comme si de rien n'était, à bouder, faire la moue ou se montrer froids pendant plusieurs jours.

Les adeptes de l'affrontement comme ceux du repli emploient la tactique des sarcasmes et de la raillerie. Les uns comme les autres auront vite fait de tirer des conclusions, essaieront de lire dans les pensées de l'autre, s'empareront des vieux mots à utiliser en cas d'urgence que sont « jamais » et « toujours », ou recourront à la logique froide en refusant de répondre à des sentiments passionnés.

Si les deux conjoints sont des adeptes du repli, l'intimité et la croissance de leur couple sont gravement menacées. Si les deux aiment l'affrontement, des têtes risquent de tomber ! L'idéal semble être d'en avoir un de chaque type, *chacun* étant prêt à tirer des enseignements du tempérament de l'autre. Il faut que celui qui a tendance à affronter apprenne à percevoir le moment propice, à faire la paix et à faire preuve de tact. Quant à celui qui a tendance au repli, il faut qu'il apprenne la sincérité, l'aptitude à partager ses sentiments, et se discipline à faire face aux problèmes à mesure qu'ils se présentent.

Pourquoi ? Afin d'obéir à Dieu. En effet, Dieu nous demande de « dire la vérité avec amour » (Ephésiens 4.15), ce qui est à la fois une exhortation à parler avec *amour* à ceux qui affrontent sans ménagement, et un commandement de *parler* à ceux qui ont tendance au repli.

L'Ecriture abonde d'enseignements à propos des conflits : « Les blessures d'un ami sont dignes de confiance » (Proverbes 27.6) ; « Instruisez-vous et avertissez-vous réciproquement, en toute sagesse » (Colossiens 3.16) ; « Ne faites pas traîner les choses » (c'est ma traduction d'Ecclésiaste 8.11 : « Parce qu'une sentence contre une mauvaise action n'est point exécutée promptement, le cœur des humains au-dedans d'eux est rempli du désir de faire le mal ») ; « Si ton frère a péché, *va* et reprends-le seul à seul » (Matthieu 18.15). Ces commandements adressés à *tous* les chrétiens sont particulièrement pertinents entre maris et femmes.

Quelques rappels avant de commencer

Que vous soyez de ceux qui ont le réflexe de l'affrontement ou celui du repli, Dieu a instauré quelques règles définissant notre comportement en situation de conflit. Permettez-moi de vous recommander l'étude du livre des Proverbes, qui vous permettra de dresser votre propre liste, mais en attendant, voici quelques principes tirés de la *Bible en français courant* pour vous aider à démarrer. Quand vous saurez que vous vous dirigez vers une situation conflictuelle, préparez-vous en revoyant ces rappels tirés des Proverbes :

Rappelez-vous de rester calme. Quelqu'un a dit qu'il faut garder la tête froide jusqu'à ce que le conflit prenne la forme d'un problème à résoudre. Comme le dit l'auteur des Proverbes : « Le sot laisse paraître immédiatement sa colère, l'homme intelligent cache son ressentiment » (12.16).

Rappelez-vous de baisser la voix au lieu de l'élever. « Une réponse aimable apaise la colère, mais une parole brutale l'excite » (15.1).

Rappelez-vous de réfléchir avant de parler. « Celui qui surveille ses paroles met sa vie à l'abri ; qui parle sans réfléchir s'expose à la ruine » (13.3).

Rappelez-vous d'être humble et bon. « L'orgueil ne sert qu'à provoquer des querelles. Il est plus sage d'accepter les conseils » (13.10).

Les adeptes de l'affrontement comme ceux du repli ont besoin de maturité spirituelle pour éviter d'essayer de « l'emporter ». Les premiers veulent l'emporter en dominant l'autre ; cependant, Dieu ne veut pas que nous nous rendions coupables de tyrannie ou de diffamation. Les derniers veulent l'emporter par le silence. Non seulement nous devons faire attention à nos motifs dans un conflit, mais nous devons éviter les disputes qui n'ont aucune possibilité de se *terminer*.

D'abord, où est le problème ?

Nous passons à présent de la manière d'*aborder* le conflit à l'*identification* de celui-ci. Vous est-il déjà arrivé, en tant que couple, de noter par écrit sur quoi portent en réalité vos conflits — par thèmes ? Par exemple, est-ce que la majorité de vos conflits portent sur des manies agaçantes, la discipline à l'égard des enfants, l'argent, la belle-famille, la sexualité, des besoins non satisfaits, la religion, les vacances, l'emploi du temps, etc. ?

Jack et moi sommes convaincus qu'une grande partie des conflits ne sont pas du tout de *vrais* conflits, mais plutôt des malentendus. Ainsi, un mari demande à sa femme si elle porte une nouvelle robe, pensant qu'elle est superbe, mais elle interprète sa question comme voulant dire qu'elle a dépensé trop d'argent. Et c'est parti.

Parmi les conflits, beaucoup d'autres appartiennent à la catégorie des disputes provoquées par des arrière-pensées. Dans ce cas, de la patience et de multiples tentatives sont nécessaires pour dépasser les symptômes superficiels et parvenir jusqu'au *vrai* problème — dont la personne à l'origine du conflit peut n'avoir même pas conscience. Par exemple, une épouse fait une scène à son mari parce qu'il a oublié de sortir la poubelle, alors que le vrai sujet de conflit est son désir d'une plus grande affection physique. En fait, le désir de recevoir plus d'amour et d'affection est sans doute le principal problème sous-jacent dans de nombreuses disputes. Il y a bien longtemps, une femme mariée d'un certain âge fit cette remarque profonde : « J'aimerais que les hommes se rendent compte que, bien souvent, lorsque leur épouse est malheureuse, irascible ou prête à provoquer une dispute, elle a en réalité besoin que son mari lui réaffirme son amour. » Après des années d'observation, je dirais qu'elle avait vu tout à fait juste.

Il m'arrive encore d'avoir du mal à dire directement à Jack ce que je ressens ou ce dont j'ai besoin. Parce qu'après tout, le fait de lui *dire* que j'ai besoin qu'il me serre dans ses bras enlèverait en quelque sorte une part d'efficacité à son geste. Le fait de lui *dire* que j'ai besoin de passer plus de temps à communiquer en profondeur révélerait que mon besoin est plus grand que le sien et que — horreur ! — j'ai plus besoin de lui que lui de moi. Et c'est ainsi que je me replie sur moi-même et ressasse mon besoin en poussant de petits soupirs douloureux, jusqu'au moment où Jack se rend compte de mon humeur maussade et me demande ce qui ne va pas. Ou jusqu'à ce que commence une dispute *sans aucun rapport* et que toute l'affaire éclate au grand jour.

Ensuite, même lorsqu'il me pose la question, il y a de fortes chances que je lui donne une réponse vague ou sans rapport — ce qui est également injuste. Au lieu d'exprimer directement mes besoins (« Chéri, j'ai vraiment l'impression que tout le monde est contre moi et j'ai besoin que tu me serres dans tes bras pendant quelques minutes »), je me contente d'y faire allusion (« Oh, j'ai eu une journée abominable, mais ça va me passer. ») Je veux que Jack *sache* ce dont j'ai besoin sans avoir à le lui dire, parce que je trouve cela un peu humiliant ou embarrassant. Bien des femmes excellent à ce petit jeu du « Il devrait savoir ce que je veux dire ou ce dont j'ai besoin. »

Par moments, je commets aussi l'erreur d'exprimer une requête sur le mode négatif plutôt que positif. Ainsi, je dirai : « Je suis restée toute la journée à la maison », plutôt que : « Tu voudrais bien garder les enfants pendant une demi-heure pour que je puisse sortir prendre l'air ? » Ou encore : « Je n'ai rien à faire à manger pour ce soir », au lieu de demander : « Chéri, est-ce que tu crois qu'on pourrait aller grignoter quelque chose en ville ce soir ? »

Lorsqu'un conflit survient, l'identification du *vrai* problème est une étape essentielle vers la solution. Voici une série d'étapes intermédiaires que nous avons trouvées utiles :

Définissez le problème ou le sujet de désaccord. Cette étape peut parfois s'avérer compliquée. En effet, il arrive souvent que le couple ne parvienne pas au vrai problème à la première tentative. L'étape préliminaire consiste alors à présenter la chose individuellement au Seigneur en le priant d'accorder sa sagesse afin de pouvoir définir avec précision le conflit. Voici ce que recommande Jacques 1.5 : « Si quelqu'un d'entre vous manque de sagesse, qu'il la demande à Dieu qui donne à tous libéralement et sans faire de reproche, et elle lui sera donnée. »

Certains trouveront utile de noter leurs pensées par écrit après avoir prié, puis de passer plusieurs moments à réfléchir et prier avant de pouvoir définir la vraie difficulté.

Il vous faudra peut-être aussi vous y prendre à plusieurs reprises pour vous mettre d'accord sur la nature précise du différend. Mais persévérez jusqu'à ce que vous soyez tous les deux d'accord sur le problème exact.

De quelle manière chacun de vous contribue-t-il au problème ? A ce sujet, soyez aussi honnêtes que possible à propos de vos Schémas Répétitifs Involontaires. Reconnaissez vos tactiques déloyales.

Réfléchissez ensemble et dressez la liste de toutes les solutions possibles. Faites preuve d'imagination et ne tournez pas en dérision même les idées les plus folles. En quoi chacun de vous pourrait-il agir différemment la fois suivante afin d'éviter de reproduire le même problème ?

Discutez de chaque solution et décidez ensemble d'en essayer une. Assurez-vous d'être tous les deux bien au clair quant au changement escompté et à la manière dont il convient d'adapter vos attentes en conséquence. Mettez-vous d'accord sur la façon dont chacun de vous contribuera à la solution.

Fixez-vous un moment pour évaluer vos progrès. Si vous n'avez pas trouvé la solution parfaite la première fois, essayez-en une autre, ou revenez à la troisième étape et réessayez. Cependant, il va de soi que tout le processus se bloquera si vous n'êtes pas prêts à vous attaquer au problème de fond qui est à l'origine du conflit initial.

Les conseillers conjugaux sont nombreux à penser que, sauf dans de rares circonstances, le grief particulier que désignent des conjoints qui se disputent n'est que le symptôme d'un conflit plus profond qui existe entre eux. Il est clair que si un couple ne comprend pas quelle est la nature du conflit et n'est pas prêt à en traiter la cause sous-jacente, les disputes continueront.

Cela dit, il arrive que la cause sous-jacente soit enfouie si profondément qu'elle n'apparaît pas — du moins au niveau conscient. Il se peut qu'il soit nécessaire de se poser des questions de fond... devant Dieu. Commencez par prier les paroles du Psaume 139.23-24 : « Sonde-moi, ô Dieu, et connais mon cœur ! Eprouve-moi, et connais mes préoccupations ! Regarde si je suis sur une mauvaise voie, et conduis-moi sur la voie de l'éternité ! »

N'est-ce pas formidable ? Dieu peut véritablement nous aider à nous connaître. Il peut me révéler qui je suis.

Une des premières questions qu'il faut que je lui pose concerne cette « cause sous-jacente ». Pour *quelle* raison exactement suis-je si furieux ? Quel est le vrai problème en cause ?

Il se peut qu'il s'agisse d'un problème de *maîtrise* de la situation. Demandez-vous si vous êtes irascible et hargneux parce que vous avez besoin de vous sentir, d'une manière ou d'une autre, *maître* de votre relation. Cet aspect joue plus souvent que nous ne sommes prêts à le reconnaître. Parfois, lorsque l'épouse reprend son emploi, par exemple, le mari se sent inconsciemment menacé et se met tout d'un coup à réagir contre certaines choses pour la simple raison qu'il a l'impression d'avoir perdu la maîtrise de la situation.

Une deuxième question à poser au Seigneur dans le but de discerner les problèmes de fond concerne l'*attitude* — l'attitude face à sa vie, son conjoint, son couple. Est-ce que je centre mon attention sur les problèmes qui existent dans notre relation en oubliant les éléments positifs qui ont conduit à notre union ?

Une troisième question destinée à établir le diagnostic pourrait être : « Traversons-nous une période de crise qui met une pression particulière sur notre relation ? » Il faut s'attendre à des sujets de conflit à certains stades du cycle de la vie conjugale, notamment lors d'une naissance, d'un déménagement, d'un décès dans la famille, de la perte d'un emploi ou de problèmes de santé.

Il se peut qu'à certaines périodes nous ayons besoin de l'aide d'un conseiller conjugal, d'un pasteur ou d'un chrétien plus âgé, afin de mettre en lumière l'origine de querelles répétées. Le livre des Proverbes nous exhorte à demander conseil auprès d'hommes de foi. Un couple mûr ne tardera pas à chercher l'aide dont il a besoin. Les livres peuvent s'avérer utiles si nous faisons l'effort de les lire, de préférence à haute voix ensemble, en essayant d'identifier les vrais problèmes.

Comment traiter le conflit ?

A présent, passons de l'*identification* du conflit à la manière de le *traiter*. Voici quelques conseils généraux :

Centrez votre attention sur ce qui est beau. On a écrit des livres entiers sur la pensée positive, mais c'est la Bible qui exprime le mieux cette idée : « Au reste, frères, que tout ce qui est vrai, tout ce qui est honorable, tout ce qui est juste, tout ce qui est pur, tout ce qui est aimable, tout ce qui mérite l'approbation, ce qui est vertueux et digne de louange, soit l'objet de vos pensées » (Philippiens 4.8). Et pourtant, sur quoi centrons-nous, vous et moi, notre attention ? En général, sur ce que nous aimerions voir changer, sur ce que nous n'aimons pas et sur les choses qui ne nous plaisent pas.

L'Ecriture dit clairement que notre personnalité finit par se fondre avec notre état d'esprit. Entretenez des pensées négatives et vous deviendrez quelqu'un de négatif.

Essayez de dresser la liste de toutes les qualités merveilleuses que vous appréciez chez votre conjoint — ce qui vous a fait tomber amoureux à l'origine. Lisez cette liste chaque jour et complétez-la. Chaque jour, choisissez une qualité à exprimer à votre conjoint en l'assortissant d'un compliment particulier. Servez-vous de votre liste pour avoir un moment de prière de reconnaissance à Dieu. Parlez avec votre conjoint des plaisirs que vous avez partagés pendant vos années de vie commune, des objectifs communs que vous souhaitez atteindre.

Ne cherchez pas à « l'emporter » dans une dispute. « L'emporter » équivaut en fait à perdre, parce que c'est la preuve que vous n'êtes parvenus ni à une meilleure compréhension l'un de l'autre, ni à celle de la situation.

Apprenez à communiquer plus clairement idées et sentiments. Cultivez l'art du dialogue jusqu'à ce que vous soyez capable d'expliquer, à sa satisfaction, ce que *l'autre* ressent et veut dire. Ou bien essayez d'inverser les rôles : changez de camp lors des disputes, ou échangez les tâches pendant un temps de manière à pouvoir comprendre ce à quoi votre conjoint est confronté au quotidien.

Soyez très prudent quant à l'expression de sentiments hostiles. Le fait de « vider son sac » n'a généralement pour effet que d'ajouter à la colère des deux personnes et d'aggraver le problème qui a déclenché la dispute. Cela aide rarement le couple à s'attaquer intelligemment à la cause fondamentale du conflit.

Etudiez les différences de caractère de votre conjoint. Soyez attentif à ce qu'elles peuvent vous apprendre, respectez-les.

Ne sous-estimez jamais la puissance qui réside dans la prière en commun. Dieu répond vraiment à la prière. Il peut avoir raison de notre esprit têtu si nous lui en laissons la possibilité. Je sais qu'il est difficile de l'inviter à venir lorsqu'une querelle est en train de se dérouler, mais si nous sommes prêts à le faire, il nous surprendra en suscitant la joie et le pardon.

Et n'oubliez pas : vous ne pouvez changer personne. Seul Dieu en est capable. Il est indispensable d'être ouvert aux changements que Dieu veut opérer dans notre *propre* vie. Quelqu'un a dit : « La plus belle prière qu'on puisse faire dans un couple est la suivante : 'Seigneur, change notre couple — en commençant par *moi*.' »

Etablissez le contact physiquement. Je connais un conseiller qui recommande pendant les disputes de se faire face, les genoux les uns contre les autres, et de se tenir les mains. Difficile de crier, d'exagérer et de s'accuser dans cette position, n'est-ce pas ?

Pardonnez. Ah, voilà qui est dur, n'est-ce pas ? Pourtant, le pardon inconditionnel de Dieu envers nous est la base de son commandement à notre égard de pardonner aux autres sans condition. Nous devons pardonner encore et encore ; avant de prier ; quand l'autre se repent ; pour l'amour de Christ et pour vaincre Satan ; comme Christ nous a pardonnés ; et avec un cœur rempli d'amour[1].

Allez au-delà du pardon jusqu'à la compréhension. Restez-en à la dispute — au besoin revenez-y dessus autant qu'il est nécessaire une fois que les passions se sont quelque peu calmées — jusqu'à ce que vous compreniez tous les deux, du point de vue de l'autre, *pourquoi* elle a éclaté. Peut-être n'était-ce qu'un accès de mauvaise humeur, ce qui nous arrive à tous de temps à autre, mais il est aussi précieux de savoir et de comprendre l'effet qu'ont vos sautes d'humeur sur votre conjoint. Continuez d'étudier la question jusqu'à ce que vous ayez découvert les aspects *positifs* de ces différences.

---

[1] Matthieu 18.21-22 ; Marc 11.25-26 ; Luc 17.3-4 ; 2 Corinthiens 2.10-11 ; Ephésiens 4.32 ; Colossiens 3.13.

Ne passez pas à côté des bienfaits d'une bonne dispute ! Vous pouvez progresser en prenant la résolution de vous servir des conflits pour mieux connaître votre conjoint. Pour comprendre, vous adapter, changer. Et enfin pour *accepter* cette personne que Dieu vous a donnée afin de vous aiguiser l'un l'autre et de devenir conformes à l'image de Jésus-Christ.

Apprenez à résoudre les problèmes

En guise de bilan de notre étude approfondie des tendances à l'affrontement et au repli en cas de conflit, soulignons l'objectif à poursuivre, qui est de *résoudre* les problèmes. A cet effet, voici la « Règle des cinq R » :

1. *Revoyez* ensemble sur quoi porte réellement la dispute. Mettez-le par écrit si besoin est, en en redéfinissant l'origine jusqu'à ce que vous soyez tous les deux d'accord. Cela permettra déjà de résoudre bon nombre de disputes.
2. *Remettez* à Dieu le sujet du conflit séparément et ensemble. Il est difficile de rester en colère quand on porte la situation devant le Seigneur.
3. *Réfléchissez-y* ensemble. Servez-vous des cinq étapes que nous avons définies dans ce chapitre comme d'un guide en vue d'identifier le problème ainsi que les solutions éventuelles.
4. *Résolvez* le conflit et *n'y pensez plus*. Une fois que vous l'avez surmonté, allez au delà. Reconnaissez vos erreurs, tirez les enseignements des critiques qui vous ont été adressées et recommencez à zéro.
5. *Reconstruisez* ensuite la relation. « Celui qui couvre une faute recherche l'amour, et celui qui la rappelle dans ses paroles divise les amis » (Proverbes 17.9).

Si votre conjoint n'est pas prêt à rechercher une solution, certains de ces points vous aideront quand même à avancer : définir le problème, le remettre à Dieu dans la prière, pardonner même lorsque l'autre n'a pas demandé pardon. Demandez à Dieu sa sagesse afin de savoir quand agir : à quel moment soulever à nouveau le problème ou s'il est juste de le faire, quelle est l'étape suivante, ce que vous pouvez faire de votre côté pour améliorer la situation et continuer de construire la relation dans d'autres domaines. Mais surtout, demandez la sagesse de savoir quand parler et quand garder le silence, afin de pouvoir discerner s'il convient d'aborder le problème de force ou, au contraire, de le laisser de côté sans qu'il ait été résolu.

Si vous êtes tous les deux disposés à rechercher une solution au conflit, vous êtes prêts à apprendre à transformer chaque dispute en *discussion*. Or voilà qui est bougrement difficile !

Se disputer — voilà qui est normal.

Se disputer « à la loyale » — voilà qui est un signe de maturité.

Mais se disputer avec gentillesse et amour — voilà qui est une grâce !

QUATRIÈME PARTIE

NOTRE FAÇON D'AGIR

15

Est-ce à faire correctement, ou à la va-vite ?

LE PERFECTIONNISTE OPPOSÉ AU NON-PERFECTIONNISTE

JACK

Nous sommes arrivés devant un petit garage et j'ai garé notre véhicule de location. La serrure du hayon arrière de notre break était bloquée et cela faisait deux jours que j'étais obligé de grimper par-dessus la banquette arrière pour sortir les valises et les crosses de golf. Nous nous retrouvions donc dans un garage recommandé par le gérant de notre hôtel, impatients de poursuivre notre semaine de vacances en Ecosse par une si belle journée.

Ayant appris que la réparation allait prendre environ une demi-heure, Carole traversa la rue pour aller explorer les ruines d'une belle abbaye ancienne.

A son retour, la porte était réparée et j'étais en train de mettre un peu d'ordre dans le fouillis qui régnait à l'arrière de la voiture. Me regardant faire, elle demanda :

— Pourquoi est-ce que tu ne laisses pas ça pour le moment ?

Agacé par son « pourquoi », je lui répondis avec fermeté :

— Parce que je veux mettre de l'ordre *maintenant*.

— Bon, ça va, tu n'as pas besoin de te mettre en colère !

— Mais tu trouves toujours quelque chose à redire ! répliquai-je, sur la défensive.

Il faut savoir qu'à l'époque, cela faisait trente-cinq ans que Carole et moi étions mariés ! En fait, nous faisions ce voyage pour fêter notre trente-cinquième anniversaire de mariage. Et pourtant, il nous a suffi de quatre phrases pour transgresser trois règles de bonne intelligence. (Il faut déjà le faire !)

Premièrement, Carole a posé une question menaçante (« Pourquoi ? »). Deuxièmement, j'ai employé le terme incendiaire « toujours » — pour le moins imprudent, et manifestement impropre. Rares sont ceux d'entre nous, êtres humains, qui sont assez conséquents pour que leurs actions puissent être décrites par « toujours » et « jamais ». Troisièmement, nous n'avons pas réussi (une fois de plus) à comprendre à quel point nous sommes différents.

Pendant les dix minutes qui suivirent, ce fut le silence complet dans la voiture. Puis Carole se mit à pouffer de rire et je fis de même. Nous nous moquions de nous-mêmes et de la stupidité de notre comportement. Nous nous sommes présenté mutuellement des excuses, avons discuté de l'incident en détail, puis nous avons entrepris de passer une merveilleuse journée.

Il y a quinze ou vingt ans, cela nous aurait sans doute pris toute la journée pour résoudre le conflit occasionné par cet échange de quatre phrases. Mais Dieu nous a enseigné des choses au cours des années écoulées : à avoir la sincérité de partager rapidement ce que nous ressentons, à ne pas bouder et à pardonner sans attendre. Or nous avons découvert un autre élément important : ne pas *en rester* au niveau du pardon, mais se servir du conflit pour tirer des enseignements sur nous-mêmes et sur l'autre.

Que s'était-il passé ? Quelle était la raison fondamentale de notre altercation ? En en discutant, nous nous sommes rendu compte que notre vif échange de mots avait été provoqué principalement par la *raison* pour laquelle j'avais tenu à mettre soigneusement de l'ordre dans les valises et les crosses de golf.

C'est un fait que j'ai tendance à être perfectionniste, ce qui n'est pas le cas de Carole. Je ne dirais pas que Carole est négligente ; mais elle est, disons, plutôt *rapide*.

De mon point de vue, une fois que le hayon arrière de notre break avait été réparé, il convenait logiquement et nécessairement de ranger le fouillis — d'une manière ordonnée.

Mais que voulait faire Carole en revenant après avoir exploré l'abbaye ? Eh bien, elle voulait évidemment *repartir*. Nous avions déjà perdu une demi-heure, et l'Ecosse entière s'offrait à nous !

Or nous avions bel et bien *connaissance* de ce trait de caractère qui nous différencie ; mais nous l'avons simplement *oublié* sur le moment et n'avons donc pas appliqué notre perception des choses à cette situation particulière — sinon, nous aurions fait preuve de plus d'égards et de compréhension l'un envers l'autre en cette agréable matinée.

Lorsque Carole et moi nous sommes mariés, nous étions opposés à cent quatre-vingts degrés sur ce point. Mais, au fil des années, nous nous sommes adaptés et avons changé, de sorte que nous ne sommes plus désormais opposés qu'à... disons, peut-être vingt degrés. Il se peut que nous n'arrivions pas à progresser davantage au cours de cette vie. Mais il n'empêche que nous avons beaucoup progressé !

Bien sûr, il y a encore certaines choses que nous ne faisons pas ensemble à cause de cette différence qui nous oppose. Par exemple, nous ne lavons pas la voiture ensemble.

Imaginez la scène. Nous avons chacun notre seau et notre éponge et nous commençons chacun d'un côté de la voiture. *Pfuitt, pfuitt, pfuitt* et, trois minutes plus tard, Carole s'écrie « J'ai fini ! » alors que j'en suis encore à l'aile avant. Je lève les yeux avec stupéfaction, puis je fais le tour pour aller inspecter son côté, sur quoi je dis quelque chose de stupide du genre : « Tu appelles ça *fini* ? ! » (C'est un miracle que je n'aie jamais reçu de seau d'eau sur la tête !)

Nous ne tapissons pas non plus ensemble. J'insiste pour que les raccords soient droits de haut en bas. Pas la peine d'en dire plus à ce sujet.

Cela dit, je dois avouer que je plains à présent ceux qui sont obligés de vivre avec un perfectionniste pur et dur.

CAROLE

Les perfectionnistes me rendent perplexe. Les non-perfectionnistes en sont réduits à secouer la tête avec incrédulité face à certaines des choses que font les perfectionnistes. Des choses comme, par exemple :

— utiliser deux serviettes à table : une en tissu pour les cuisses et une en papier pour s'essuyer les mains.

— avoir des torchons distincts pour les verres, les assiettes et les casseroles.

— pendre les chemises ou les chemisiers en fonction de la longueur des manches, les couleurs assorties, de face et avec tous les cintres dans la même direction.

Cela dit, j'admire bien des choses chez les perfectionnistes. Je connais une femme qui a passé les quatre-vingt-dix ans et qui a encore l'air à tous moments de sortir tout droit d'un magazine de mode. Même sa robe de chambre et ses pantoufles sont assorties. Elle est du genre à passer du temps à chercher des boucles d'oreille, des chaussures, un sac à main ou un chemisier d'une teinte particulière afin de créer la combinaison parfaite. J'admire *beaucoup* cela. (Parfois je fais même des efforts dans ce sens !) Mais ce n'est tout simplement pas une grande priorité pour moi. Mon sac à main et mes chaussures sont rarement assortis parce que je m'en tiens à un seul sac à main de couleur neutre. En effet, je trouve que cela prend trop de temps de changer de sac à main avec chaque tenue. Si mes chaussures et mes bijoux vont avec mon tailleur, c'est uniquement parce qu'il était tout aussi rapide de mettre ceux qui étaient assortis.

Je suis capable de faire le ménage de la maison en deux heures et demie (or vous vous doutez bien que je ne peux pas déplacer les meubles en si peu de temps, ni faire les vitres). Je peux préparer le repas en vingt minutes, laver la voiture en un quart d'heure — ou moins. J'opte pour la manière de faire la plus rapide et la plus simple. Par conséquent, je ne pends *pas* mes vêtements dehors sur le fil pour les aérer. Je ne repasse pas tout ce qui n'en a pas absolument besoin, et mon jardin me demande un entretien minimum.

Bien sûr, comme pour chaque trait de caractère dont nous avons parlé, nombreuses sont les inconséquences flagrantes. Si un tableau est de travers, je me sens obligée de le redresser (si j'en ai le temps). Le chrome de l'évier peut avoir besoin d'être astiqué, mais le plan de travail doit absolument être essuyé (si j'en ai le temps). La table du séjour a besoin d'être recirée et je ne m'en occupe pas (je n'ai pas le temps !). Cependant, cela me dérange si les serviettes de la salle de bain ne sont pas pliées en quatre et bien centrées (pour ça, je trouve le temps !).

Inconséquente ? Certes. Mais, comme l'a fait remarquer un sage, la seule chose conséquente dans ce monde est que nous sommes inconséquents.

Regardez Jack, le perfectionniste, qui tient à ce qu'une applique de tableau soit placée de telle manière que le fil passe dans le mur au lieu de courir tout le long, même si c'est au prix de gros travaux d'électricité. Il faut que le ventilateur de plafond soit exactement centré et le papier peint parfaitement posé. Ses maillots de corps sont méticuleusement pliés et empilés avec soin dans le tiroir.

N'empêche que son bureau est en désordre (et je n'ose pas y toucher car il sait exactement où se trouvent ses affaires) et que cela fait des années que ses outils au sous-sol n'ont pas été mis en ordre.

Peut-être que le secret n'est pas seulement de comprendre *en général* nos divers traits de caractère et particularités, mais aussi de connaître dans le détail les singularités de notre comportement et celles de notre conjoint.

Sans doute devons-nous aussi savoir quels sont les inconvénients du laisser-aller par rapport au perfectionnisme. Pour moi, être quelqu'un de rapide comporte un handicap majeur : je veux que les choses soient faites *tout de suite* et que les autres soient prêts à agir et partir *tout de suite* également.

Quoique cela remonte à des années, je me souviens bien d'une anecdote qui s'est produite alors que nous étions en voyage avec les parents de Jack. Maman Mayhall, qui est absolument adorable mais perfectionniste, avait toujours encore quelque chose à faire lorsque *mon* programme indiquait que nous devions partir pour la journée. C'est alors que j'ai commencé à « prendre les choses en main » (expression gentille pour dire que je faisais des remarques continuelles), donnant à toutes les personnes concernées des conseils du genre : « N'oubliez pas que nous partons à 8 h »... « Vous serez bien prêts à 8 h, n'est-ce pas ? »... et enfin : « MAMAN, est-ce que vous êtes prête à partir ? »

Un soir, Jack m'a dit en termes on ne peut plus clairs d'arrêter. Or figurez-vous que je ne m'étais même pas rendu compte de ce que je faisais !

J'étais effondrée. J'étais également désemparée de constater que ce comportement autoritaire, dû au fait que je suis si « rapide », était devenu une habitude invétérée dont je n'avais pas conscience. J'ai pleuré et prié toute la nuit. Je me disais que même si Jack était obligé de *m'aimer* (il était mon mari, non ?), sans doute qu'il ne *m'appréciait* pas.

Cela m'a pris trois jours, sans pratiquement ouvrir la bouche de crainte d'avoir un mot malheureux, pour voir enfin le problème du point de vue de Dieu. Je demandais à Dieu de me changer, mais je me suis rendu compte qu'il fallait d'abord qu'il me fasse prendre conscience de mon comportement et ensuite qu'il me transforme de l'intérieur. Il ne s'agissait pas seulement de mes actes délibérés, même s'il fallait que je change à ce niveau-là également, mais de ma douceur *intérieure*.

Dieu n'a pas encore terminé de s'occuper de moi sur ce plan. Par ailleurs, cela m'a aidée à comprendre que la question n'était pas que Jack ne m'appréciait pas. Au contraire, il essayait réellement de m'aider dans ce domaine.

Parfois à présent, nous arrivons même à rire de cette différence.

J'ai entendu récemment une histoire qui m'a beaucoup plu. Un couple discutait du papier peint qu'il venait de poser. Le mari était agacé par l'indifférence de sa femme envers ce qu'il estimait être du mauvais travail.

— Le problème, c'est que je suis perfectionniste et que tu ne l'es pas, finit-il par lui dire.

— Exactement ! acquiesça-t-elle. C'est bien pour ça que tu m'as épousée et que je t'ai épousé !

JACK

Les perfectionnistes en sont réduits à secouer la tête avec incrédulité face à certaines des choses que font les non-perfectionnistes :

— effectuer un travail avec une telle précipitation qu'il faut le refaire — et parfois le refaire encore.

— laisser tomber, renverser et casser des objets tellement ils sont pressés.

— se contenter de *faire* les choses au lieu de les faire *correctement* (qu'il s'agisse de laver une voiture, de poser du papier peint ou de désherber le jardin).

Quels sont les mots qui décrivent le perfectionniste ? Correct, précis, ordonné, propre, soigneux. Il veut faire les choses *correctement*.

Vous voulez décrire le non-perfectionniste ? Employez ces expressions : « allons-y ! » ; « tant pis » ; « c'est bon » ; « ne t'en fais pas ». Il veut faire les choses *tout de suite*.

L'année dernière, ma mère nous a offert une jolie manche à air pour Noël. Comme elle était un peu trop longue pour être placée d'un certain côté du patio, nous l'avons rangée provisoirement. Et voici qu'un jour, l'été dernier, alors que ma mère s'apprêtait à nous rendre visite, je vis Carole sur le patio qui essayait d'atteindre le point le plus haut possible sur le côté de la pergola afin de planter un clou dans une poutre. Bientôt la manche à air flottait doucement au gré du vent.

Le lendemain matin, la manche à air était échouée sur la pergola. La brise plus forte de la nuit l'avait évidemment décrochée de son clou.

Encore en pyjama, je suis allé chercher un crochet et une échelle, j'ai mesuré l'endroit exact où il convenait d'accrocher la manche à air, et l'ai fixée correctement. Pourtant, même à cet endroit du patio, mon œil critique trouvait la manche un peu longue. (Les perfectionnistes ont tendance à être critiques, l'aviez-vous remarqué ?)

Cela dit, si Carole ne l'avait pas *mal* accrochée, je ne l'aurais pas *bien* accrochée ! Heureusement, Dieu savait ce qu'il faisait lorsqu'il nous a choisis l'un pour l'autre, Carole et moi. Si j'avais épousé une femme du même tempérament que moi, est-ce que les choses seraient faites un jour ? Et si Carole avait épousé un homme du même tempérament qu'elle, est-ce que les choses seraient *bien* faites ? Comme je suis reconnaissant qu'il nous ait unis.

Des compléments et non des concurrents

Comme il est important de considérer les aspects positifs de cette différence particulière. Sans cela, vous risquez de devenir un peu fou !

J'avoue qu'il m'est arrivé d'être irrité par des chaussettes introuvables, des shorts roses (parce qu'un vêtement rouge avait été mêlé au linge blanc), ou des cols qui ne tenaient pas en place parce qu'ils avaient été repassés à la hâte. Mais quel avantage d'être rarement obligé d'*attendre* Carole ! Elle est généralement prête avant moi. Elle reçoit facilement parce qu'il ne lui paraît pas indispensable que la maison ou le repas soient parfaits. Elle n'est pas du genre collet monté et elle s'accepte et accepte les autres facilement. Mes amis, en voilà des sujets de reconnaissance.

D'un autre côté, Carole apprécie le fait que je fasse les choses avec soin. Il est rarement nécessaire qu'elle s'occupe d'organiser nos voyages — or nous passons plus de la moitié du temps en voyage. Elle sait que je rechercherai consciencieusement les meilleurs prix pour les voitures de location et les hôtels, et que je demanderai les reçus nécessaires. C'est moi qui m'occupe des comptes, y compris du solde de notre compte bancaire. Et j'ai même appris à être patient (la plupart du temps) quand Carole ne recopie pas correctement le montant d'un chèque ou qu'elle se trompe dans la soustraction, de sorte que le solde présente un écart de quelques centimes à la fin du mois. Elle essaie. Seulement voilà : elle le fait si rapidement qu'il lui arrive de se tromper.

Mais n'êtes-vous pas ravi que certaines personnes soient perfectionnistes ? Que penseriez-vous d'un dentiste, médecin, ingénieur ou tailleur non-perfectionniste ? Et n'êtes-vous pas ravi qu'il y ait des gens rapides ? Imaginez des artistes perfectionnistes qui ne seraient jamais satisfaits de ce qu'ils ont écrit ou peint — si bien qu'ils garderaient leurs œuvres pour eux au lieu d'en faire profiter les autres. Ou bien des dirigeants perfectionnistes qui exigeraient tellement de leur équipe que « bien » ne serait jamais « assez bien ».

Il est indispensable que nous laissions opérer le processus d'affûtage dans la vie les uns des autres sur ce plan. S'il est beaucoup plus facile de travailler pour moi et de vivre avec moi, et si je m'accepte et accepte les autres beaucoup mieux, c'est grâce à toutes ces années de vie commune avec Carole. Quant à elle, elle a ralenti dans certaines choses, prenant le temps de les faire correctement du premier coup. Elle a appris à s'organiser, à définir les priorités et à donner la préséance à l'important sur le secondaire beaucoup plus souvent qu'au début de notre mariage.

Nous avons besoin l'un de l'autre.

Nous apprenons l'un de l'autre.

Et je ne vous raconte pas de blagues : c'est un régal que d'être mariés l'un à l'autre. Honnêtement, le bonheur ne réside pas seulement dans ce qui nous rapproche, mais aussi dans les différences qui nous opposent.

16

Tu avances, je recule

LE REVENDICATEUR OPPOSÉ AU TIMIDE

JACK

Ce soir-là, nous avions décidé d'aller manger dans un restaurant très réputé. Nous nous sommes glissés dans un box, puis j'ai passé commande avec assurance : « Nous prendrons deux biftecks dans le filet... à point, s'il vous plaît. »

Un quart d'heure plus tard, le garçon nous servit nos biftecks. Avant même de donner le premier coup de couteau, je vis le sang qui coulait.

— Ce steak est trop saignant, déclarai-je.

— Chéri, dit Carole à mi-voix, tu n'as qu'à échanger avec moi. Ça ne me dérange pas s'il est cuit comme ça.

— Si, ça te dérange ! répliquai-je en regardant dans son assiette. Et puis, de toute façon, le tien aussi est saignant.

Sur quoi je levai la main dans une vaine tentative d'attirer l'attention du garçon.

— Ne faisons pas d'histoires, me pria Carole. Est-ce qu'on ne peut pas fermer les yeux là-dessus et passer une soirée agréable ?

— Hé là, on paie assez cher pour ces steaks ! Je vais les renvoyer tous les deux, insistai-je.

Cette fois-ci, je parvins à faire venir notre garçon.

Au bout d'un quart d'heure d'attente supplémentaire, nos steaks réapparurent. Ayant planté mon couteau dans chacun d'eux, je poussai un gémissement.

— Oh, non ! c'est de la vraie semelle ! C'est ça, qu'ils appellent *à point* ?!

— Eh bien, me dit vertement Carole, ils n'ont sans doute pas apprécié que tu les renvoies.

— Ça, c'est *leur* problème ! rétorquai-je.

Une fois de plus, j'appelai le garçon tandis que Carole essayait de disparaître sous la table. Pour finir, nos steaks furent servis — *à point*. Mais je ne crois pas que Carole se soit beaucoup régalée avec le sien.

Je suis sûr que la plupart d'entre vous ont soit participé, soit été témoins d'une telle scène. Et votre réaction aura été soit la jubilation, soit l'embarras, ce en fonction de votre nature.

Le tempérament revendicateur porte de nombreux noms. Si, vous et moi, nous sommes tous les deux revendicateurs, je *vous* décrirai sans doute comme quelqu'un d'hostile ; quant à moi ? Eh bien, je suis résolu. Je vous dirai agressif ; moi, entreprenant. Tel est pugnace, mais je suis énergique. Tel autre est querelleur, mais je suis bouillant. (Me croirez-vous si je vous dis que tous ces termes sont des synonymes de « revendicateur » dans mon dictionnaire ?)

Ce trait de caractère conduit parfois à tirer des conclusions embarrassantes. Voici une histoire qui fut relatée dans un magazine :

> Le propriétaire d'un restaurant appelé « Chez Bart et Yeti » raconte l'histoire d'un client impatient.
>
> Celui-ci, constatant que toutes les tables étaient occupées et après s'être entendu dire qu'il devrait attendre une heure, demanda à voir Bart.
>
> — Je suis un ami personnel de Bart et je veux le voir, déclara-t-il. Lui me donnera une table.
>
> Or il se trouve que le restaurant portait le nom de deux chiens.
>
> — Vous êtes un ami personnel de Bart, n'est-ce-pas ? lui demanda alors le patron.
>
> Le client potentiel le lui confirma sans hésitation.

— Il est plutôt occupé, lui dit le patron, mais puisque que vous le connaissez si bien, je vais vous le chercher.

Amenant le chien au client, le propriétaire déclara :

— Je vous présente Bart ; essayez de voir s'il peut vous donner une table.

Le client préféra ne pas manger chez Bart et Yeti.

Voilà pour le tempérament revendicateur !

D'un autre côté, si je suis le contraire d'un revendicateur, je peux aussi employer un certain nombre de termes pour qualifier la timidité. Je peux dire que vous êtes timoré alors que je suis humble. Tel est craintif ; personnellement, je suis réservé. Tel autre est fadasse ; je suis un pacificateur.

Les nombreux termes qui décrivent les tempéraments revendicateur et timide témoignent des aspects nombreux et variés que peuvent revêtir ces traits de caractère. Il est clair que chacun d'eux comporte à la fois des côtés négatifs et positifs.

Le côté positif du tempérament des gens résolus est qu'ils prennent les choses en main lorsque c'est nécessaire et qu'en général ils ne mâchent pas leurs mots, que ce soit pour défendre leurs intérêts ou ceux des autres.

En contrepartie, le côté négatif est sans doute qu'ils ont tendance à être rigides, très axés sur l'autorité et peut-être agressifs. Ils sont aussi parfois excessivement indépendants au point de ne pas vouloir demander de l'aide ; par exemple, ils seront perdus mais ne s'arrêteront pas pour demander leur chemin. Aspect plus grave : nombreux sont ceux de ce tempérament qui hésitent à chercher conseil avant qu'une catastrophe ou une crise majeure ne se soit déjà déclarée.

Le côté positif des gens accommodants est qu'ils ont tendance à être pacificateurs, polis, et à traiter autrui ainsi qu'eux-mêmes avec ménagement. A propos du côté négatif, ils sont parfois indécis et, dans leur souci de ne froisser personne, ils peuvent agir par faiblesse plutôt que sur la base de convictions fermes.

Au premier abord, cette différence de tempérament ne semble pas être une grosse affaire. Pourtant, elle peut l'être ! Quand le conjoint sûr de lui écrase et marche sur celui qui est plus timide, lorsque les situations de la vie quotidienne engendrent la gêne ou la perte du respect, ou quand l'une ou l'autre de ces tendances est poussée à l'extrême, cette différence peut finir par être au premier plan de la relation.

CAROLE

Je suis sûre que certaines personnes auraient besoin de s'exercer à être revendicatrices. Il me faudra sans doute suivre un cours là-dessus un de ces jours. Je suis le genre de personne qui n'aime pas rapporter un article à un magasin (je préfère encore en être pour mon argent) ; je chercherai tous les moyens possibles d'éviter de passer des coups de fil désagréables ; j'ose rarement demander une autre table au restaurant ou renvoyer un plat qui n'est pas cuisiné correctement ; je préfère essuyer un couvert sale avec ma serviette que de demander à la serveuse de m'en apporter un autre ; je n'ose pas faire de remarques à quelqu'un qui fume dans un lieu pour non-fumeurs (quoique je fasse des progrès sur ce plan). Si quelqu'un me crie après, j'ai tendance à me replier sur moi-même — ou à pleurer — plutôt que de répliquer avec fermeté (il est *rare* que je réponde sur le même ton). Je ne sais pas trop si mon attitude de recherche de la paix à tout prix est basée sur la crainte ou sur le désir de maintenir la situation aussi calme et paisible que possible.

Quelle qu'en soit la motivation, le fait de jouir d'un moment passé ensemble est beaucoup plus important que la manière dont mes œufs sont cuits. S'il est nécessaire de rectifier une situation, je veux que ce soit fait calmement et agréablement, sans que cela compromette le plaisir d'être en compagnie de quelqu'un.

L'attitude revendicatrice se transforme souvent en agressivité négative. J'ai vu des gens qui, au nom de la défense de certains droits, devenaient belliqueux, impolis et méchants. Peut-être l'apprentissage du comportement revendicateur devrait-il être suivi d'un cours de bonnes manières. Toujours est-il que, si je n'avais pas Jack, j'aurais besoin d'apprendre le B.A.-BA du comportement revendicateur car, souvent, c'est exactement le trait de caractère qui est nécessaire dans certaines situations.

Quelqu'un qui est énergique par nature a peut-être la capacité de diriger. Ou il se peut que ce soit un « penseur » né qui a des idées originales ainsi que le dynamisme pour les concrétiser. Quels que soient les « risques », je suis heureuse d'avoir épousé quelqu'un qui réfléchit constamment et qui n'a pas peur de faire entendre ses bonnes idées. Je me souviens en particulier d'une occasion où j'ai pu être *très* reconnaissante que Jack ait refusé de baisser les bras alors que les événements prenaient une tournure différente de celle que nous avions prévue.

Notre fille et son mari suivaient une école de langues au Costa Rica et nous nous apprêtions à partir leur rendre visite. Comme nous avions été orateurs à une conférence dans le Tennessee, notre plan de vol était donc Chattanooga-Atlanta, Atlanta-Miami et Miami-Costa Rica, avant de rentrer par le Venezuela pour y rendre visite à des missionnaires. Nous avions économisé une grosse somme d'argent en achetant à l'avance des billets qui ne pouvaient faire l'objet de la moindre modification.

La veille de notre départ, nous avons dîné chez des amis à Chattanooga, indiqué à la réceptionniste de notre motel situé près de l'aéroport que nous aurions besoin d'être amenés à l'aérogare à 6 h 45 pour prendre un avion à 8 h, et nous sommes allés nous coucher de bonne heure. (Evidemment, je n'ai pas cessé de me réveiller pour vérifier l'heure et m'assurer que nous entendrions le réveil.)

Le lendemain matin, nous sommes arrivés à la réception avec nos bagages à 6 h 45. La même réceptionniste qui avait été de service la veille au soir nous a accueillis en disant :

— Vous êtes un peu en retard, non ?

Sur quoi nous avons répondu :

— Comment ça ? Il est 6 h 45.

— Non, il est 7 h 45 ! répliqua-t-elle.

Nous avons alors découvert avec horreur qu'on changeait de fuseau horaire à dix kilomètres de Chattanooga ! Pas une seule fois nous n'avions vu d'horloge indiquant l'heure locale pendant le dîner ou au motel.

Nous avons foncé comme des fous à l'aéroport, mais avons été accueillis par la vue de notre avion qui décollait. Voilà que nous avions raté la première étape de notre voyage vers le Costa Rica, sans moyen apparent d'arriver à temps pour notre vol Atlanta-Miami.

J'en avais mal au cœur et même l'estomac retourné !

Mais je vous ai dit que mon cher mari *réfléchit constamment*. La location d'une voiture était exclue : le trajet était trop long pour pouvoir arriver à temps pour notre vol au départ d'Atlanta. La modification de nos « billets excursion » nous aurait coûté près de cinq cents dollars chacun — mille dollars que nous ne possédions pas. Nous avons alors prié, puis Jack a demandé à l'agent de voyages de la compagnie aérienne :

— Et si nous prenions un charter pour Atlanta ?

Le visage de l'agent s'est éclairé.

— Cela vous coûtera cent soixante dollars, a-t-il dit, mais c'est certainement moins cher que de nouveaux billets.

Vingt minutes plus tard, nous nous retrouvions devant un petit hangar, nos bagages chargés dans un avion fin prêt pour le décollage. Mais le pilote ne s'est pas présenté ! Nous l'avons attendu et attendu, jusqu'au moment où il ne nous était plus possible d'avoir notre avion suivant à Atlanta. Je luttais contre les larmes. Mais Jack n'arrêtait pas de se creuser la tête tout en priant, tandis que je rongeais mon frein (même à ce moment-là, je savais que ce qu'il faisait était plus efficace).

Lorsque le pilote est enfin arrivé, notre unique option semblait de tout annuler et d'attendre jusqu'au lendemain. Cependant, non seulement cela nous aurait coûté les mille dollars, mais nous n'avions aucun moyen de contacter nos bien-aimés qui nous attendaient au Costa Rica.

Jack continuait de réfléchir. C'est alors qu'il a découvert un autre vol qui pouvait nous faire arriver à temps pour notre correspondance Miami-Costa Rica, et nous nous sommes envolés pour Atlanta dans un petit coucou. A l'arrivée, une navette nous a amenés à toute allure jusqu'à la porte d'embarquement un quart d'heure avant le départ.

Mais voilà qu'en vérifiant nos billets, l'hôtesse a déclaré qu'elle ne pouvait pas nous laisser prendre l'avion sans refaire entièrement les billets et qu'elle n'en avait pas le temps avant le décollage.

J'ai cru que mon cœur se décrochait et traversait le plancher.

C'est alors que le tempérament revendicateur de Jack s'est manifesté.

— Madame, a-t-il dit avec fermeté, il *faut* que vous nous laissiez prendre cet avion. Il *doit* y avoir un moyen de nous aider.

Elle a hésité, puis a suggéré :

— Eh bien, je pourrais vous laisser voyager en stand-by ; cela m'éviterait d'avoir à refaire vos billets.

Comme il restait beaucoup de places dans l'avion, nous avons voyagé en stand-by et avons enfin rattrapé le vol prévu initialement au départ de Miami. Cela dit, je n'ai soufflé que lorsque nous nous sommes retrouvés dans l'avion à destination du Costa Rica. J'ai alors remercié Dieu avec ferveur d'avoir arrangé les choses *et l'ai aussi fait* pour mon mari revendicateur qui n'arrête jamais de cogiter. Par ailleurs, j'ai plaint tous les couples au monde qui sont tous les deux d'un tempérament non-revendicateur. Je suppose qu'il leur faut particulièrement prier et faire des efforts pour *apprendre* à ne pas cesser de réfléchir, de faire pression et d'insister.

Les gens non-revendicateurs ont peut-être plus de risques d'être des anxieux. Bien qu'optimiste de nature, je suis parfois assaillie par des idées et pensées négatives : « Nous sommes en retard ; nos réservations ne seront sûrement pas maintenues » ; « Et si nous nous perdons ? Jamais nous ne retrouverons notre chemin » ; « Il faut laisser un itinéraire détaillé au cas où il arrive quelque chose. »

Je suppose que c'est dû en partie à mon souci des détails ainsi qu'à ma préoccupation pour les « si jamais... » de la vie. Mais il se peut aussi que ce soit dû en partie à ma tendance à avoir l'impression d'être dominée par la situation au lieu d'avoir la capacité de la dominer.

Toujours est-il que j'ai effectivement appris à me forcer à faire des choses que je ne ferais pas naturellement. Je suis capable d'affronter quelqu'un si j'y suis obligée. En fait, étant donné mon besoin d'avoir des relations sans nuages, il m'arrive d'affronter quelqu'un alors que Jack voudrait laisser tomber — pas s'il s'agit de nous deux, mais parfois avec les autres.

Ainsi, dans des situations mettant en jeu des relations interpersonnelles, il se peut que je sois la personne revendicatrice. Dans presque toutes les autres situations, c'est Jack qui prend cette responsabilité — et ce beaucoup plus naturellement que moi. En toute honnêteté, je m'en remets à lui pour prendre les choses en main avec agressivité lorsque je suis soit complètement à court de mots, soit simplement réticente de par ma nature.

J'ai besoin de lui. Il a besoin de moi. D'ailleurs, nous avons tous besoin qu'on ait besoin de nous, n'est-ce pas ?

Dans un couple, chacun a besoin de l'autre. La personne agressive a besoin de la prudence du pacificateur. Le timide a besoin de l'audacieux. Celui qui est énergique et « battant » a besoin d'un autre pour le mettre en garde contre le risque de briser des relations et lui rappeler l'importance de la compréhension par rapport à la victoire sur autrui. Et pourtant, celui qui est d'un tempérament à rechercher la paix à tout prix a besoin de quelqu'un qui ait tendance à l'affrontement pour souligner que l'on ne peut résoudre les problèmes en les évitant.

Dieu a créé l'un comme l'autre.

Puissent nos différences devenir des liens à l'intérieur de chaînes incassables forgées par Dieu lui-même, travaillées sur l'enclume de la vie — et de l'amour — vécus au quotidien.

Ensemble.

17

Enfin, sérieusement... Tu plaisantes ?

LE SÉRIEUX ET DÉTERMINÉ OPPOSÉ AU DÉSINVOLTE ET DÉCONTRACTÉ

JACK

Les tondeuses à gazon ont leur personnalité. Si, si, c'est vrai.

Il y a la tondeuse flegmatique. Elle démarre lentement et poursuit son petit bonhomme de chemin dans un ronronnement régulier.

Notre voisin a une tondeuse sanguine qui démarre en vrombissant et broute l'herbe avec un tel enthousiasme qu'elle étouffe toute conversation dans notre jardin.

La mienne ? C'est une mélancolique qui a des hauts et des bas et parfois ses idées originales bien à elle. Je dois avouer qu'il m'arrive de regretter qu'elle ne soit pas une faucheuse colérique — quoique, dans ce cas, elle risquerait de chauffer ou de s'emballer au point que je ne parvienne pas à la suivre.

Peut-être que les humains devraient être assortis au tempérament de leur tondeuse à gazon. Mais alors, cela nécessiterait de classifier un nombre astronomique de paramètres.

Observez les spectateurs d'un match de foot. Vous verrez sans doute un homme rougeaud qui s'égosille, tandis que sa femme, enveloppée dans une couverture, est assise à ses côtés d'un air stoïque.

Voyez-les devant un vieux film à l'eau de rose : l'une mouille kleenex sur kleenex et l'autre regarde sans émotion, l'œil sec.

Repérez-les dans une galerie marchande : l'un marche à grandes enjambées déterminées, manifestement désireux d'acheter un article particulier, tandis que l'autre — faisant des commentaires incessants — lambine derrière en s'extasiant devant chaque vitrine.

Etudiez-les attentivement lors d'une réunion. L'une est en train de tricoter sans bruit, les yeux sur un pull à moitié terminé. L'autre est pendu à chaque mot de l'orateur, rit aux éclats à chaque anecdote et hoche la tête à chaque point qu'il approuve.

Où est le problème si votre conjoint lambine alors que vous avancez par bonds saccadés ? Quelle importance si vous aimez la crème fouettée et les friandises de la vie alors que votre conjoint se jette toujours sur la viande et les pommes de terre ?

Si le fait d'être déphasé par rapport à votre conjoint ne vous irrite jamais, passez directement au chapitre suivant. Mais s'il vous arrive de serrer les dents pour vous retenir de hurler alors qu'il est si fichtrement *sérieux* et que vous voulez faire la fête, ou si elle rit quand vous savez qu'il n'y a pas de quoi rire, ou encore s'il est tellement déterminé dans ses objectifs que même une bombe ne suffirait pas à l'en faire démordre, alors que vous préférez vous reposer dans votre chaise-longue et prendre la décision à la dernière minute... eh bien, lisez la suite.

En réalité, il est difficile de décrire en quelques mots bien choisis cette différence dans la manière de réagir face aux circonstances. Certains parlent de « grands D » (les « dominateurs ») opposés à de « petits a » (les « accommodants »). D'autres préfèrent les étiquettes sanguin, colérique, mélancolique ou flegmatique. D'autres encore cherchent une définition dans les profils de motivation. Mais quelle que soit l'appellation choisie, il est indispensable de comprendre que certains naissent *sérieux* alors que d'autres semblent destinés à avoir une attitude désinvolte, légère et décontractée à l'égard de la vie même.

Ces deux types de personnes ont un rythme, une concentration et des attitudes différentes. Les uns sont consciencieux et les autres insouciants (les consciencieux diront sans doute négligents).

Ce trait de personnalité et cette manière d'aborder la vie se manifestent si souvent que, lorsque deux opposés se marient, chacun d'eux est fréquemment déstabilisé par l'attitude de son conjoint. Or, et c'est sans doute *particulièrement* vrai pour ce trait de caractère, il arrive que notre attitude soit jugée *mauvaise* au lieu de simplement *différente*. Il est vrai que, poussé à l'extrême, ce trait-là peut en effet être carrément mauvais.

Mais examinons de près ces différentes attitudes dans deux domaines critiques.

Le premier domaine, qui est un des plus courants, est celui de la *discipline*.

Peu de temps après sa conversion, il y a un certain nombre d'années, Bob a appris l'importance de passer quelques minutes avec Dieu chaque matin afin de pouvoir mieux progresser dans sa toute nouvelle vie chrétienne. Malgré un emploi du temps extrêmement chargé, je ne crois pas que Bob ait manqué de le faire un seul matin.

C'est formidable. Le problème, c'est qu'il n'arrive pas à comprendre que sa femme ait lutté pendant des *années* pour arriver à avoir un moment régulier dans la présence du Seigneur. Bob est fait de telle manière qu'il considère que si l'on doit faire quelque chose, on le fait un point c'est tout. Les excuses ne sont pas acceptables.

Bob est discipliné dans tous les domaines de sa vie. L'auto-discipline ne lui pose aucun problème, que ce soit au niveau de son poids, de son emploi du temps ou de sa vie spirituelle. En conséquence, il a du mal à comprendre pourquoi d'autres ont des difficultés dans ce domaine. Cependant, il faut qu'il considère les efforts de sa femme dans le contexte de son orientation à elle, et non de la sienne.

A en croire les psychologues, les trois sujets de disputes les plus fréquents sont la communication, la sexualité et l'argent. Selon ce que nous avons pu observer, il en est un quatrième qui arrive juste derrière et qui est la manière de discipliner les enfants.

En ce qui concerne la manière, le moment et le sujet (et même le lieu et la raison) choisis pour discipliner notre progéniture, je suis sûr que nous sommes beaucoup influencés par notre propre éducation, l'observation de nos proches, les livres que nous avons lus et l'étude de la Bible. Néanmoins, entremêlée à tout cela, il y a tout simplement notre nature d'être humain.

Certains d'entre nous sont des partisans de la discipline dès le berceau. A l'âge de quatre ans, nous menacions sans doute du regard notre frère ou sœur cadet (te) en disant : « Maman a *dit...* »

D'autres désirent laisser la discipline à quelqu'un d'autre et aspirent à donner aux enfants uniquement de la tendresse douillette et de l'amour — en fait, ils voudraient être le « grand copain » de leur enfant. Le problème, c'est que certains « copains » ne veulent pas accepter la moindre responsabilité dans l'éducation de leurs enfants, ce qui agace énormément les partisans de l'autorité. Les gens d'un tempérament décontracté sont parfois *trop* décontractés sur le plan de la discipline des enfants comme d'eux-mêmes.

Cela dit, même si les conceptions divergentes de la discipline peuvent engendrer de graves cassures dans un couple, plus critique encore est parfois la conception qu'ont du *péché* les différents tempéraments.

CAROLE

Elle avait sans doute quarante ans passés mais, de loin, on aurait pu la prendre pour une adolescente : mince, les cheveux bruns épais et mi-longs, séduisante. Pourtant, son visage était marqué par la douleur. Son mari avait eu une courte liaison. L'affaire était terminée. Il avait exprimé ses regrets et demandé pardon.

Pour elle, cependant, ce n'était pas si simple. Et quand elle était d'humeur maussade, lorsqu'elle voulait qu'il lui réaffirme son amour, qu'elle lui demandait le temps nécessaire au rétablissement de la confiance, sa réponse était toujours : « Je t'ai *dit* que je le regrettais. Pourquoi est-ce que tu n'oublies pas cette histoire ? »

Maintes et maintes fois nous avons entendu des scénarios analogues.

Avant d'étudier le type de personnalité qui considère ce genre de situation avec légèreté, il nous faut examiner une différence indéniable entre les hommes et les femmes.

Ceux qui ont étudié la question nous disent que, pour la plupart des hommes, le rapport sexuel est un acte, un intermède dans le temps. Certains hommes font une distinction entre l'amour et l'acte sexuel, si bien qu'à leurs yeux une liaison — qu'il s'agisse d'une rencontre sans lendemain ou d'une aventure de plusieurs mois — n'est pas une trahison aussi profonde que pour leur épouse.

Pour la plupart des femmes, en revanche, l'acte sexuel et l'amour sont si profondément liés qu'il leur paraît inconcevable de voir dans le rapport sexuel une simple fonction physique comme une autre. Par conséquent, si le mari a été infidèle, c'est pour l'épouse un signe probant qu'il ne l'aime pas — ou du moins qu'il ne l'aime pas *assez*. C'est plus qu'une rupture de confiance. C'est la destruction de tout ce qui a été construit au fil des années : le respect et l'amour, au même titre que la confiance.

Pour nombre d'hommes, l'adultère est un acte qu'il convient de regretter. Pour la plupart des femmes, il semble que l'adultère brise leur vie entière au-delà de toute possibilité de rétablissement.

Ainsi, un homme dira : « Je suis désolé. » Et le cœur de la femme s'écriera : « Désolé ? C'est un mot vide de sens quand mon cœur est brisé, ma vie anéantie et ma confiance détruite ! »

Une femme peut pardonner — et il lui faut certainement pardonner. Mais, pour elle, il faut que les braises de l'amour soient ranimées pour donner une nouvelle flamme. Il faut que la confiance soit reconstruite en repartant de rien. Il faut que le respect soit laborieusement restauré. Or cela prend du temps — pas seulement des semaines, mais des mois, peut-être même des années. Et le mari doit avoir conscience de la nécessité de lui faire à nouveau la cour, de gagner son cœur et de l'aider à reconstruire complètement cette confiance.

Ainsi, il se peut que la manière dont l'homme considère l'adultère soit en partie liée à sa conception de la sexualité.

JACK

Il peut aussi s'agir en partie d'une question de personnalité. Si un mari est d'un tempérament décontracté, qui ne s'en fait pas, quelqu'un du genre « pas la peine d'en faire tout un plat », son attitude à l'égard du péché et du pardon risque fort d'être influencée par son attitude envers la *vie*. S'il ne prend rien au sérieux, il est probable qu'il ne prenne pas non plus le péché au sérieux.

Là, pourtant, nous fixons une limite. Dans ce domaine, nous ne pouvons plus dire qu'il s'agit d'une approche différente. Nous sommes obligés de dire que cette approche est *mauvaise*.

Notre conception du péché est déterminée en partie par notre éducation, notre maturité chrétienne, notre connaissance de la sainteté de Dieu, l'exemple de nos parents, l'enseignement de notre église et notre attitude par rapport à la vie. Mais attention : même si nous avons une personnalité facile à vivre, nous ne pouvons être désinvoltes à l'égard du péché, ou de l'importance de pardonner et d'être pardonné, ou de ce qui est bien et mal, ou encore de la nécessité d'une véritable et profonde repentance.

Pourquoi ? Parce que Dieu déclare que le péché est une question sérieuse. Peu importe notre personnalité, il n'est pas bon de prendre le péché à la légère. A plusieurs reprises, la Parole de Dieu nous dit de prendre la vie au sérieux, d'être « sobres » dans notre manière de considérer nos années et d'« affermir notre pensée » (1 Pierre 1.13).

Cette sobriété dans mon attitude ne modifie pas mon type de personnalité ou ma manière de prendre la vie. Il s'agit simplement d'obéissance à Dieu. C'est demander à Dieu de changer ce qui, dans ma vie, n'est pas en accord avec sa Parole. C'est être sérieux à propos de ce qu'il déclare sérieux et me réjouir de ce dont il veut que je me réjouisse.

Peut-être devrions-nous parler d'*équilibre* — qualité qui manque à nombre d'entre nous et une des raisons pour lesquelles nous avons besoin les uns des autres. C'est aussi la raison pour laquelle nous avons besoin du fil à plomb qu'est la Parole de Dieu afin qu'elle aligne nos tendances et nous préserve des extrêmes.

Celui qui est d'un tempérament excessivement sérieux risque de se trouver en désaccord avec la Parole de Dieu au même titre que la personne extrêmement désinvolte qui est indifférente au péché. Quelqu'un d'un tempérament grave n'aura sans doute pas de mal à prendre le péché au sérieux, mais il risque de ne pas obéir à Dieu lorsqu'il dit de se réjouir, de faire de telle chose ses délices ou de crier de joie, ni de l'écouter quand il dit de ne pas s'inquiéter et de ne pas inciter ses enfants à la colère.

Si nous sondons la Parole de Dieu et découvrons sa vérité, nous trouverons l'équilibre dans des commandements tels que

« *efforcez-vous* d'entrer dans son *repos* » et « *fortifie-toi* dans la *grâce* qui est en Christ-Jésus ». Pour moi, « s'efforcer » et « se fortifier » sont des qualités qui correspondent aux personnes sérieuses, tandis que le « repos » et la « grâce » sont des points forts détenus par ceux qui sont d'un tempérament décontracté.

Ces commandements nous exhortent à être les deux à la fois... ce qui est certainement une des raisons pour lesquelles Dieu unit souvent des personnes opposées.

Les gens graves ont besoin de compagnons légers qui puissent les empêcher de se prendre — eux et les circonstances de la vie — *trop* au sérieux. Ils ont besoin d'aide pour profiter de chaque journée, pour remettre leurs fardeaux à l'Eternel, pour extraire des instants de chaque jour tout le bonheur qu'ils contiennent.

Ceux qui sont décontractés, par contre, ont besoin des gens sérieux pour bon nombre d'autres raisons : pour apprendre la discipline, pour s'exercer à être sobres et sérieux à propos de ce qui touche à Dieu et à ses commandements.

Nous n'avons abordé que deux aspects de la manière sérieuse ou légère de prendre la vie. J'espère que, dans les jours à venir, vous penserez à beaucoup d'autres exemples.

Mais, tout d'abord, avez-vous identifié votre tendance dans ce domaine et la manière dont elle affecte votre attitude et réaction à l'égard de la vie ? Savez-vous quelle facette de votre manière de prendre la vie est due à votre éducation ? Aux enseignements que vous avez tirés de l'Ecriture ? A votre tempérament ?

Les mots suivants vous décrivent-ils ?

réfléchi	sincère
pensif	consciencieux
sérieux	déterminé
grave	résolu
posé	décidé
pondéré	ferme
sobre	

A l'évidence, si vous vous reconnaissez dans la plupart de ces qualificatifs, nous dirons de vous que vous êtes Sérieux.

Et si vous êtes Désinvolte ? Jetez un coup d'œil sur ces mots-là :

imprévu	simple
accidentel	aléatoire
sans-gêne	décontracté
accommodant	nonchalant
spontané	peu méthodique
insouciant	sporadique

A dire vrai, j'espère que, vous et votre conjoint, vous vous reconnaissez dans des catégories différentes. Si c'est le cas, vous atteindrez plus facilement l'équilibre entre le sobre et l'insouciant, l'harmonie entre le sérieux et le décontracté, la parité entre le résolu et l'accommodant, et l'accord entre l'attitude déterminée et celle qui sait prendre plaisir. Vous pourrez aussi boucher les fissures à l'aide du ciment qui lie le couple que vous formez.

Tel est, mes amis, le véritable équilibre.

Telle est aussi, à mon avis, la *maturité*.

18

Appuie-toi sur moi

LE DÉPENDANT OPPOSÉ À L'INDÉPENDANT

CAROLE

Ravalant mes larmes, j'agitai la main jusqu'à ce que l'avion s'éloigne de la porte d'embarquement. Mes enfants et petits-enfants rentraient chez eux au Mexique. Comme ils allaient nous manquer !

Tout en retournant à ma voiture garée tout au bout du parking, je me mis à prier pour ma famille. Pensant toujours à mes bien-aimés, je me faufilai à travers les rues encombrées de la ville avant de m'engager sur l'autoroute ; à mi-parcours, je m'arrêtai pour prendre de l'essence, puis je repris la voie rapide pour faire la dernière portion du trajet.

J'étais bien engagée lorsque je remarquai une mince volute de vapeur qui s'échappait du capot de la voiture. Je restai tout d'abord perplexe, puis, m'expliquant le phénomène par la chaleur du soleil hivernal qui provoquait sans doute de l'évaporation, je poursuivis ma route sans ralentir. Mais... la vapeur augmentait-elle ? On aurait vraiment dit que oui. Jetant un coup d'œil sur le tableau de bord, j'eus juste le temps de voir le voyant rouge de danger qui se mettait à clignoter.

« Oh, non ! » pensai-je avant de me ranger rapidement sur le côté de la route. J'étais à trois kilomètres de la dernière ville et il n'y avait ni sortie ni station-service sur des kilomètres de route déserte à la ronde. Que devais-je faire ?

Lorsque je m'arrêtai, le moteur se mit à cracher de la vapeur. Ou bien était-ce de la fumée ? Je sortis de la voiture aussi vite que je le pus et me tins prudemment à l'écart tout en observant la scène. Des nuages de vapeur continuaient de sortir, mais je ne voyais aucune flamme.

« Que faire à présent ? » pensai-je, me sentant fort impuissante. Je me consolai en constatant que j'étais bien en possession de ma carte de l'Automobile Club.

Ayant fermé la voiture à clé, je me mis en marche pour retourner à la ville, sur quoi une voiture s'arrêta à ma hauteur. Un homme d'une cinquantaine d'années en sortit et me demanda :

— Vous avez besoin d'aide ?

Muette, je hochai la tête.

— Eh bien, proposa-t-il, on va ouvrir le capot et voir si on peut identifier le problème.

— Comment est-ce qu'on ouvre le capot ? demandai-je d'une voix penaude.

Ensemble nous trouvâmes l'ouverture. Son diagnostic (qui s'avéra évident lorsqu'il montra du doigt la pièce incriminée) : durite du radiateur fendue. Je poussai un gémissement.

Il me proposa très gentiment de me ramener en ville — détour de vingt-cinq kilomètres car l'échangeur suivant se trouvait à des kilomètres de là — et me déposa à une station-service, d'où je pus contacter l'Automobile Club.

Quelques minutes plus tard, je me retrouvai à bord d'une dépanneuse, à laquelle ma voiture fut bientôt attelée. Alors que nous retournions à la station, je regardais avec anxiété ma voiture qui se balançait derrière nous comme un ivrogne mal assuré (je découvris alors l'état des amortisseurs). Puis je dus passer trois heures sur les marches de la station à attendre que le mécanicien localise la bonne durite et aille la chercher à l'autre bout de la ville pour remplacer celle qui avait lâché. Enfin, plutôt tremblante, je me remis en route vers la maison.

Revenons sur cet incident en considérant qui je suis. Est-ce que déjà j'aurais été en possession de la carte de l'Automobile Club si Jack ne l'avait pas glissée dans mon sac à main en m'expliquant bien comment l'utiliser ? (Probablement pas.) Est-ce que je sais maintenant comment relever le capot de la voiture ? (Vous plaisantez ?) Est-ce que je saurais faire la différence entre une durite de radiateur et une trompe d'éléphant ? (Hmmm, disons, peut-être.) Est-ce que je sais comment mettre de l'huile dans le moteur ? (Disons, je sais qu'on *utilise* de l'huile dans une voiture.)

J'ai quand même appris à faire le plein d'essence — par nécessité, je vous assure. Je prends la voiture et l'avion toute seule. Je sais même demander les points auxquels j'ai droit en prenant souvent l'avion — mais c'est Jack qui m'a donné la carte sur laquelle figure notre numéro. J'aimerais pouvoir vous dire que les sentiments que j'ai éprouvés au cours de cet incident ne me sont pas typiques. Mais, en toute sincérité, je ne le peux pas car je me trouve régulièrement dans des situations où ma réaction est de dire : « Au secours ! J'ai besoin de Jack ! »

La plupart du temps, je ne me rends même pas compte à quel point je suis dépendante de Jack — jusqu'au jour où il arrive quelque chose comme une durite de radiateur qui lâche. C'est alors que je songe à quel point je suis dépendante de lui et que je remercie Dieu de m'avoir donné un mari qui est un protecteur. J'ai énormément besoin d'être protégée car j'ai tendance à être dépendante de nature.

Oh, on ne le croirait pas par moments. Dans certaines réunions mondaines, je donne sans doute l'impression d'être à l'aise et de bien maîtriser la situation. Cependant, si vous pouviez regarder en moi, vous verriez que, mentalement, je suis « pendue aux basques » de Jack. Même s'il est à l'autre bout de la pièce, c'est en sa présence que je trouve ma sécurité.

J'ai l'air forte, mais je me sens faible. Je peux sembler confiante, mais je me sens incompétente et impuissante.

Très bien. Je suis donc dépendante de nature. Ce n'est pas grave. Je suis née ainsi. Néanmoins, qu'il n'y ait pas de malentendu entre nous, car j'estime que le fait d'être dépendant n'est pas une excuse pour être *incapable de se débrouiller*.

Pour la plupart d'entre nous, il nous arrive de chercher à nous appuyer sur quelqu'un ou quelque chose, et c'est alors que nous découvrons que nous n'avons rien ni personne sur qui compter.

Peut-être avons-nous perdu un emploi qui nous procurait la sécurité, ou nous avons été poussé hors du nid et nous restons seul, ou nous avons divorcé après une expérience conjugale douloureuse, ou encore nous nous retrouvons veuf (ve) après avoir compté pendant des années sur le soutien d'un conjoint. Nous entendons parler de femmes qui se retrouvent seules et complètement perdues parce qu'elles n'ont jamais établi le solde d'un compte bancaire, voyagé seules ou conduit une voiture. Beaucoup n'ont aucune aptitude professionnelle. Ayant été dépendantes de leur mari (ou parents, enfants, amis), elles sont incapables de se débrouiller lorsqu'elles se retrouvent seules.

Je souffre intérieurement pour ces femmes — mais je me demande aussi comment on en arrive là. Et je mets en cause le mari qui, à l'époque où il était là pour entourer, n'a pas envisagé la possibilité que sa femme ait besoin de savoir se débrouiller seule un jour.

Jack a dans sa bibliothèque un livre intitulé « Comment préparer votre femme à être veuve ». Il l'a acheté et l'a lu par amour pour moi. Et il s'est aussi montré fidèle dans sa mise en pratique ! Il m'a toujours tenue au courant de notre situation financière dans tous ses aspects, m'a encouragée à m'aventurer toute seule dans le monde et m'a transmis des compétences nécessaires (bien que j'aie encore du mal à établir le solde de notre compte bancaire !). Certes, je serais incapable de remplir notre déclaration d'impôts — mais je sais qui peut le faire à ma place. Je connais les mécaniciens qui réparent ma voiture chez le garagiste, j'ai le nom du plombier dans mon carnet d'adresses et j'ai des aptitudes professionnelles si besoin est. Pour une bonne part, c'est grâce à Jack.

Par conséquent, si vous êtes marié à quelqu'un de dépendant, le défi qui s'adresse à vous est de l'aider à acquérir des compétences. Si vous *êtes* cette personne, alors, par la grâce de Dieu, définissez les changements qui seront nécessaires pour que vous puissiez un jour vous débrouiller seul dans la vie. Pas sans Dieu, bien sûr. Mais, si ce devait être nécessaire un jour, sans conjoint.

Si je suis dépendante de nature, Jack est un indépendant né — et j'en suis reconnaissante. Non pas que les gens indépendants se sentent toujours en sécurité et à la hauteur et qu'ils ne connaissent jamais des moments de crainte et d'incompétence, mais ils lutteront contre ces sentiments et s'efforceront de faire en sorte qu'ils ne durent pas. Ils prendront la situation en main, se prépareront à faire face à son renouvellement éventuel et se battront pour ne pas être dépassés la fois suivante.

Voici les synonymes d'« indépendant » : qui compte sur soi, qui n'est pas dominé, qui agit seul, autonome, libre, maître de ses mouvements, individualiste, sans contrainte, qui ne se laisse pas diriger ou influencer par autrui.

A présent, en voici les antonymes : dépendant, influençable, dominé, dirigé, subordonné, soumis, servile, attaché, relié. (« Esclave » peut aussi en être un !)

Quiconque est de nature indépendante fera face — à la vie, à son travail, à la déception, aux relations et circonstances difficiles. C'est un des aspects positifs.

Mais l'indépendance peut devenir de l'indifférence ou une autonomie totale. Elle peut engendrer une nature dépourvue de freins et contre-poids, peut-être une nature qui refuse d'être dépendante vis-à-vis de Dieu lui-même, alors qu'il déclare que nous devons être dépendants de lui et avoir conscience de notre besoin les uns des autres. « L'œil ne peut pas dire à la main : Je n'ai pas besoin de toi ; ni la tête dire aux pieds : Je n'ai pas besoin de vous. Mais bien plutôt, les membres du corps qui paraissent être les plus faibles sont nécessaires » (1 Corinthiens 12.21-22).

Dans le cadre du mariage, l'indépendance risque tout autant de détruire une relation que ne peut le faire un tempérament excessivement dépendant.

Le mari indépendant

Chacun aspire dans son for intérieur à ce qu'on ait besoin de lui. Si j'avais l'impression que Jack n'a *nullement* besoin de moi, j'aurais une moins bonne opinion de moi-même, je me sentirais isolée, rejetée. J'ai *besoin* que Jack ait besoin de moi. Or c'est le cas. Aussi compétent et indépendant soit-il, je lui suis indispensable. Il me le dit souvent. En fait, je crois qu'il *cherche* de quelles manières avoir besoin de moi (et je l'aime à cause de cela).

Oh, bien sûr qu'il a eu besoin de moi en tant que mère de Lynn et pour être la maîtresse de maison, celle qui fait la cuisine et le ménage. Mais combien il est encourageant de l'entendre dire qu'il me trouve indispensable en tant que vis-à-vis, conseillère et surtout compagne. En se rendant compte que j'ai besoin qu'il ait besoin de moi, il m'a témoigné l'amour le plus profond qui soit.

L'épouse indépendante

Si c'est l'épouse qui possède toutes les caractéristiques d'une nature indépendante, cela peut entraîner des conséquences particulières. L'Ecriture parle abondamment de l'attitude que devrait avoir une femme à l'égard de son mari. Voici comment la Version amplifiée de la Bible en anglais (qui prend le terme grec du Nouveau Testament et lui donne toute la richesse des sens qu'il possède dans la langue originale) rend la fin d'Ephésiens 5.33 : « Que l'épouse respecte et révère son mari — qu'elle le remarque, le considère, l'honore, le préfère, le vénère et l'estime ; et qu'elle s'incline devant lui, le loue, et l'aime et l'admire infiniment. »

Quand je lis cela, je me dis : « Ça alors ! C'est *tout* ce que je dois faire ? Ça va me prendre le restant de mes jours ! »

L'indépendance ne s'accorde pas trop bien avec cette liste, n'est-ce pas ? Mais, vous les épouses, permettez-moi de vous dire quelque chose. *Dieu ne donne jamais un commandement sans nous donner les moyens de le respecter.* Si vous êtes venue au monde avec une nature indépendante, louez Dieu pour cela. Cela signifie qu'il a une mission particulière à vous confier qui nécessite ce type de personnalité. Mais cela signifie aussi, et sans aucun doute, que vous aurez besoin d'une grâce supplémentaire pour lui permettre de faire fondre et ramollir cette indépendance, jusqu'à ce que vous puissiez mettre en pratique son commandement, qui veut que vous soyez une épouse pleine de bonté et de piété. Rattachez-vous à la merveilleuse promesse qui nous est faite en 2 Corinthiens 12.9, lorsque Christ dit : « Ma grâce te suffit. » Personnellement, je perçois ce mot grâce comme signifiant « tout ce dont vous avez besoin chaque fois que vous en avez besoin ». Cela ne semble pas très théologique, mais c'est la vérité.

Même si je suis dépendante de nature, j'ai aussi une fibre têtue et *indépendante* courant tout le long de ma colonne vertébrale, qui se dresse telles des épines de porc-épic dans les circonstances les plus singulières et les plus horribles, et qui plante cruellement ses épines empoisonnées dans le moi d'un autre. J'ai lutté contre elle, connu la défaite et finalement prié pour que Dieu m'accorde sa grâce. Il arrive encore qu'elle émerge de temps à autre et, Dieu et moi, nous nous efforçons aujourd'hui encore d'émousser ses pointes acérées. J'ai bon espoir que les choses évoluent à ce niveau-là.

Jack et moi prions pour connaître l'équilibre et la stabilité. Nous avons besoin d'être dépendants de Dieu — ainsi que des autres d'une manière saine. Nous avons aussi besoin d'indépendance afin d'être forts, courageux et débrouillards. Qui plus est, en tant que couple, Jack et moi avons besoin d'être interdépendants, de sorte que, tous les deux, nous devenions véritablement un.

Est-ce là votre désir et votre prière ? Si oui, Dieu vous en rendra capables.

Qui sait, peut-être que j'apprendrai même à mettre de l'huile dans ma voiture !

19

Qui a écrit le scénario ?

L'INFLUENCE DU MILIEU D'ORIGINE

JACK

Les scénarios. Voilà le problème.

Dans un article intitulé « Comment réécrire le scénario de son mariage pour qu'il fonctionne », le Dr Carlfred Broderick a écrit : « Lorsque deux acteurs arrivent sur scène, on considère comme allant de soi qu'ils s'apprêtent à jouer tous les deux à partir du même scénario. De même, lorsque deux personnes se marient, elles le font en espérant elles aussi pouvoir compter sur un scénario particulier. Hélas, les scénarios à partir desquels chaque membre du couple joue son rôle de conjoint sont parfois très différents. (...) Bien souvent, notre scénario est basé sur celui de nos parents. »

Certains disent que nous avons chacun une « bande » bien distincte qui se déroule dans notre tête et dicte nos actes. Personnellement, je préfère l'image du « scénario », pas vous ?

Le Dr Broderick raconte l'histoire d'un homme issu d'une famille de cinq personnes dans laquelle le partage des deux salles de bain faisait l'objet de règles strictes. Dès lors que la porte était fermée, cela ne serait venu à l'idée de personne de frapper, et encore moins d'entrer.

Ce jeune homme épousa une femme issue elle aussi d'une famille de cinq personnes, mais chez qui il n'y avait qu'une salle de bain dans laquelle tout le monde entrait et sortait à son gré. Par conséquent, elle n'avait évidemment aucun scrupule à entrer dans *leur* salle de bain lorsque son mari s'y trouvait. Lui, par contre, était tellement sidéré qu'il en restait muet !

Puis le Dr Broderick donne un exemple tiré de son propre couple :

> Les premiers temps de mon mariage, j'aurais juré que ma femme et moi avions discuté de chaque aspect de la vie et de l'amour. Nous nous connaissions depuis le jardin d'enfants, étions sortis ensemble dès le lycée et avions été fiancés pendant un an et demi. Pourtant, nous n'avions jamais discuté de ce qui se passerait lorsque l'un d'entre nous serait malade. D'ailleurs, si quelqu'un nous avait conseillé d'en parler, cela m'aurait fait rire.
>
> Si vous êtes normalement constitué, vous savez ce que vous devez faire quand vous êtes malade : aller vous coucher. Ça, c'est ce qui vous concerne. Ensuite, votre mère, ou la personne qui vous aime, vient vous bourrer de vitamines.
>
> J'ai donc épousé cette femme que je connaissais depuis toujours et, comme cela arrive à n'importe qui, j'ai attrapé un jour la grippe. J'ai évidemment su quoi faire. Je suis allé me coucher et j'ai attendu. Mais il ne s'est rien passé. Rien. Je n'arrivais pas à le croire !
>
> J'étais tellement blessé que je serais parti si je n'avais pas été si malade. Finalement, j'ai *demandé* du jus d'orange et ma femme m'en a apporté — dans un petit verre de 10 cl. Point final. En effet, comme je l'ai appris par la suite, la seule occasion où l'on buvait du jus d'orange dans sa famille était un mardi sur deux, lorsque le petit déjeuner était agrémenté d'une goutte de jus dans un verre de la taille d'un dé à coudre. Or, chez moi, les « verres à jus » faisaient 35 cl et il y avait toujours quelqu'un pour les remplir à nouveau.

Le nombre des différences qui existent dans les scénarios d'un couple est impressionnant. Elisabeth Elliot nous en donne un exemple lorsqu'elle écrit :

> Je connais un couple qui était marié seulement depuis une ou deux semaines lorsque l'épouse alla faire les courses.

Le mari se demanda alors ce qu'il pourrait faire pour elle pendant son absence : il voulait lui faire plaisir, lui faire une surprise et lui montrer combien il l'aimait. C'est alors que lui vint une idée lumineuse. Il se mit à quatre pattes par terre et entreprit de récurer le sol de la cuisine. Il s'agissait à ses yeux d'une tâche avilissante et, tout en l'accomplissant, il se sentit infiniment humble. Quelle allait être la surprise de sa femme ! Puis il se mit à attendre son retour avec impatience, pensant à la joie que cela procure de donner.

Sa femme gara la voiture dans l'allée, arriva en coup de vent dans la cuisine, posa ses sacs de commissions sur le comptoir et regarda le sol.

« Tiens, le sol est propre, se contenta-t-elle d'observer. Merci, chéri ! » Sur quoi elle se mit à ranger les courses.

Cet homme m'a raconté qu'il fit une déprime pendant trois jours. Il était blessé, il avait subi un affront, son geste n'avait pas été apprécié à sa juste valeur et la joie de donner s'était évanouie en un clin d'œil parce qu'il n'avait pas reçu le genre de remerciements qu'il avait escomptés.

Sa femme ignorait totalement ce qu'il avait. Ce qu'*elle* ne savait pas, c'était que son mari n'avait jamais entendu dire qu'un homme ait accompli un acte tel que récurer le sol pour sa femme, et encore moins volontairement, ayant eu cette idée tout seul. Ce que *lui* ne savait pas, c'était que, dans la famille de son épouse, ce travail n'était jamais fait par une femme. Son père estimait qu'il s'agissait d'un travail d'homme et il le faisait tout naturellement.

Carole et moi avons entamé notre vie de couple en pensant que nous abordions vraiment cette pièce à partir du même scénario. Après tout, nous avions tous les deux grandi dans une famille chrétienne et un quartier aisé ; nos parents s'entendaient bien dans leur couple, aimaient leurs enfants et étaient fermes sans être stricts en matière d'éducation ; nous avions fait nos études supérieures dans le même établissement, avions des amis communs et nous étions fréquentés trois ans et demi lorsque nous nous sommes mariés.

C'est donc avec un certain étonnement que nous avons constaté que, non seulement nous lisions chacun un scénario n'ayant aucun rapport, mais que par moments nous ne semblions même pas être sur la même scène.

C'est lors de notre tout premier Noël que nous avons été confrontés au problème des deux « scènes ». Figurez-vous que Carole voulait attendre jusqu'au matin de Noël pour ouvrir les cadeaux ! Incroyable, n'est-ce pas ? Quiconque est sain d'esprit sait que la veille de Noël est le moment où l'on se rassemble autour du sapin pour ouvrir les cadeaux. Mais voilà : Carole déclara que la veille de Noël était le moment où l'on racontait le récit de Noël et où l'on chantait des chants de Noël. Puis, de bonne heure le matin de Noël, on se réveillait tout excité à l'idée de découvrir ses souliers remplis de friandises. Après avoir pris le petit déjeuner à la hâte, on ouvrait alors les cadeaux un par un, chacun distribuant un cadeau à tour de rôle. Dans la famille de Carole, cela prenait des heures et l'on en oubliait le repas de Noël. Imaginez un peu ça ! Manquer le traditionnel repas de Noël.

Or Noël n'était pas la seule fête que nous fêtions de manière différente. Il y avait la Saint-Valentin (qu'elle fêtait alors que moi non), Pâques (il était indispensable d'avoir une nouvelle toilette mais il fallait qu'elle la porte le dimanche des Rameaux pour ne pas penser à ses vêtements neufs le jour de Pâques ; pour ma part, je ne me souviens pas d'avoir jamais porté une nouvelle tenue), et la Fête Nationale (grand rassemblement familial pour Carole et feu d'artifice dans le parc pour moi).

Mais au moins pouvait-on dire que nos scènes se trouvaient dans le même théâtre. Pour certains, elles ne sont même pas dans la même ville. Steve et Annie Chapman nous en donnent un exemple dans leur livre sur l'amitié entre époux :

> Alors que j'aime tout ce qui concerne Noël, Steve a horreur de tout ça à part la naissance de notre Sauveur. D'ailleurs, même cet aspect-là, il le fête avec certaines réserves, puisqu'il s'empresse de faire remarquer qu'en réalité la naissance du Seigneur n'a pas eu lieu le 25 décembre, et qu'il explique à qui veut l'entendre que le choix de cette date a des connotations païennes.

Qu'arrive-t-il donc à la splendeur d'un mariage chrétien sans problème lorsque l'épouse est le bras droit du Père Noël et que le mari déclare que les lutins et les rennes sont interdits ?

Notre première tentative de solution fut le *compromis* afin de préserver la paix du ménage. Steve s'efforça d'éviter une scène en me laissant décorer un sapin de Noël. Je dus reconnaître à contrecœur qu'il s'agissait là d'un véritable compromis, puisqu'il estimait que toute cette histoire de sapins et de décorations était une coutume païenne qui n'avait pas lieu d'être dans un Noël de croyant. Il m'autorisa même à acheter des cadeaux pour les enfants — autre compromis douloureux puisqu'il estimait que toute cette histoire de cadeaux ne faisait que leur enseigner le matérialisme et l'avidité.

Pour ma part, j'essayai de rendre cette période de l'année aussi festive que possible sans l'offenser — et m'apitoyai sur mon sort du premier au dernier jour. Très bien : nous avions donc un sapin — une sorte de truc affreux en aluminium que j'avais dégoté au marché aux puces. (Il était étiqueté à dix francs mais son propriétaire n'avait opposé aucune résistance lorsque je lui en avais proposé moins. C'est vous dire si cet arbre était réellement ravissant.) Et, pour le décorer, je fis des petits gâteaux en sucre accrochés par des trombones en me disant que, si j'achetais des décorations, mon mari tomberait en syncope. Les enfants eurent quand même des cadeaux, mais un seul, conformément à la volonté de Steve qui avait insisté pour qu'ils en aient seulement un chacun.

Il fallut de nombreuses années à Steve et Annie pour arriver à résoudre cette question ! Annie finit par abandonner, estimant que son mariage valait plus qu'un jour dans l'année et qu'il fallait manifester l'unité et l'amour pour être un exemple de Christ et de son Eglise. Dans le même temps, Dieu œuvra dans le cœur de Steve et lui montra qu'il risquait de blesser sa femme dans son esprit. Cependant, il ne dit pas à Annie qu'il avait changé d'avis et attendit le Noël suivant. Prenant tout le monde au dépourvu, il emmena les enfants acheter un *vrai* sapin de Noël avec toutes ses décorations, des guirlandes électriques et une cassette de chants de Noël. Les enfants ne reçoivent toujours qu'un seul cadeau, mais il y a de la joie dans cette maison à Noël.

Au fil des années, Carole et moi nous sommes nous aussi rapprochés. Désormais, nous fêtons Noël à la fois le 24 au soir, avec le récit de Noël, les chants et la moitié des cadeaux — distribués lentement un par un — et le matin de Noël, avec le reste des cadeaux et, en plus, le traditionnel repas de circonstance. En fait, nous avons uni nos traditions pour faire une année riche en célébrations.

Cela dit, la manière de fêter les occasions spéciales compte en réalité parmi les problèmes simples.

Par contre, les scénarios sont particulièrement difficiles à conjuguer dans le domaine des différences culturelles.

Nous avons des amis qui constatèrent après quatre ans de mariage qu'ils avaient un énorme problème. Elle était une Allemande réservée, lui un Italien versatile. Chaque fois qu'ils étaient en désaccord, il élevait la voix et se mettait à crier. Quant à elle, elle se repliait sur elle-même.

Elle avait l'impression qu'il passait son temps à crier, qu'ils soient en désaccord ou non. Aussi se repliait-elle encore plus.

Au bout de quatre ans de mariage, ils se rendirent compte qu'elle avait réprimé à la fois ce qu'elle ressentait et ce qu'elle pensait au point que de graves problèmes s'étaient déclarés dans leur couple.

Lorsqu'ils allèrent consulter un conseiller, celui-ci leur suggéra de passer chaque jour dix minutes à discuter avant que les enfants soient levés. Il leur donna des instructions précises sur la manière de passer ces dix minutes. Elle pouvait parler de n'importe quel sujet de son choix *et lui n'avait pas le droit d'ouvrir la bouche.* Le lendemain matin, il pouvait lui répondre. Cela lui donnait vingt-quatre heures pour réfléchir à sa réponse et mieux maîtriser le ton de sa voix. Il pouvait ensuite aborder un autre sujet ou poursuivre sur celui qu'elle avait entamé. Elle n'avait pas le droit de répondre jusqu'au troisième matin.

Cela leur a pris plusieurs mois pour rattraper petit à petit tout ce qu'elle avait refoulé, mais ils forment aujourd'hui un des plus beaux couples qu'on souhaiterait voir.

Toutefois, la question de savoir si les divergences sont dues à des origines culturelles différentes est moins importante que la nécessité de reconnaître que ces différences existent bel et bien. J'ai lu récemment l'exemple suivant :

> Martha Stein a grandi dans une maison où l'on attachait beaucoup de valeur à la discrétion et l'intimité. David, son mari, a été élevé dans une famille au sein de laquelle chacun était — et estimait avoir le droit d'être — au courant de ce que faisaient tous les autres.
>
> « Je fus enchantée par la famille de David, raconte Martha. La première fois qu'il m'a emmenée manger chez lui, chaque membre de la famille a relaté sa journée en détail. Chaque sujet, qu'il s'agisse de la nouvelle robe de sa sœur ou du nouveau patron de David, a suscité des commentaires et des rires. Dans ma famille, la conversation autour de la table n'allait pas au-delà de 'Passe-moi le sel'. »
>
> Pourtant, Martha fut blessée lorsque David annonça à ses parents — le jour même où elle et lui avaient convenu de ne plus utiliser de contraceptif — qu'ils essayaient d'avoir un enfant. « Je n'arrivais pas à le croire, se souvient-elle. Voilà qu'il parlait avec d'autres gens des détails les plus intimes de notre vie. Quand je lui ai dit ce que je ressentais, il m'a répondu : 'Mais il ne s'agit pas d'autres gens : il s'agit de ma famille'. »
>
> Dans leur propre relation, David avait parfois l'impression que Martha était « fermée » et peu disposée à lui faire part de ses sentiments les plus profonds.
>
> « Nous nous disputions souvent parce que nous croyions que ces différences étaient des tentatives délibérées en vue de faire enrager l'autre, raconte Martha. Avec le temps, nous nous sommes rendu compte que nos conflits n'étaient pas du tout dus à un manque d'amour l'un pour l'autre, mais au style très différent des familles dans lesquelles nous avions grandi. »

Si l'on prenait rarement le repas ensemble dans votre famille, vous aurez du mal à faire du repas du soir un moment de compagnie privilégié.

L'auteur de l'article que je viens de citer indique que, lorsqu'elle s'est mariée, ses parents avaient trente-cinq ans de mariage et ceux de son mari vingt-cinq. Il s'agissait dans chaque cas de mariages solides. Cependant, elle explique : « Nous avions instinctivement acquis des schémas de comportement qui avaient bien marché pour nos parents et nous les avons appliqués à notre propre cas sans autre forme de procès.

« Or c'était bien là le problème : David me traitait exactement comme son père traite sa mère, et je réagissais exactement comme ma mère réagit face à mon père.

« L'ennui, c'était que son père n'était pas marié avec ma mère ! »

Si l'on filmait les couples de par le monde, cela donnerait de nombreuses images différentes.

On verrait des images où le mari est un père à la fois pour ses enfants et pour sa femme. Il y en aurait d'autres où l'épouse subvient aux besoins de la famille et exerce l'autorité sur son mari comme sur ses enfants. Dans certaines cultures, cela donnerait sans doute l'image d'un mari ayant plusieurs femmes censées rendre des comptes non seulement à leur mari, mais aussi à ses proches.

Dieu a prévu que la famille soit un triangle équilatéral dont il est le sommet. La base est formée par deux partenaires égaux qui sont le meilleur ami l'un de l'autre et sont redevables envers Dieu et l'un envers l'autre. Tel est le type de mariage dans lequel prospèrent la confiance, l'amitié, l'engagement, la joie et l'union.

Si vous êtes fiancé dans la perspective de vous marier, ou si vous êtes marié depuis quelques années (« quelques » est ici relatif !), posez-vous certaines questions, vous et votre conjoint, afin d'éviter les malentendus à l'avenir ou d'y remédier dès à présent. Nous vous conseillons de consacrer tous les deux une ou deux heures pendant plusieurs semaines à examiner les domaines suivants :

1. Quelles étaient les responsabilités et les tâches incombant à chaque membre de votre famille à l'époque de votre adoles-

cence ? Comment celles-ci étaient-elles acceptées par les différents membres ? (Par exemple, les acceptaient-ils comme faisant partie de la routine, cela les contrariait-il, rouspétaient-ils ou essayaient-ils de s'y soustraire ?)

2. A votre avis, quelle devrait être votre attitude par rapport aux tâches liées à la maison, la voiture, la pelouse, le jardin, etc. ? Qui devrait décider à qui revient quelle tâche ?

3. Quelles fêtes votre famille fêtait-elle et de quelle manière ? Parmi les traditions familiales, lesquelles désirez-vous conserver dans votre propre famille ? Voulez-vous en ajouter ? Quelle importance cela revêt-il à vos yeux ? Noël avait-il une importance particulière chez vous ? Combien dépensait-on pour les cadeaux ?

4. Chez vous, enseignait-on la manière de se tenir à table et les bonnes manières en général ? Avec quel soin ? Quelles sont les manières vraiment importantes pour vous ? (Par exemple, est-il important de mâcher la bouche fermée ? De savoir se servir correctement d'un couteau et d'une fourchette ? D'ouvrir la porte aux dames ? D'aider quelqu'un à enfiler son manteau ? De ne pas interrompre quelqu'un qui parle ?)

5. Quel degré d'instruction vos parents avaient-ils ? S'exprimait-on bien chez vous ? Le bon usage de la grammaire est-il important pour vous ? Est-ce un aspect sur lequel vous désirez insister dans votre famille ?

6. A quelles occasions votre famille se réunissait-elle ? Quels repas preniez-vous en famille ? A quels loisirs participiez-vous tous ensemble ? A quelles entreprises ? Rendiez-vous un culte à Dieu ensemble ? Aviez-vous des moments de recueillement et de méditation en famille ? D'autres types de moments ? Qu'est-ce qui vous plaisait dans ces moments ? Vous déplaisait ? Qu'aimeriez-vous faire régulièrement en famille ?

7. Quelle était l'ambiance générale qui régnait chez vous ? Y avait-il beaucoup de disputes ou l'atmosphère était-elle le plus souvent agréable ? Avec quel membre de la famille aimiez-vous le plus être ? Le moins ?

8. Quelle était l'importance des réunions de famille chez vous ? Votre famille étendue est-elle importante pour vous ? Tous les combien aimeriez-vous la voir ?

9. Comment passait-on les vacances dans votre famille ? Si votre famille disposait d'un budget modique pour les vacances mais que la maison avait besoin d'être repeinte, votre père aurait-il voulu utiliser cet argent pour repeindre la maison pendant les vacances ou pour partir dans un endroit peu cher ? Et votre mère ? Et vous, que choisiriez-vous ? Quelles sont à vos yeux les vacances idéales — sans limitation de budget ? Avec un budget très limité ?

10. Quelle était l'attitude de chaque membre de votre famille envers Dieu ? Envers l'église ? Envers les choses spirituelles en général ? Lesquels d'entre vous étaient chrétiens ? Lesquels étaient hostiles à l'égard des questions spirituelles ? Alliez-vous régulièrement à l'église en famille ? Quel était l'engagement de votre famille dans ce domaine ? Quelle est votre propre position par rapport à Dieu, à Christ, à la vie chrétienne ? Que pensez-vous du fait d'aller régulièrement à l'église et que signifie pour vous « régulièrement » ? Quelle était l'opinion de votre famille à propos du dimanche Jour du Seigneur ?

11. Quelle était la vertu la plus estimée par votre père (par exemple l'honnêteté, l'intégrité, la fidélité, l'amour, la gentillesse ?) Par votre mère ? Quelles autres valeurs étaient importantes et comment cela se manifestait-il ? Quelles sont les valeurs les plus importantes à vos yeux et comment aimeriez-vous les voir concrétisées chez vous ?

12. Quel genre d'activités sociales pratiquait-on dans votre famille (club de sports, rencontres sportives, grandes soirées, dîners intimes, jeux de société, etc.) ? Qu'est-ce qui vous plaisait et que vous aimeriez poursuivre ? Quels types d'activités vous déplaisent ?

13. A quel point vos parents manifestaient-ils de l'intérêt pour ce que vous faisiez ? Prenaient-ils part aux activités scolaires ? Venaient-ils assister aux rencontres culturelles ou sportives auxquelles vous participiez ? Veillaient-ils à ce que vos devoirs soient faits ?

14. Quelles étaient les règles de conduite chez vous ? Y avait-il une heure fixe à laquelle vous deviez être rentré le soir ? Des règles concernant les fréquentations ? Vos parents insistaient-ils

pour savoir où vous étiez la plupart du temps ? Chaque membre de la famille tenait-il les autres au courant de ses allées et venues ?

15. Quelle était l'attitude de votre famille en matière d'intimité ? Est-ce qu'on allait et venait sans frapper dans les chambres et la salle de bain ? Que souhaiteriez-vous faire chez vous à ce niveau ?

16. Votre famille avait-elle un état d'esprit conservateur ou libéral ? A propos de la politique ? De la religion ? Quel était l'avis de votre famille concernant : L'avortement ? L'alcool ? La cigarette ? La drogue ? Les questions raciales ?

17. Vos parents vous ont-ils donné une éducation sexuelle ? A quel âge ? Leur conception de la sexualité était-elle saine ? Souhaiteriez-vous que vos enfants soient élevés comme vous à cet égard ? Si ce ne sont pas vos parents qui ont fait votre éducation sexuelle, dans quel cadre avez-vous découvert ces choses et qu'avez-vous appris ?

18. Quels genres d'attitudes vos parents avaient-ils à l'égard de l'argent ? Etaient-ils dépensiers ? Etaient-ce des gens qui donnaient ? Qui économisaient ? Votre famille fonctionnait-elle sur la base d'un budget ? Etiez-vous souvent endettés ? Si oui, à qui empruntiez-vous ? Aviez-vous plutôt tendance à dépenser de l'argent pour une nouvelle voiture, des vêtements, les loisirs, la protection sociale, ou d'autres choses ? Quelles étaient les priorités au niveau des finances ? Parmi les valeurs qui existaient chez vous, lesquelles voudriez-vous reprendre à votre compte ? Que voudriez-vous éviter ?

19. A votre avis, quelle était la qualité des rapports entre vos parents ? Entre eux et chaque membre de la famille ? Qu'aimeriez-vous conserver — ou éviter — de leur exemple ?

20. Que lisait-on chez vous ? Quelles émissions regardait-on à la télévision ? Quel genre de films aimait-on ?

21. Quels types d'humour appréciait-on dans votre famille ? (Les farces ? Les jeux de mots ? La comédie bouffonne ?)

22. Y avait-il des animaux domestiques dans votre famille ? Etaient-ils traités comme des membres de la famille ou devaient-ils rester dehors ? Quelle est votre attitude à l'égard des animaux ?

23. Est-il arrivé qu'un parent plus âgé habite chez vous ? Quelle était l'attitude de vos parents envers les veufs ou les malades et leur responsabilité à leur égard ?

24. Comment réagissait-on face à la maladie dans votre famille (avec compassion, par une préoccupation excessive, faisait-on comme si de rien n'était, etc.) ? Lorsque vous étiez malade, comment votre famille vous traitait-elle ? Comment aimeriez-vous être traité ?

J'ai bien conscience de la longueur de cette liste. Et elle n'est même pas exhaustive. Mais il s'agit d'un *début* de réécriture partielle de votre scénario dans le but de bien comprendre la pièce qui se joue dans le cadre de votre mariage.

Quelqu'un a dit que, pour réussir son mariage, il faut tomber amoureux de nombreuses fois — toujours avec la même personne.

C'est vrai. Pour tomber amoureux — et le *rester* —, il est nécessaire de bien connaître et comprendre le milieu d'origine de son conjoint. Cette sensibilisation n'est possible que par de gros efforts, une bonne communication, le compromis et l'adaptation.

Et par une énorme portion de la grâce de Dieu.

20

Parlons du temps qu'il fait

L'IMPORTANCE D'UN CLIMAT D'ÉLOGES

CAROLE

A l'époque où nous habitions en Californie, quelqu'un m'a dit que, la première année là-bas, on était critique. La deuxième année, on se mettait à être élogieux. Et la troisième année, on devenait carrément menteur !

Le jour même où nous nous sommes installés au Colorado, je me suis rendu compte que j'avais sauté l'« année des critiques » et que j'étais passée *au moins* directement au stade élogieux. L'Office du Tourisme de Colorado Springs devrait m'embaucher.

Certes, je dois avouer qu'hier, un orage de grêle comme nous en avons de temps à autre en été a dépouillé mes géraniums de la plupart de leurs feuilles. Par ailleurs, nous sommes fréquemment bombardés par de violents orages agrémentés d'éclairs et de coups de tonnerre. Et, en plus, la neige recouvre notre ville plusieurs fois par an hors saison, parfois aussi tôt que septembre et aussi tard que juin.

Cela dit, je vous assure que le climat général qui règne à Colorado Springs est *formidable* ! La plupart des matins, le temps est beau, ensoleillé et tempéré. Comme le climat est sec, les journées chaudes ne semblent pas si chaudes et les journées froides ne semblent pas si froides. Nous trouvons cela très appréciable.

Si le climat dans le couple est optimiste, positif et affectueux, il peut supporter quelques orages, de la grêle, et même des chutes de neige hors saison. Par contre, si le climat général est sombre et maussade, les orages passagers risquent d'être insupportables.

Un mariage peut supporter un certain nombre de différences entre deux personnes, même si celles-ci ne sont pas traitées pour ne plus être des handicaps mais des plus, *à condition que le climat soit bon.*

Dans notre monde actuel, le climat général concernant le mariage est au plus sombre. Le pessimisme est partout de mise. Déjà en 1967, Bruce Shelley écrivait dans un magazine chrétien : « Beaucoup de gens estiment qu'après la cérémonie de mariage, les dés sont jetés. La probabilité d'avoir un mariage réussi et heureux est tout au plus pas très grande. Elle est quasiment nulle si nous ne faisons rien pour nous y préparer, nous ou nos enfants. » Un peu plus loin, il observait : « La vie conjugale est quelque chose de très différent suivant les gens. L'historien français Hippolyte Taine a dit que l'on pouvait résumer le mariage ainsi : 'Trois semaines de curiosité, trois mois d'amour et trente ans de tolérance'. »

N'est-ce pas triste ? La pensée que les gens s'attendent à devoir « tolérer » est intolérable, car nous devons *aimer*, et aimer profondément. Cela demande des efforts. Cela demande un engagement — le genre d'engagement qui refuse d'envisager le divorce si les choses ne se passent pas comme nous l'avions espéré. Le genre d'engagement et de détermination qui permettra de *surmonter* toutes les difficultés, quel que soit le prix à payer.

Cela nécessite aussi de refuser d'être négatif tant à propos du mariage qu'à propos de celui avec qui je suis « un ». Voilà qui n'est pas chose facile au milieu d'un monde qui transmet des messages négatifs à propos du mariage.

Ces conceptions négatives sont exprimées et réexprimées tout autour de nous ; dans le domaine de l'humour, par exemple.

Ainsi, un dessin montre un homme qui est assis au bar et qui dit à son copain : « Tu sais, le mariage m'a fait du bien : la souffrance forme le caractère. »

Autre exemple, dans lequel une femme relate un épisode de sa vie conjugale telle une anecdote humoristique :

Après avoir été veuve pendant dix ans, je me suis remariée. Quittant mon travail un soir d'hiver, j'expliquais à une collègue combien il était agréable d'avoir à nouveau quelqu'un qui se faisait du souci pour moi lorsque les routes étaient verglacées. Mon nouveau mari attendrait mon retour, racontais-je, et se précipiterait dehors pour m'accueillir à ma descente de voiture.

Je n'aurais pas pu voir plus juste. Lorsque je me suis engagée dans l'allée, mon mari est sorti de la maison en trombe et est accouru à ma rencontre. Tout en frottant la carrosserie de notre nouvelle voiture, il m'a demandé avec anxiété : « Est-ce qu'elle a reçu du sel ? »

D'une certaine manière, je ne trouve pas ces blagues très drôles. Elles entretiennent un climat négatif.

Considérez ainsi ces remarques, tirées chacune de la vie d'un couple qui s'aime :

Le mari (en plaisantant) : « Comme ma femme avait d'autres projets, je m'étais arrangé pour emmener une ravissante petite blonde au banquet — mais ensuite, ma femme a modifié ses projets et, pour finir, c'est elle que j'ai dû emmener ! » (dit en feignant le dégoût).

***

La femme au mari, alors qu'elle parlait avec un ami : « Tu veux bien aller te coucher ? On est en train de discuter de quelque chose d'*important.* »

***

La femme au mari, après avoir évoqué la possibilité d'aller dîner au restaurant avec son mari et une de ses amies : « Tu ne seras pas rentré avant sept heures moins le quart ? Bon, alors ne te dépêche pas. On ira sans toi ; tu n'auras qu'à t'arrêter dans un fast-food en rentrant. »

***

Je n'invente rien. Or, le plus triste, c'est que ces personnes n'avaient même pas *conscience* de faire un affront à leur conjoint. La dernière remarque n'était pas ouvertement un affront, mais elle montrait bien au mari où allait la préférence de sa femme : elle ne jugeait pas utile de l'attendre pour aller dîner en sa compagnie.

Les plaisanteries sur ce plan sont légion :

— Il se vante d'être le chef à la maison, mais ce n'est pas son seul mensonge.

— Quand elle veut l'opinion de son mari, elle la lui donne.

— La dernière grande décision qu'elle lui a laissé prendre était entre laver et essuyer la vaisselle.

Vous voyez ce que je veux dire.

Est-ce que vous reconnaissez là certaines de vos attitudes ? Quel est le climat général qui règne dans votre couple ? Diriez-vous que, chez vous, l'ambiance est chaleureuse, positive et encourageante, ou froide, critique et décourageante ?

Les *éloges* sont un des éléments les plus importants pour avoir un bon climat — et une des façons essentielles d'approfondir l'amour.

D'aucuns ont avancé que l'amour grandit principalement de deux manières : premièrement, en faisant des choses agréables ensemble ; deuxièmement, en encourageant chez l'autre tel comportement que l'on apprécie. Je souhaiterais voir dans les livres, les magazines et à la télévision, davantage d'exemples positifs de ces moyens de faire grandir l'amour. Très rarement, cela m'arrive d'en trouver un. En voici un exemple, tiré du *Reader's Digest* :

> L'année dernière, ma femme et moi avons visité la Nouvelle-Angleterre en voiture. Un après-midi, nous nous sommes arrêtés dans une ferme où l'on vendait du cidre artisanal. Nous avons été accueillis par un vieux fermier et sa femme.
>
> Alors que nous sirotions notre cidre, le vieil homme a fait remarquer que sa femme et lui étaient mariés avec bonheur depuis près de cinquante ans. Puis il a ajouté : « Je crois que les meilleurs mariages sont en réalité des sociétés d'admiration mutuelle. Ma femme aime que je lui fasse un petit compliment de temps en temps — et moi de même. »

Ce brin de philosophie rurale m'a rappelé ce mot d'Oliver Wendell Holmes, qui décrit l'amitié comme étant « le jeu agréable qui consiste à échanger des éloges ». Et pourtant, combien font des éloges au conjoint qui est au volant une fois arrivés à bon port malgré les encombrements sur la route ? Et combien de maris font des éloges à leur femme quand elle s'est souvenue de recoudre un bouton de chemise ?

Les éloges apportent la chaleur et le plaisir dans la banalité du quotidien et transforment le brouhaha du monde en musique.

L'auteur poursuit en disant que nous devrions veiller à faire l'éloge d'au moins une chose par jour ; en effet, dit-il, « les éloges sont semblables à la lumière du soleil pour l'esprit de l'homme : impossible de s'épanouir et de grandir sans eux. »

Dieu a beaucoup à dire à propos des éloges : « Les discours agréables sont un rayon de miel, douceur pour l'âme et remède pour le corps » (Proverbes 16.24).

***

La plupart des livres sur l'amour, le mariage et l'amitié comportent un chapitre sur la manière d'édifier le moi de l'être aimé. On peut lire comment une épouse est censée encourager son mari, par exemple en soulageant la pression lorsqu'il est stressé, notamment en lui facilitant la tâche, en évitant de dramatiser les questions secondaires, en reportant les décisions risquant de susciter des disputes jusqu'à ce que la crise soit passée, et en résolvant seule et discrètement les problèmes ordinaires de la vie quotidienne concernant les enfants et la maison. Il lui faut apprendre à mettre l'accent sur le positif, à ne pas considérer que son mari fait partie du décor, à s'attaquer à l'acte et non à l'homme, et, surtout, à *écouter*.

Voici comment un auteur a exprimé cela : « La femme qui est capable de guérir les blessures de son mari, de lui donner le sentiment que, tout du moins pour *elle*, il est la personne la plus importante au monde, gagnera de sa part une gratitude éternelle qui lui vaudra des dividendes illimités pour le restant de sa vie conjugale. »

Vous avez déjà entendu tout cela. Vous avez peut-être même dressé des listes de choses à *faire*, comme par exemple : « Serrer mon (ma) chéri (e) dans mes bras plusieurs fois par jour. » Or je n'ai rien contre les listes. En fait, j'espère que vous en avez une et que vous puisez des idées à toutes les sources disponibles. Toutefois, ma question demeure : Avez-vous instauré le bon *climat* ? Pour créer un climat positif, vous devez prendre conscience que les éloges sont avant tout en eux-mêmes une *attitude* — attitude à l'égard de notre conjoint qui, à son tour, influence toute notre façon de voir.

J'ai personnellement grandi dans une maison qui respirait l'amour et l'encouragement, climat engendré principalement par ma mère. C'est seulement des années plus tard que je me suis rendu compte que c'était son *attitude* qui créait cette atmosphère. Je lui ai demandé un jour pourquoi elle ne s'était jamais plainte malgré des circonstances qui, je le savais, avaient dû être difficiles pour elle. « Enfin, Carole, s'est-elle exclamée, j'étais avec ton *père* ! »

Maman avait créé un tel climat d'éloges et de reconnaissance au sein de son couple que toute sa conception de la vie en était affectée.

Si le bon climat existe, les compliments et les éloges qui nourrissent le moi tels des rayons de soleil, brilleront naturellement. Ils étincelleront en privé et scintilleront en public — ce qui est également très important. En effet, les éloges ne doivent pas rester circonscrits derrière les portes de nos maisons. Il faut les claironner pour que le monde les entende. Pour citer le même auteur : « Il est une caractéristique qui distingue par-dessus toutes les autres les mariages qui durent : l'empressement des époux à témoigner publiquement en faveur l'un de l'autre. Si un époux fait de temps à autre des éloges en public indiquant qu'il est vraiment fier de son conjoint, rien de vraiment grave ne devrait arriver à leur union. »

Des éloges en privé. Des marques d'approbation en public. Et des marques d'affection constantes. Voilà ce qui constitue le climat chaud et ensoleillé dans lequel l'amour prospère et croît.

Vous vous dites peut-être que vous êtes d'un tempérament sérieux, calme et indépendant. Vous avez du mal à exprimer des éloges, encouragements ou compliments.

Désolée. Aucune excuse ne peut être acceptée.

Pourquoi ? Parce que, pour obéir à Dieu, nous devons nous édifier et nous encourager les uns les autres. Or non seulement Dieu nous apprendra *comment* le faire, mais il nous a donné son Esprit Saint pour nous aider à le faire — Celui dont il dit : « Mais le fruit de l'Esprit est : amour, joie, paix, patience, bonté, bienveillance, fidélité, douceur, maîtrise de soi » (Galates 5.22-23).

Si nous faisons triste mine par rapport à ce critère-là, c'est peut-être que nous ne sommes pas assez à l'écoute de Dieu, qui ne cesse de nous chuchoter à l'oreille : « Croissez dans la *grâce* et la connaissance de notre Seigneur Jésus-Christ » (2 Pierre 3.18).

CINQUIÈME PARTIE

NOTRE FAÇON DE VOIR LA VIE

21

Le verre est-il à moitié vide ou à moitié plein ?

LE PESSIMISTE OPPOSÉ À L'OPTIMISTE

JACK

Je suis tombé récemment sur un article écrit par l'acteur Kirk Douglas et je n'ai pu m'empêcher de faire une grimace de tristesse. Voici ce qu'il écrivait à propos de sa femme et lui : « Nous avons un tempérament très différent. Un jour, je lui ai dit : 'Toi, tu es toujours heureuse, sauf s'il arrive quelque chose qui te rend malheureuse. Moi, je suis toujours malheureux, sauf s'il arrive quelque chose qui me rend heureux. Et, même dans ce cas, je ne suis pas sûr d'être heureux.' »

Voici ce que dit un vieux dicton : « Le pessimiste voit la difficulté qui existe dans chaque possibilité, alors que l'optimiste voit la possibilité qui existe dans chaque difficulté. »

Le dictionnaire définit l'*optimisme* comme étant la doctrine selon laquelle le monde tel qu'il existe est le meilleur possible, selon laquelle le bien finit toujours par l'emporter sur le mal. C'est la tendance à être le plus confiant ou joyeux dans la vie, ou encore à s'attendre au meilleur aboutissement possible. C'est le fait de voir constamment le bon côté des choses.

Le *pessimisme* est la doctrine ou croyance selon laquelle le monde tel qu'il existe est le pire possible, selon laquelle le mal l'emporte sur le bien dans la vie. C'est la tendance à s'attendre au malheur ou au pire aboutissement en toutes circonstances. C'est le fait de voir constamment le mauvais côté des choses.

La plupart des pessimistes ne seraient pas d'accord avec cette définition. Ils se considéreraient plutôt comme des *réalistes*. Leur opinion des optimistes serait elle aussi différente. Ceux-ci font preuve à leurs yeux d'une naïveté béate ; ils n'abordent pas les choses de façon pragmatique.

Il nous faut connaître notre tendance générale et toutes les exceptions à celle-ci de même que celles de notre conjoint.

Si nous prenons les définitions du dictionnaire, Carole et moi allions les traits de caractère de l'optimisme et du pessimisme. Nous dirions tous les deux que le monde tel qu'il existe n'est pas si formidable que cela mais que le bien (Dieu) finira par l'emporter sur le mal (Satan). En revanche, le reste de la définition nous fait diverger. Nous sommes différents pour ce qui est d'être le plus confiant ou joyeux dans la vie, ou encore de s'attendre au meilleur aboutissement possible. Quant au fait de s'attendre au malheur ou au « pire aboutissement », cela dépend des jours et du sujet en question.

On pourrait croire que Carole, vu son tempérament extraverti et plutôt euphorique, serait l'optimisme personnifié et que moi, étant l'introverti plus sérieux, je serais le pessimisme même. Pourtant, ce n'est pas tout à fait aussi simple. Etant donné son imagination, son penchant pour les « si jamais... ? » et sa propension à prévoir l'avenir, Carole est bien souvent celle qui s'inquiète de l'aboutissement négatif d'une situation. Elle dira : « On est en retard ; on n'aura sûrement pas de place dans l'avion. » Moi, je dirai : « Ne t'en fais pas, il y aura de la place » (et c'est généralement ce qui arrive).

Elle dira : « Et si jamais personne ne nous attend à l'arrivée ? » ; moi, je dirai : « Tout ira bien. »

Moi aussi, je fais des projets d'avenir, tout en essayant de prévoir les problèmes éventuels — sur le plan financier, par exemple. Mais même si je les *prévois*, je ne m'*arrête* pas dessus. Je vis dans le présent tout en préparant l'avenir.

Carole se lève chaque matin en se demandant ce que la journée lui réservera. Moi, je me lève chaque matin.

Carole prend l'avion en étant tout excitée — ou angoissée. Moi, je prends l'avion.

Carole se creuse la cervelle en envisageant toutes sortes de possibilités. Mon esprit s'attache à résoudre les problèmes.

Quand Carole *déprime*, elle touche le fond. Je vous assure que, là, elle a *le cafard.* Dieu merci, cela ne dure en général pas très longtemps : quelques heures, tout au plus un jour ou deux, puis elle est de nouveau en pleine forme.

Il convient sans doute de dire que, par nature, Carole a généralement le moral, mais qu'en raison de son imagination fertile, qui lui fait prévoir toutes sortes de choses qui ne sont pas arrivées, il lui faut lutter contre des pensées démoralisantes.

En ce qui me concerne, j'ai un tempérament assez constant, sans grandes variations. J'ai tendance à voir la politique, l'air du temps, ce qui se passe dans notre monde, d'un œil pessimiste (je voudrais dire d'un œil *réaliste*). Mais demandez-moi si mon petit-fils va un jour servir le Seigneur avec zèle, être un leader exceptionnel ou un grand joueur de golf — alors, là, je suis le plus grand optimiste ! Demandez-moi si ma petite-fille va être une femme de Dieu, belle à voir et à connaître absolument, et je dirai : bien sûr ! Demandez-moi si Carole et moi allons vieillir heureux et en bonne santé, et je dirai : naturellement !

La plupart des gens ne sont pas plus conséquents que nous en matière d'optimisme et de pessimisme. Il n'en demeure pas moins nécessaire de vous examiner, vous et votre conjoint, afin de savoir quelle est votre disposition *générale*, puis quelle est votre disposition dans certaines situations plus particulières.

Nous ne devrions *jamais cesser d'apprendre*.

Il y a plusieurs années, en janvier, Carole et moi rentrions d'un voyage après deux semaines de ministère intense. Alors que nous faisions escale à l'aéroport de Dallas, nous avons été pris dans une des pires tempêtes de neige et de glace qu'on ait connu là-bas depuis des années. La température était de moins quinze degrés et l'aéroport était complètement perturbé par ce froid inhabituel. Les tramways ne circulaient plus, l'aérogare était glaciale, les pendules électriques avaient perdu la boule. Epuisés et en proie à des maux de tête, nous attendions dans le froid un bus qui devait nous transférer d'une aérogare à une autre.

Debout, les mains dans les poches et la tête baissée, je ne disais rien.

Carole était à côté de moi et, à côté d'elle, se trouvait une petite grand-mère qui se faisait un sang d'encre en se demandant si elle aurait sa correspondance. Carole s'est mise à l'encourager : « Ne vous en faites pas... tous les avions sont retardés... vous arriverez bien à temps... » Et de jacasser ainsi sans s'arrêter.

Au bout d'un moment, ses propos ont commencé à me déranger dans mes réflexions. J'ai sorti la main de ma poche, replié le poing et lui ai donné un petit coup sur la cuisse, ce qui revenait à dire : « Tais-toi. »

Elle a compris le message. (C'est à peine si elle a prononcé deux mots pendant le reste du voyage !)

En l'espace de quelques secondes, je me suis rendu compte que j'avais commis une erreur monumentale. Une fois dans le bus, j'ai donc passé le bras autour d'elle et lui ai dit : « Chérie, je suis désolé. Je ne pensais pas à toi. Pardonne-moi, s'il te plaît. » Elle a poussé un grognement évasif.

Dans l'avion qui nous ramenait chez nous, je lui ai fait de nouveau des excuses — peut-être deux ou trois fois — et en arrivant à la maison à deux heures du matin, nous nous sommes demandé mutuellement pardon et sommes allés nous coucher en paix. Nous avons pris l'habitude de ne pas laisser le soleil se coucher sur notre colère (Ephésiens 4.26), mais je dois avouer que, parfois, le soleil se couche *très* tard chez nous !

Nous constatons que la plupart des couples se contentent d'en rester là. Ils ne veulent surtout pas revenir sur le sujet et risquer une autre altercation et de nouvelles excuses. C'est fini ! Et de pousser mentalement un soupir de soulagement.

Pourtant, si nous réagissons ainsi, nous laissons passer une des occasions les plus riches que la vie nous donne d'apprendre qui nous sommes, nous et notre conjoint.

Le lendemain matin, après une bonne nuit de repos, nous sommes donc retournés en paroles à l'aéroport de Dallas et avons discuté en détail de ce qui s'était réellement passé.

Tandis que nous examinions nos sentiments de la veille et la manière dont nous avions réagi face à ces sentiments, nous avons découvert quelque chose de nouveau sur nous-mêmes.

Au moment de l'incident, nous ressentions tous les deux à peu près la même chose : douleurs, fatigue, agacement, froid. Pourtant, nos réactions furent totalement différentes.

Tout en discutant, nous nous sommes aperçus que, dans une situation pénible, la réaction de Carole est une *gaieté forcée.* Lorsqu'elle ne se sent pas bien, elle se force à être gaie. Elle le fait notamment en trouvant quelqu'un à réconforter, à égayer — dans ce cas-là, la petite grand-mère.

Moi, en revanche, je réagis en me repliant sur moi-même : la tête baissée, les mains dans les poches. Pourquoi ? Eh bien, parce qu'au fond je suis quelqu'un qui cherche à résoudre les problèmes. (Ma fille m'a dit plus d'une fois : « Papa, si tu n'avais pas de problème à résoudre, tu en trouverais un. » Il ne fait aucun doute qu'elle a raison.) Ainsi, à l'aéroport de Dallas ce soir-là, j'étais en train d'avoir une conversation imaginaire avec le directeur de l'aéroport et *nous* étions en train de résoudre ce problème qui se posait à *nous* à savoir comment faire en sorte que les avions soient à l'heure, les pendules réparées et le chauffage remis en marche. Or quand je suis absorbé par la résolution d'un problème, je n'aime pas être dérangé !

Cela dit, nous n'avons pas découvert cela en cinq minutes. Nous avons dû demander à Dieu sa sagesse afin d'en prendre conscience personnellement et de nous rendre assez vulnérables l'un à l'autre pour pouvoir en discuter à fond. Il nous a fallu faire des *efforts* pour nous connaître personnellement et ensuite pour nous comprendre l'un l'autre. Nous avons discuté pendant deux heures, peut-être, avant de comprendre quel était notre mode de fonctionnement respectif.

Ensuite, Carole a posé la question-piège : « Bon, la prochaine fois, je ferai de mon mieux pour être moins bavarde dans une situation comme celle d'hier soir. Mais, si je n'y arrive pas, que dois-je faire ? »

Messieurs, quand on vous pose une question comme celle-ci, prenez le temps de mûrement réfléchir ! Finalement, j'ai répondu en toute sincérité : « Chérie, je veux que tu sois naturelle. »

Et ça n'a pas raté : environ trois mois plus tard, nous nous sommes retrouvés dans une situation semblable. J'étais là, la tête baissée, les mains dans les poches, perdu dans mes réflexions. Il y avait Carole et, à côté d'elle, un garçon d'une douzaine d'années qui était perdu ! Et voilà qu'elle s'est mise à le réconforter... et le réconforter... et le réconforter. Finalement, ses paroles ont commencé à entamer ma concentration. Cependant, au lieu de m'énerver, je me suis souri à moi-même et j'ai dit intérieurement : « Vas-y, chérie. Montre-lui ! »

Parce qu'*à présent, je comprenais.*

La détermination de Carole à être gaie dans des circonstances difficiles donne parfois l'impression que c'est elle l'optimiste. En soi, cela importe peu. L'important, c'est que chaque conjoint comprenne les réactions de l'autre et lui fasse le don de l'accepter. La vie elle-même nous donne de nombreuses occasions de comprendre, de partager, de rire ensemble de situations agaçantes... et, si nous le voulons bien, d'apprendre.

Il est impératif de *se tourner vers la Parole de Dieu* afin de trouver l'équilibre.

Est-ce que tout vous semble noir ? Est-ce que, comme Kirk Douglas, il faut un déclic externe pour vous rendre heureux — et, même dans ce cas, vous n'êtes pas sûr d'être heureux ? Ou bien est-ce que vous avez peur d'affronter le côté noir de la vie ? Peut-être que vous refusez de regarder franchement les situations désagréables ou repoussantes, et que vous êtes inflexible dans votre refus de boire entièrement la coupe de douleur que Dieu a permise dans votre vie.

Bien que nous soyons créés avec des tempéraments et des tendances distincts concernant notre manière de voir la vie, nous ne sommes pas voués à tomber dans tel ou tel excès — d'ailleurs, nous ne le *devrions* pas. Dieu dit que nous devons être sérieux, sobres, forts et sages. Mais nous devons aussi prendre plaisir à certaines choses, rire, être pleins d'espoir et nous *réjouir.* C'est un commandement qu'il nous adresse à maintes reprises. « Réjouissez-vous toujours dans le Seigneur ; je le répète, réjouissez-vous » (Philippiens 4.4).

Nous pouvons, comme David, nous fortifier [ou nous encourager] en l'Eternel. Mais, à d'autres moments, Dieu se sert de notre conjoint pour nous encourager et nous aider.

William Barclay a écrit dans son commentaire sur l'épître aux Hébreux :

L'un des plus éminents devoirs de l'homme est le devoir d'encourager. Il est facile de se moquer des idéaux des hommes : il est facile de refroidir leur enthousiasme ; il est facile de décourager les autres. Le monde est rempli de gens prompts à décourager. Nous avons le devoir chrétien de nous encourager les uns les autres. Bien des fois, une parole d'éloge, de remerciement, de reconnaissance ou de réconfort a permis à un homme de rester debout. Heureux l'homme qui prononce une telle parole.

Voici ce que Carole a écrit récemment après avoir assisté à une conférence :

La première chose que je vis fut son sourire radieux, alors qu'elle était assise dans l'auditoire. Il resplendissait. Il encourageait.

La deuxième chose que je remarquai à son sujet fut le fauteuil roulant.

La troisième chose fut qu'elle n'avait pas de jambes.

Après la réunion, je l'abordai et, comme nous discutions, je découvris que sa situation était assez récente. Diabétique, elle s'était coupé les ongles des pieds trop court, ce qui avait provoqué une infection et entraîné la gangrène, à la suite de quoi elle avait perdu les deux jambes. Elle était aussi en train de perdre la vue.

Mais quel sourire ! Rien n'avait effacé son sourire.

Je le lui fis remarquer en disant :

— Ce doit être très difficile de sourire quand on est passé par tant de souffrance.

— Oh, m'a-t-elle répondu d'une voix douce, mais *Dieu* n'a pas changé.

Pendant tout le week-end, le sourire de cette femme m'a bénie et encouragée jusqu'au tréfonds de l'âme.

Que vous soyez par nature un optimiste ou le plus endurci des pessimistes, Dieu commande *à la fois* le sérieux et la joie. Nous devons *en même temps* être sérieux à propos de ce qu'il déclare sérieux et joyeux dans notre attitude à l'égard de la vie.

Etre quelqu'un qui encourage n'est pas un choix. Etre « sobre » est une nécessité.

A un degré ou à un autre, *chacun* de ces attributs est demandé à *chacun* de nous. Voilà l'équilibre — un équilibre qui signifie :

... être réaliste dans notre optimisme et joyeux dans notre pessimisme.

... regarder la vie droit dans les yeux et néanmoins se *réjouir* !

Y êtes-vous prêt ?

22

Tu appelles ça des vacances ?

LES DIVERGENCES D'INTÉRÊTS ET DE COMPORTEMENTS SOCIAUX

CAROLE

Les vacances sont révélatrices.

Il paraît que beaucoup de couples décident de divorcer après avoir passé des vacances à deux.

Je crois comprendre pourquoi. En effet, passer des vacances en couple revient à être ensemble littéralement chaque seconde, et ce pendant des journées entières et plusieurs jours de suite. Même les amitiés les plus solides risquent de ne pas sortir indemnes d'un tel régime.

Mais voilà que, récemment, nous avons découvert que les vacances ont un autre type d'avantages. Elles offrent l'occasion, par ailleurs inespérée, aux différences — et surtout aux divergences d'*intérêts* — de se manifester, chose qui ne se révélerait peut-être jamais de manière aussi criante dans la précipitation et l'affairement de la vie quotidienne.

Un voyage en Angleterre que nous avons fait il y a peu m'a laissée songeuse.

En se documentant avant le voyage, Jack était tombé sur un article qui faisait mention d'un livre où étaient indiqués quelques terrains de golf situés hors des sentiers battus. Jack s'était dit qu'il valait peut-être la peine de consulter ce livre, mais il s'était avéré impossible de se le procurer aux Etats-Unis.

Et c'est ainsi que nos investigations débutèrent.

Nous avions quelques jours pour nous promener à la découverte des villes au charme vieillot du Devon et nous avons eu tôt fait d'instaurer un petit rituel. A notre hôtel ou notre chambre d'hôtes, nous cherchions dans l'annuaire l'adresse d'une librairie située dans les environs. Ensuite, nous nous aventurions dans le labyrinthe des rues sinueuses et nous nous mettions patiemment à la recherche d'une place de stationnement quasiment introuvable. Après avoir demandé notre chemin à plusieurs personnes, nous étions grisés par un sentiment de victoire lorsque nous repérions enfin la librairie.

Ayant exploré les librairies de plusieurs villes, nous en avons déduit que le livre était épuisé. Mais ce ne fut pas la fin de l'histoire. Un bouquiniste nous suggéra d'aller voir à la bibliothèque de la ville. Après de longues recherches supplémentaires pour localiser le bâtiment dans un dédale de ruelles, nous sommes tout juste parvenus à nous glisser dans un emplacement de parking situé plusieurs rues plus loin. Pendant trois quarts d'heure, le bibliothécaire essaya de mettre la main sur le livre, mais quelqu'un ne l'avait pas replacé au bon endroit et il restait introuvable. Néanmoins, cette escale nous valut le nom de l'éditeur et la date de publication de l'ouvrage.

Entre-temps, Jack avait décidé de solliciter l'aide d'un bouquiniste, mais un coup de téléphone à l'autre bout du pays pour le joindre ne donna rien — sinon l'information que le fameux livre était désormais un « article de collectionneur » et que si d'aventure nous en trouvions un exemplaire, il coûterait une fortune !

Signalons quand même que nous étions *en vacances.* En d'autres circonstances, Jack n'aurait pas pris tout ce temps. J'ai néanmoins appris quelque chose de nouveau à propos de cet homme en compagnie duquel j'ai passé les deux tiers de ma vie. Non seulement il a des tendances de limier, mais il a trouvé *amusant* de fureter partout à la recherche de cette information. (Heureusement, moi aussi — mais pour des raisons différentes. En ce qui me concerne, j'ai trouvé amusant de *le* regarder s'amuser ainsi.)

Lorsque je lui ai demandé pourquoi il se donnait tant de mal pour un livre qu'il n'était même pas sûr de vouloir *lire* au cas où il le trouverait, il m'a répondu : « Quand j'en ai le temps, j'aime bien relever ce genre de défi. »

Vous comprenez ce que je veux dire à propos des vacances ?

Sincèrement, cette recherche aurait pu m'*exaspérer* si je n'avais pas tant aimé ce garçon ! (Et aussi si, de son côté, il ne se pliait pas à *mes* petits caprices en vacances !)

Ça, oui. Les vacances sont très révélatrices de nos intérêts divergents.

Une femme qui aime jouer au golf, faire de la randonnée et du tourisme épouse un homme qui aime feuilleter des livres poussiéreux chez les bouquinistes.

Un homme qui aime les bois, les chambres d'hôtes et les promenades sous la pluie épouse une femme qui veut avoir le plaisir de se faire chouchouter dans un immense hôtel d'une station touristique.

Une entreprenante épouse un contemplatif.

On pourrait continuer comme ça longtemps.

Comment faire la paix quand on a des intérêts opposés ? Je veux parler d'intérêts *extrêmement* divergents ?

L'élément clé est sans aucun doute le respect. On ne peut exagérer l'importance de cet aspect du problème.

Dans un article intitulé « Le cœur de chaque mariage réussi », Anne Gottlieb écrit : « Le respect n'est pas inclus dans les vœux de mariage. Il n'existe pas de livres illustrés montrant comment y parvenir. Et pourtant, il est au centre de tout mariage durable et satisfaisant. »

Voici ce qu'elle dit plus loin :

> Quelle est cette chose qu'on appelle le respect ? Ce n'est pas la même chose que l'admiration. « Quand on tombe amoureux, on *admire* l'autre, dit le Dr Alexandra Symonds, professeur de psychiatrie à l'université de New York. On a une profonde *estime* pour cette personne — *estime* qui ressemble grandement à *celle* d'un enfant qui idéalise un parent.
>
> « J'ai une patiente dont le mari aime le sport, et particulièrement le tennis, raconte le Dr Symonds. Elle, par

contre, préférerait aller au théâtre ou rester à la maison et lire. Elle pourrait simplement dire : 'Nous avons des goûts différents.' Mais au lieu de cela, elle dit : 'Comment peut-il gaspiller son temps et son argent de cette manière ?' Elle le dénigre. »

Le dénigrement est le symptôme majeur — et l'arme principale — du manque de respect, ou du mépris.

(...) Le respect est donc le fait d'apprécier la *particularité* de l'autre, les différentes manières dont il ou elle est unique.

J'ai bien l'impression que le véritable respect et la critique s'excluent l'un l'autre. Je peux ne pas être d'accord avec vos choix ou vos idées, mais si je *vous* respecte, je respecterai aussi ces choix et ces idées.

Le deuxième élément indispensable est le compromis.

Compromis est un mot nécessaire et beau dans une relation entre deux personnes différentes qui s'aiment et veulent continuer de grandir dans cet amour. Chacune doit s'adapter. Chacune doit faire des concessions pour que l'amour et l'harmonie puissent s'épanouir.

On m'a demandé un jour si Jack et moi avions dû *apprendre* à passer des vacances ensemble. J'ai d'abord répondu en disant : « A ce stade de notre vie, je ne sais même pas vraiment. » Mais en continuant de discuter, je me suis rendu compte qu'en effet, il nous avait bien fallu l'apprendre. Cependant, les concessions que nous avons faites au fil des années ont énormément amélioré nos vacances ensemble.

Je suis celle qui rassemble tous les dépliants sur ce qu'il y a à voir, faire, acheter et visiter. Et je suis du genre à vouloir *tout* voir et *tout* faire.

Jack, qui a minutieusement organisé le voyage en avion, la location du véhicule et l'hébergement, veut ensuite (1) se détendre et (2) jouer au golf. Les visites touristiques et les innombrables activités proposées arrivent loin derrière sur sa liste.

Et puis il y a l'inévitable shopping — en bonne position sur ma liste et carrément absent de la sienne.

Comme vous le voyez, nos intérêts étaient différents — et le sont encore dans une certaine mesure — dans notre manière d'envisager un temps de vacances. Mais comme nous nous aimons, nous voulons que l'autre apprécie vraiment ce moment et nous avons donc découvert, au fil des années, la joie de faire des concessions.

A présent, lorsque nous sommes en voyage, je sélectionne deux ou trois choses à voir et à faire absolument et j'en parle dès le départ à Jack. Je lui parle également d'autres choses que j'*aimerais* faire au cours de la semaine, mais celles-ci sont négociables.

Ensuite, après bien des émotions, des larmes et des frayeurs, j'ai aussi appris à jouer au golf ! Pas seulement à y jouer, mais à l'*apprécier* ! Oh, je n'y jouerai jamais *bien*, étant donné que je ne suis pas du tout sportive, mais, à présent, j'y trouve vraiment du plaisir. D'ailleurs, c'est un des rares sports pour lequel on peut avoir des aptitudes très différentes et néanmoins avoir du plaisir à jouer ensemble.

Il y a bien sûr des jours où je dirai « Je vais juste t'accompagner sans jouer ce matin » ou « Vas-y sans moi parce que je dois faire des courses » (ou de la lecture, ou du travail), mais cela n'arrive pas souvent parce que nous aimons être ensemble même si nos intérêts sont différents.

Parfois, ce n'est même pas une question de *préférence*, mais plutôt d'aptitudes différentes concernant telle ou telle activité. Par exemple, je suis capable de voir plus de choses que Jack. Il se lasse plus vite que moi en contemplant de magnifiques paysages, couchers de soleil, fleurs, etc. Par contre, il supporte mieux que moi les terrains de golf et les sports à grand public. Et puis il y a le shopping...

Pour finir, nous avons constaté qu'au milieu des passe-temps individuels, il est impératif de *cultiver de plus en plus d'occupations en commun.*

Je vois souvent le mariage comme deux cercles qui se chevauchent. Deux individus entiers et accomplis s'unissent et, parfois, surtout au début, seule une petite partie de leur vie coïncide.

Certains couples se contentent — et sont même heureux — d'avoir deux vies qui se chevauchent peu. Voici à quoi ressembleraient leurs cercles :

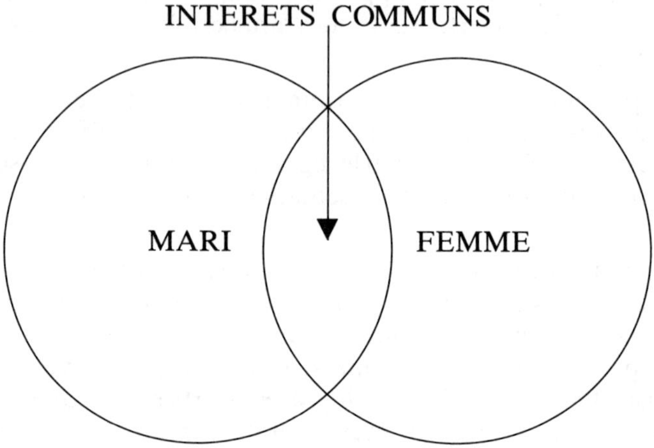

En revanche, pour les couples qui veulent approfondir leur degré d'intimité et de camaraderie, leurs cercles doivent coïncider de plus en plus, à mesure que les années passent, et avoir cet aspect :

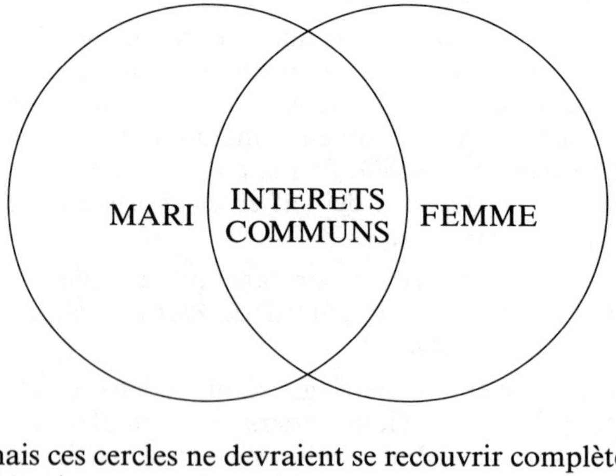

Jamais ces cercles ne devraient se recouvrir complètement et devenir identiques. Chaque conjoint a et devrait avoir des intérêts distincts qu'il met à contribution en vue du développement et du bonheur global de son couple. Mais plus le degré de chevauchement est grand et plus nous œuvrons pour cultiver des activités de prédilection communes qui *garantissent* ce chevauchement, plus nous parviendrons à avoir une relation profonde et intime.

Le Dr Willard Harley, psychologue clinicien diplômé, observe :

> Je définis un besoin comme étant ce qui procure à la personne un plaisir intense quand quelqu'un l'accomplit pour elle. J'ai découvert que, chez la femme, les besoins fondamentaux sont : l'affection, la conversation, l'honnêteté et la franchise (une base de confiance solide), la satisfaction des besoins financiers (assez d'argent pour vivre confortablement) et l'attachement à la famille (son mari doit être un bon père).
>
> Chez l'homme, les cinq besoins fondamentaux sont : la satisfaction sexuelle, la camaraderie dans les loisirs (le fait que sa femme prenne part à ses activités de loisirs), une épouse séduisante (qu'elle essaie d'être toujours aussi belle que possible), le soutien à la maison (qu'il trouve paix et tranquillité chez lui) et l'admiration.

Il est intéressant de noter que, selon le Dr Harley, le deuxième besoin de l'homme est la « camaraderie dans les loisirs ».

Le Dr Lois Leiderman Davitz souligne ce désir de l'homme dans un article sur les raisons qui poussent les hommes à divorcer. On demanda à quatre cents hommes divorcés âgés de vingt à quarante-cinq ans comment ils expliquaient que leur mariage n'ait pas tenu. L'argent (mentionné par cinq pour cent d'entre eux), la sexualité (quarante-neuf pour cent indiquèrent que des problèmes sexuels y avaient contribué) et l'éducation des enfants (quarante-deux pour cent) figurèrent dans les réponses, mais pratiquement tous les hommes interrogés citèrent comme déterminante dans la rupture de leur relation l'*absence de camaraderie*. Sans exception, ces hommes avaient le sentiment que leur mariage s'était désagrégé parce que la relation d'amitié avec leur épouse avait cessé d'exister.

Le Dr Davitz poursuivait en disant :

> La camaraderie a une signification très particulière pour les hommes. Un camarade est quelqu'un avec qui l'on partage des activités que l'on aime pratiquer. Or les réponses données par ces hommes dont le mariage s'était soldé par un échec indiquaient que la quasi-totalité d'entre eux partageaient très peu d'activités avec leur épouse. (...) Presque sans exception, ces hommes firent part de leur profond désir d'avoir une femme qui soit une amie. « Je voulais que mon ex fasse des choses avec moi, montre de l'intérêt pour ce que j'aimais faire, raconta l'un d'eux, âgé de 36 ans. Elle avait horreur de ma moto et elle m'accusait d'en faire un moyen d'évasion pour être avec mes copains. Je voudrais qu'elle sache que mon amie actuelle a sa propre Honda. »
>
> Ces hommes indiquèrent tout aussi clairement ce que la camaraderie n'est pas. Ce n'est pas la sexualité, même si la camaraderie peut susciter le désir d'avoir des rapports sexuels. Ce n'est pas faire des activités « en parallèle », comme par exemple être assis l'un à côté de l'autre et regarder la télévision. Ce n'est pas forcément faire des sorties avec les enfants. Beaucoup se plaignirent de ce que toute la famille participait invariablement aux activités de loisirs qu'ils pratiquaient avec leur épouse.

Un grand nombre de femmes n'ont jamais réfléchi *sérieusement* à ce qui constitue la camaraderie, ou même l'amitié, pour leur mari, ni à la manière dont il définit la communication. L'épouse se fait souvent des amies sur la base d'une communauté de sentiments, alors que lui se fait des amis sur la base d'une communauté d'activités. (Notez la définition que donne le Dr Davitz du compagnon : « Quelqu'un avec qui l'on partage des activités que l'on aime pratiquer ».) Son meilleur copain sera son associé en affaires ou son partenaire au tennis le week-end.

Pour elle, la communication implique un partage de cœur à cœur. Pour lui, c'est discuter de ce qui a été fait ensemble.

Pour cette raison, un certain conseiller indique que, lorsque la situation semble devenir délicate, la femme doit faire un effort supplémentaire pour faire des choses *avec* son mari. Il recommande d'essayer de consacrer *chaque jour* du temps à une activité qui plaît aux deux.

Et il faut aussi *rire* ensemble ! Les hommes divorcés qui furent interrogés indiquèrent à maintes reprises qu'ils s'amusaient moins d'une fois par mois avec leur épouse.

Comme certaines femmes ne comprennent pas comment leur mari se fait des amis et les considère, elles ne voient pas l'importance d'apprendre à aimer ce que leur mari aime faire. Certaines disent : « Je ne peux pas. » D'autres : « Pourquoi le devrais-je ? » D'autres encore : « Qu'est-ce que ça change ? »

Je crois que le Dr Harley et le Dr Davitz répondent aux deux dernières questions. Quant à la première, c'est Dieu qui y répond.

Je me demande souvent si les femmes qui affirment ne pas pouvoir en ont jamais réellement fait un sujet de prière. Pour ma part, je me raccroche au principe selon lequel Dieu ne nous donne jamais un commandement sans nous donner les moyens de l'appliquer. Or ce n'est pas notre mari qui dit : « Femmes, adaptez-vous chacune à votre mari » (Ephésiens 5.22 — c'est un des sens du terme grec traduit généralement par « soyez soumises »). C'est *Dieu.*

Je suis convaincue que Dieu a donné aux femmes une capacité sans pareille de *s'adapter*, de changer. Cependant, nous lui demandons rarement son aide dans ce domaine.

Je dois vous faire un aveu : j'ai beaucoup prié pour passer du statut de spectatrice à celui de participante en sport. Je n'apprécie pas plus l'humiliation que n'importe qui d'autre ! (Et *pourtant*, je dois quand même me répéter : « Carole, ta valeur personnelle ne dépend pas de tes aptitudes au golf ! » — si c'était le cas, je ne vaudrais *rien* !)

Lorsque Jack et moi nous sommes rendu compte pour la première fois que l'un des plus gros points faibles de notre couple était l'intimité dans les loisirs, nous avons cherché un sport que nous puissions pratiquer ensemble et avons choisi le tennis. Jack avait fait du tennis au lycée ; quant à moi, je n'avais jamais eu ma propre raquette.

J'ai dû alors demander deux choses dans la prière : premièrement, que ce sport me plaise — car je savais que jamais je ne persévérerais si j'en avais horreur. Deuxièmement, que je sois assez douée pour ne pas nous faire honte à tous les deux.

Dieu a exaucé ma prière. Ce sport m'a beaucoup plu ! Et, à force de cours et d'entraînement, j'ai atteint un niveau me permettant de faire des parties tout à fait honorables en double mixte avec Jack. Cela nous a procuré un nouveau centre d'intérêt, tant et si bien que nous avons tous les deux pris goût à regarder le tennis professionnel.

Puis Jack s'est blessé le genou (qui avait conservé une faiblesse à la suite d'un accident de ski) et il n'a plus pu jouer au tennis.

J'ai dû alors me mettre au golf. Il m'a fallu demander les deux mêmes choses au Seigneur, et il m'a exaucée — enfin, tout du moins pour la première.

S'il est capable de le faire pour moi, chères épouses, il est capable de le faire aussi pour vous !

Par conséquent, n'arrêtez pas d'apprendre. Ne cessez pas de progresser. Je crois que, tous les deux ou trois ans, nous devrions ajouter à notre vie un nouveau centre d'intérêt *encore inexploré*. Ce peut être un violon d'Ingres, un cours suivi ensemble, un sport, un jeu de société, un nouvel engagement spirituel comme par exemple la prise en charge commune d'une classe d'école du dimanche.

Il va de soi que cela marche dans les deux sens. Le mari devrait lui aussi apprendre à apprécier ce qu'aime faire sa femme. Chacun des conjoints devrait s'efforcer d'élargir son horizon.

Je dois avouer qu'il y a certaines choses auxquelles j'aurais plus de mal à m'adapter que d'autres. Je suis contente que Jack ne soit pas chasseur. Je suis aussi contente qu'il n'aime pas regarder le catch. (Quelle horreur !)

Cela dit, je suis convaincue que si d'aventure il aimait *même* ces choses-là, Dieu pourrait m'aider à les apprécier. Après tout, c'est Dieu qui m'a fait devenir la femme de Jack et, par conséquent, il peut nous aider chacun à nous accorder l'un à l'autre.

Mais, bien sûr, il reste le shopping...

23

Quand on échange les rôles

LES DONS SPIRITUELS DE LA MISÉRICORDE ET DE LA DIRECTION

JACK

— Maman, demanda un petit garçon, qu'est-ce qu'on dit quand on se marie ?

— Oh, répondit spontanément sa mère, on dit par exemple qu'on promet de se respecter et de s'aimer.

Fronçant très légèrement les sourcils, l'enfant dit alors d'une voix lente :

— Alors... alors, on n'est pas *toujours* marié, si ?

Si le respect de ses vœux de mariage était le critère retenu, la plupart d'entre nous seraient dans une bien mauvaise passe ! Et si nous ne nous respectons et aimons pas toujours, c'est peut-être parce que nous ne comprenons pas quels sont les dons spirituels de notre conjoint.

On pose de multiples questions en la matière : Les dons spirituels sont-ils tous répartis de manière uniforme entre les hommes et les femmes ? Ou bien les hommes possèdent-ils plus souvent le don de l'administration et de la direction, et les femmes plus souvent celui de l'aide ? Un homme peut-il avoir le don de la miséricorde et être malgré tout un puissant dirigeant ? Une femme peut-elle avoir le don de la direction et être quand même une aide pour son mari ?

Notre but n'est pas d'explorer toutes les crevasses qui se cachent dans le paysage des dons spirituels. Nous souhaiterions néanmoins explorer deux domaines qui risquent de semer la confusion et semblent créer des problèmes plus fréquemment que le reste de la question. Il s'agit du don de la miséricorde chez les hommes et du don de la direction chez les femmes.

Le don de la miséricorde chez les hommes

Vous qui êtes un mari, si vous possédez le don de la miséricorde, vous avez entre les mains un don inestimable. Vous vous identifiez à ceux qui souffrent, compatissez aux problèmes des autres, éprouvez les mêmes sentiments et êtes sensible à des besoins que d'autres ne remarqueront peut-être pas. Vous êtes souvent tendre, bon et pacificateur, et Christ vous a appelé bienheureux.

Cela dit, traitez votre don avec prudence ainsi qu'avec un respect mêlé de crainte. Remerciez Dieu pour ce don, mais comprenez bien que tout don, s'il n'est pas utilisé avec sagesse, a le potentiel de détruire. Et peut-être *surtout* le vôtre.

Etant un pacificateur, il se peut que vous redoutiez d'affronter, d'exercer la discipline et de corriger. Il se peut que vous réagissiez mal aux sentiments négatifs et que vous ayez tendance à éviter les conflits, quels qu'en soient le genre, le mode et le lieu.

Cependant, même si la nécessité occasionnelle d'affronter continue de vous poser problème, ne vous désespérez pas. Vous avez le Saint-Esprit qui vous donnera la force d'agir comme il le faut — et Dieu vous a sans aucun doute donné une épouse possédant un don qui contribuera à compenser ce qui vous manque dans d'autres domaines de la vie.

Néanmoins, considérez votre don avec beaucoup de soin et de prudence. Demandez tout de suite à Dieu de vous aider à prendre quelques *résolutions.*

Premièrement, prenez la *résolution* d'apprendre à corriger le cas échéant, d'affronter si besoin est, d'exercer la discipline lorsqu'il le faut et de faire l'effort de venir à bout des conflits *même si vous avez horreur de cela.*

Deuxièmement, prenez la *résolution* d'utiliser votre don dans la limite de deux paramètres. Votre champ d'action doit en effet être délimité par deux frontières essentielles : vous devez faire preuve de la plus grande prudence pour vous garder de l'épuisement psychologique ou des compromissions sentimentales.

L'épuisement psychologique survient lorsqu'on se donne tellement sur le plan émotionnel que l'on n'a plus guère ou plus du tout de ressources pour soi ou ses bien-aimés. Cela peut entraîner la dépression et l'exténuation.

Les compromissions sentimentales ont des conséquences pires encore.

Les yeux pleins de larmes, une épouse nous a raconté : « Mon mari, qui exerce un ministère à plein temps, a des entretiens de relation d'aide avec des femmes qui ont des problèmes. A trois reprises ces dernières années, il est devenu tellement attaché sentimentalement à certaines de ces femmes, que cela a failli détruire notre mariage et son ministère. »

Maintes et maintes fois nous entendons cet argument : « Il n'y a rien de physique entre nous. Qu'est-ce que cette relation peut bien avoir de mauvais ? Cette personne est mon amie et elle a besoin de mon soutien. »

Il y a de grands risques de tomber dans une relation sentimentale avec une personne du sexe opposé. Ce qui démarre comme une amitié ayant pour but d'aider se transforme souvent en compromissions sentimentales qui conduisent à la destruction et au désespoir. Le danger est particulièrement grand chez ceux qui ont le don de la miséricorde.

Un responsable chrétien nous a dit récemment avoir interviewé plus de deux cents pasteurs et serviteurs de Dieu à plein temps qui étaient tombés dans l'adultère. Il nous a époustouflés en indiquant : « Un des dénominateurs communs les plus répandus parmi ces hommes qui ont eu une liaison est que, dans plus de quatre-vingts pour cent des cas, cette liaison s'est développée à la suite d'entretiens de relation d'aide avec cette même femme. »

Par conséquent, vous les hommes, prenez une *résolution* : soyez très *prudents* dans vos entretiens avec des femmes. Pour certains d'entre vous, il se peut qu'il faille prendre la résolution de ne *jamais* pratiquer de relation d'aide avec des femmes, ou uniquement en présence de votre épouse. Notre ami qui avait mené cette enquête rappelait qu'en Tite 2, Paul exhortait Tite à instruire les vieillards et les jeunes gens, ainsi que les femmes âgées, afin qu'elles transmettent *elles-mêmes* aux plus jeunes l'enseignement qu'elles avaient reçu de sa part (Tite 2.3-4). Tite ne devait pas instruire lui-même les jeunes femmes. Quelle parole de prudence ! Quant à son instruction des « femmes âgées », elle ne se faisait sûrement pas en cours individuels.

Un homme possédant le don de la miséricorde peut être un dirigeant compétent dans sa famille et dans l'église, un dirigeant fort, sensible et attentif. Certes, il aura besoin d'une aide supplémentaire de Dieu afin d'acquérir la capacité de prendre des positions fermes, d'affronter et de discipliner, mais il est probable qu'il exercera la discipline avec amour. Néanmoins, il lui faudra se souvenir de ses résolutions car de fréquents dangers l'attendent : l'épuisement de ses ressources personnelles, le manque d'attention consacrée à sa famille et le grand piège des compromissions sentimentales.

J'espère que vous, qui êtes mariée à un homme possédant le don de la miséricorde, vous ne vous désespérez pas. Certes, il se peut que vous ayez une attitude plus énergique que votre mari pour faire face à certaines tâches ou certains défis concernant la scolarité des enfants ou la maison (dans le cas, par exemple, d'un représentant obstiné). Il se peut que ce soit vous qui insistiez pour faire l'effort de venir à bout des sujets conflictuels alors même que les sentiments sont exacerbés. Il n'en demeure pas moins essentiel que vous compreniez bien quel est ce don que Dieu a fait à votre mari. Considérez attentivement son caractère réfléchi, sa sensibilité envers vous et autrui, sa capacité de s'identifier à vous, la bonté et la douceur de sa personne. Ensuite, louez Dieu pour ces traits de caractère. Le fait que votre mari ait le don de la miséricorde ne signifie pas qu'il a des carences en matière d'autorité. D'ailleurs, selon toute probabilité, Dieu vous a pourvue de dons qui vous permettent d'être une aide et un complément pour votre mari — peut-être même du don de l'exhortation ou de l'administration.

C'est souvent ainsi que Dieu nous assortit. Espérons que nous avons effectivement reçu des dons différents, afin de pouvoir être en tant que couple bien plus que nous ne pourrions être seuls. Cependant, si nous ne comprenons pas les dons spirituels que nous avons reçus respectivement et ce qu'ils impliquent, nous parvenons souvent à des conclusions erronées et douloureuses.

Le don de l'organisation ou de la direction chez les femmes

L'autre point que nous voulons examiner est la question des femmes qui ont le don de la direction et de l'organisation.

Certains hommes aimeraient que les femmes aient des dons uniquement parmi ceux qui sont invisibles. Pour eux, il est acceptable qu'une femme ait le don du service. Ils ne voient aucun inconvénient à ce qu'elle prépare des repas pour les voisins, qu'elle garde les malades, propose de conduire un (e) ami (e) à l'aéroport, bref, qu'elle soit disponible pour aider de multiples manières (enfin, à condition que cela ne perturbe pas les projets du mari). Selon eux, le don de l'hospitalité chez les femmes n'est pas seulement approprié, il est convoité. D'ailleurs, ils comptent bien qu'elles aient aussi le don de l'encouragement, celui de la miséricorde, celui de répondre aux besoins des autres — peut-être même le don de la sagesse, s'il ne se voit pas trop. Le don de la foi ? Disons qu'il est acceptable si elles ne font pas trop de remous et ne donnent pas aux hommes un sentiment d'infériorité.

Mais qu'en est-il si une femme a le don de la direction ? De l'enseignement ? De l'administration ? Que se passe-t-il alors ?

Je suis convaincu de tout mon cœur qu'une des responsabilités du mari est de connaître les dons de sa femme et de l'aider à les cultiver et les mettre au service de Christ et de son Eglise. Dieu n'a pas créé les femmes et ne leur a pas fait des dons uniquement pour qu'elles servent *leur mari*. Garder ces dons cachés derrière les murs de nos maisons, les fouler aux pieds et les écraser, déclarer qu'ils ne sont pas valables parce que trop visibles, tout cela revient à voler Dieu, le corps de Christ, *et* sa propre épouse. Notre tâche est d'aider notre femme à trouver la volonté de Dieu concernant l'utilisation de ses dons. *Si nous ne le faisons pas*, en tant que chefs de notre foyer, nous commettons un *péché*.

Bien sûr que nous devons protéger notre épouse. Certes, nous devons la guider. Mais, messieurs, nous devons la *laisser libre d'agir au milieu d'un monde nécessiteux.*

Certaines épouses ont le don de l'organisation. Elles sont capables de gérer un tas de choses, qu'il s'agisse des comptes et du budget, d'une conférence pour cinq cents personnes, d'un cours biblique d'été à la journée, d'activités d'église ou d'un vaste complexe de bureaux. Certains maris sont tellement intimidés par les dons de leur épouse qu'ils ne sont pas prêts à leur déléguer ne serait-ce que la charge des finances, de peur de ne plus être le chef du foyer. Quelle absurdité ! La mission du chef est en partie de prendre la responsabilité et de développer les dons des autres, et ensuite de déléguer une part de responsabilité à ceux qui sont plus doués à certains égards. C'est discerner le potentiel qui existe et trouver les moyens de le développer et de l'utiliser.

Mais cela peut constituer pour nous une menace, n'est-ce pas ? Nous nous demandons ce qui pourrait arriver si nous laissions à notre épouse cette liberté d'action : est-ce qu'elle *nous* dirigerait aussi, est-ce qu'elle prendrait la direction de la maison et deviendrait le chef de la famille ?

C'est bel et bien un danger. Si l'épouse ne place pas le don qu'elle a reçu entre les mains du Seigneur pour qu'il en fasse usage selon sa volonté, si elle n'a pas pour sa vie le même sens des priorités que Dieu, si elle s'imagine que le don qu'elle possède la rend supérieure, alors là, il est vrai que son don précieux reçu de Dieu risque de ne pas être utilisé à bon escient et de faire du mal.

Mais prenons une situation tirée de la réalité.

Mary et Jim ont trois enfants : deux d'âge scolaire et le troisième d'âge préscolaire. Mary a le don de la direction et elle a été sollicitée pour être la directrice des ministères féminins dans leur grande église. Cette responsabilité leur procurerait un complément de revenus non négligeable, mais ils ont conscience que cet aspect particulier ne devrait pas déterminer leur décision. Mary pense qu'elle pourrait consacrer une partie de son temps aux ministères féminins et continuer d'assumer ses responsabilités d'épouse et de mère. Que devraient faire Jim et Mary ?

Premièrement, *prier ensemble* afin de savoir ce que Dieu pense de cette éventualité. C'est tellement fondamental, n'est-ce pas ? Et pourtant, nous constatons que c'est ce que les couples font en dernier au lieu de le faire en premier, et qu'ils basent leurs décisions sur le pour et le contre au lieu de les baser sur la volonté de Dieu. C'est une des raisons pour lesquelles nous avons parfois tant d'ennuis. Dieu a déclaré : « Je te conduirai et te guiderai sur la voie que tu dois suivre » (Psaume 32.8). Présentez la question à Dieu dans la prière individuellement et ensemble jusqu'à ce que vous soyez tous les deux convaincus de son dessein.

Deuxièmement, *si Dieu répond positivement*, il convient de répondre à d'autres questions. Par exemple, quelles responsabilités Jim devrait-il assumer à la maison pour permettre à sa femme d'ajouter ce ministère à son emploi du temps ? Si cette nécessité embête Jim, il lui faut accepter qu'il le fait par *obéissance* à Dieu. Les tâches qu'il accomplit à la maison, il les fait pour Dieu au même titre que pour sa femme et sa famille.

Mary doit, elle aussi, se poser des questions, notamment : « Quelles sont mes priorités ? Comment puis-je être sûre de respecter l'ordre des priorités tout en ajoutant ce ministère ? Dans quels domaines l'équilibre risque-t-il d'être rompu ? Quand le saurai-je ? Quelle alternative puis-je imaginer qui me permette de mettre à profit le don que j'ai reçu tout en conservant mes priorités ? Comment puis-je être une aide pour mon mari et faire preuve d'un esprit paisible et doux tout en utilisant ce don de la direction ? »

En fait, une épouse n'a pas besoin de sortir de chez elle pour utiliser son don de la direction, de l'organisation ou de l'enseignement. Dans un sens, une personne qui possède ces dons les utilisera en permanence, qu'elle s'en rende compte ou non. Elle les utilisera dans l'organisation de sa maison, la tenue des comptes et l'éducation de ses enfants. Le don qu'elle possède affecte sa manière d'aborder chaque domaine de la vie. Voici ce qu'en dit Pat Hershey Owen dans son livre sur les sept façons d'élever ses enfants :

> Personnellement, je possède le don de la *direction*, ou de l'administration, ce qui signifie que j'ai la même manière d'aborder toutes les situations, qu'il s'agisse de ma famille,

de ma profession ou de mon église. En gros, cela veut dire que j'ai la capacité d'avoir une vue globale pour ainsi dire de n'importe quel projet auquel je suis confrontée ou auquel je prends part. J'ai la capacité d'organiser les personnes et les projets de telle sorte que la tâche puisse être accomplie avec le plus d'efficacité possible, au point même de déléguer une certaine voire une grande partie de ce qu'il y a à faire afin de pouvoir fixer et atteindre les objectifs en matière d'achèvement.

Combien un mari serait insensé d'essayer de changer un tel don quand bien même ce serait possible ! Pourtant, nous voyons des maris qui étoufferaient ce don chez leur femme s'ils le pouvaient. Et certains se donnent tant de mal que les dégâts sont élevés, tant au niveau de ce que ressent leur épouse qu'au niveau du bonheur familial. Qui plus est, ils volent le corps de Christ.

Il y a des années, je me suis rendu compte que Carole possédait certains dons qu'elle devait développer. Elle aimait travailler avec les femmes pour les aider à grandir spirituellement. Par définition, elle a le don de l'exhortation (ou de l'encouragement), qui se traduit par son désir de communiquer en assumant des fonctions d'enseignante, d'oratrice et d'auteur. A l'époque, elle suivait quelques personnes individuellement et dirigeait un petit groupe d'étude biblique, mais son activité principale était de veiller à la bonne marche de la maisonnée. Ensemble, nous avons donc commencé à prier pour qu'elle ait de plus grandes possibilités de ministère, et je l'ai encouragée par tous les moyens que je connaissais.

Peu de temps après, Dieu l'a conduite dans un ministère qui démarra avec une femme, en toucha progressivement vingt-cinq, puis se développa vers la formation de responsables d'études bibliques, à tel point que ce furent bientôt plusieurs centaines de femmes qui recevaient un soutien spirituel. A son tour, cela donna lieu à des interventions en tant qu'oratrice, ainsi qu'à un ministère d'auteur lorsque nous nous sommes installés au Colorado. Je suis vraiment ravi et reconnaissant de voir ce que Dieu a fait.

En toute honnêteté, cela lui laisse moins de temps qu'auparavant pour confectionner des repas gastronomiques et réaliser des travaux dans la maison. Certains week-ends, je me retrouve seul à manger des plats cuisinés tandis qu'elle est en déplacement comme oratrice à une retraite de femmes. Et c'est vrai qu'elle me manque. Mais je l'ai encouragée à utiliser les dons que Dieu lui a donnés et, par conséquent, je me réjouis avec elle et prie pour elle. Ce serait commettre un péché devant Dieu que de ne pas l'aider à faire ce que Dieu veut qu'elle fasse.

De son côté, elle s'efforce de veiller à m'accorder la première place après Dieu sur sa liste de priorités — et elle me le montre de bien des manières. Ensuite vient notre ministère commun, puis notre fille et sa famille, notre foyer, et nos amis. En réalité, son ministère personnel d'oratrice et d'auteur figure assez bas sur sa liste et nous avons plusieurs fois discuté de l'équilibre entre tous ces éléments.

Voyez-vous, je me suis souvent demandé si la crainte de certains hommes à l'égard des dons de leur épouse n'est pas due au fait qu'ils estiment que certains dons (peut-être les plus apparents) sont plus importants que d'autres (ceux qui se pratiquent en coulisses). Si tel est le cas, il leur faut revoir la question en étudiant l'Ecriture et demander à Dieu qu'il leur donne sa vision des dons qu'il dispense au corps de Christ.

En revanche, nous voyons aussi des femmes qui possèdent ces dons — et les utilisent —, mais qui ne veillent pas à ce que leur mari ait le *sentiment* d'être important. Dans certains cas, ce n'est pas tant le don de la direction, de l'organisation ou de l'enseignement que possède une femme qui intimide l'homme, mais plutôt son attitude à l'égard de ce don, de ses priorités et de son mari. Certains hommes ont le sentiment que leur responsabilité de chef de la maison a été usurpée, que ce sont eux qui sont des citoyens de deuxième catégorie et qu'en réalité c'est leur épouse qui tire toutes les ficelles.

Que Dieu garde une épouse de donner ou même d'avoir l'impression que c'est elle qui « commande ».

Dieu en personne est Celui qui commande ! Ensuite, Dieu a donné au mari la responsabilité d'être le chef de sa maison et de sa femme : de la protéger, de veiller à son bien-être, de l'encourager, de l'aimer et aussi de la *diriger*.

Il convient de réfléchir à une autre question : L'*appel* que vous avez reçu de Dieu est-il plus important que l'utilisation de votre don spirituel ? Je pense que la plupart d'entre nous répondraient « bien sûr ». Alors considérez quel est cet appel que vous avez reçu de Dieu. D'abord, c'est de *le connaître* et ensuite de *devenir semblable à Christ.* Ensuite, vous les maris, vous êtes appelés par Dieu à aimer et diriger votre épouse et votre famille, ce qui implique notamment d'aider chaque membre de la famille à développer pleinement ses capacités pour servir le Seigneur. Quant à vous, les épouses, Dieu vous appelle à aimer et soutenir votre mari ainsi qu'à être une mère pieuse, c'est-à-dire à examiner constamment vos priorités dans la vie, à reconnaître les « saisons » de votre vie et à savoir que vous servez Dieu avant tout en étant fidèle à l'appel qui vous est fait en tant qu'épouse et mère.

De nos jours, nous entendons de nombreuses voix qui sèment la confusion sur ce point, mais permettez-moi de vous encourager à abandonner toutes vos idées préconçues et à puiser *directement dans sa Parole.*

Dieu ne manquera pas de répondre à vos questions. C'est lui qui l'a promis.

24

Ceux qui donnent et ceux qui prennent

UNE MANIÈRE DE VIVRE L'ENGAGEMENT DU MARIAGE

CAROLE

Il y a ceux qui prennent.

Certains naissent ainsi. D'autres le deviennent. Pour d'autres encore, les deux se conjuguent. Mais ils n'en sont pas moins des « *preneurs* ».

Vous ne serez pas nombreux à penser en lisant ces lignes que ce terme vous définit. Le voisin du bout de la rue, peut-être. Un parent. Votre conjoint ou votre progéniture, éventuellement. Mais certainement pas *vous*.

Alors, permettez-moi de vous poser quelques questions. La plupart de vos pensées tournent-elles autour de vos besoins personnels ? Quand vous vous retrouvez avec un ami, avez-vous surtout envie de savoir comment va votre ami, ou de lui dire comment vous allez et quelles sont vos luttes ? Qui parle le plus et de quoi ? Combien de questions posez-vous concernant ce que votre ami vit réellement ? Consacrez-vous la majeure partie de vos moments de prière à des requêtes personnelles ou aux besoins des autres ? Vous dites-vous souvent : « Si seulement j'avais... » ? Quels sont les besoins que votre conjoint satisfait pour vous ? Que vous satisfaites pour votre conjoint ? Savez-vous quels sont les besoins les plus profonds de votre conjoint ? Tous les combien proposez-vous de l'aide aux autres ? Tous les combien pensez-vous qu'ils devraient vous aider ?

Peut-être que le fait de répondre à ces questions vous aidera à déterminer si vous êtes ou non de ceux qui prennent. Seulement voilà, vous risquez d'être devenu expert en tromperie — surtout envers vous-même. Par conséquent, il vous faudra peut-être questionner votre conjoint ou un ami intime (qui se montrera honnête envers vous) afin d'avoir son opinion. S'il pense — ou si vous pensez — que vous êtes avant tout un « preneur », ne désespérez pas. Dieu peut vous aider à changer. En fait, il le fera sans aucun doute si vous le lui demandez. Car nous devons changer. Si nous voulons nous compléter l'un l'autre durant toute notre vie, cela nécessite que nous soyons tous les deux — au moins jusqu'à un certain point — des *donneurs*.

Je croyais jadis que le mariage était une affaire de cinquante-cinquante. Depuis, j'ai découvert qu'un bon mariage est en réalité une affaire de tout-ou-rien, *chacun* des conjoints étant prêt à tout donner — cent pour cent — la grande majorité du temps.

***

Cheryl, une belle rouquine, me téléphona de façon tout à fait inattendue. Après huit ans de mariage, son mari venait de lui annoncer qu'il ne pensait pas pouvoir rester avec elle malgré l'amour qu'il avait pour elle et leurs deux jeunes enfants. Non, il n'y avait pas une autre femme là-dessous.

Cheryl s'écria *pourquoi ?*

Tous les signes et symptômes étaient présents. Ils l'étaient depuis des années. Mais Cheryl ne les avait pas vus.

Son mari Bill, homme sensible et aimant, avait perdu sa mère deux ans plus tôt après qu'elle eut lutté pendant cinq ans contre le cancer. Son père, ancien alcoolique qui était resté abstinent pendant onze ans, perdit le goût de vivre et se remit à boire. Bill passait souvent deux heures au volant pour le retrouver, le ramasser dans la rue et l'emmener dans un centre de désintoxication.

A la suite du décès de sa mère, Bill refusa d'aller à un camp de famille avec son père et ses trois sœurs pour venir à bout de son chagrin. Il n'était pas du genre à refuser et son laconique « Je ne *peux* pas » aurait dû suffire à indiquer que quelque chose de profond n'allait pas. Cependant, Cheryl ne posa pas de questions.

Comme les travaux à faire sur leur propriété de plusieurs hectares nécessitaient que Bill y consacre ses week-ends, il n'avait pas de moments de détente ni le temps de pratiquer un hobby. Il n'avait pas d'« espace ».

Lorsqu'il lui acheta un collier pour Noël, Cheryl lui annonça qu'il ne lui plaisait pas et l'échangea. Il ne dit rien, mais il fut durement affecté quand elle réagit sans enthousiasme en apprenant qu'il avait eu de l'avancement au travail.

Entre autres choses, elle le critiquait parce qu'il avait des kilos en trop. Deux semaines avant qu'elle nous téléphone, il lui avait dit qu'il n'arrivait pas à manger depuis un certain temps et qu'il avait perdu quelques kilos. Elle lui avait alors simplement répondu que son corps essayait sans doute de lui dire quelque chose, puis elle avait changé de sujet.

Les ressources psychologiques et physiques de Bill s'étaient lentement épuisées. Mais Cheryl était tellement absorbée par sa personne qu'elle n'y faisait même pas attention.

Au niveau psychologique comme au niveau physique, Cheryl s'était toujours déchargée sur Bill. Quand il rentrait à la maison après une journée exténuante, la première chose qu'elle faisait était de se plaindre de *sa* journée difficile et de lui refiler la charge des enfants pour la soirée. Alors même que Cheryl se disait que leur mariage marchait bien et qu'il n'y avait rien à revoir, leur couple était en train de sc désagréger.

Comme elle rentrait d'une réunion un soir, elle trouva Bill sur le canapé avec une de ses amies à elle. Pour se défendre, il lui expliqua qu'il était en train de lui dire comment il se sentait ; qu'elle n'était jamais là quand il avait besoin de parler. Ce qu'il voulait dire en réalité, c'était qu'elle n'était jamais *là pour lui.*

Pleurant au téléphone, Cheryl reconnut : « Je sais maintenant que j'étais aveugle à sa souffrance et à ses besoins. Je... je n'avais vraiment rien *compris.* »

Et c'est ainsi que Bill la quitta. Epuisé, ne voyant aucune possibilité d'être aidé ou soutenu, convaincu que Cheryl ne changerait pas ou ne le pourrait pas, il estimait avoir besoin de s'isoler et ne voyait pas d'autre issue que le divorce.

Cheryl était de ceux qui prennent. Or Bill n'avait plus rien à donner.

***

Je me demande combien de fois il arrive qu'un époux abandonne une relation par désespoir — désespoir de ne plus rien avoir à donner.

Bien sûr, quitter son conjoint n'est pas la seule manière d'abandonner. Mener une vie totalement indépendante dans le cadre des vœux du mariage, devenir complètement absent, travailler dix-sept heures par jour ou permettre à une passion de dominer sa vie peuvent être autant de façons de jeter l'éponge.

Par contre, si nous voulons être un complément l'un pour l'autre, si nous voulons essayer de satisfaire les besoins les plus profonds de l'autre et chercher comment l'aider, il nous faudra apprendre à *donner*.

Dans sa biographie de Hudson Taylor, J.C. Pollock écrit à propos de sa femme Maria :

> Hudson s'appuyait énormément sur elle, puisant de la vigueur dans sa maturité spirituelle, dans sa tranquillité et sa foi, dans son affection indéfectible. Elle lui donnait ainsi qu'à leur œuvre tout ce qu'elle avait, chaque gramme de force, chaque pensée qui traversait son esprit intelligent, toute l'intensité de son amour. Elle le laissait l'épuiser et, si parfois ses exigences étaient inconsciemment égoïstes, elle ne le remarquait pas plus que lui.

Combien de personnes se donnent ainsi à notre époque de la génération du moi ?

Catherine Menninger, l'épouse du Dr William Menninger, écrit : « Un trop grand nombre d'épouses (et je faisais partie de ce trop grand nombre) s'attendent à ce que leur mari fatigué rentre à la maison le soir et compense la monotonie de leur vie ; elles exigent de lui qu'il soit tout à la fois homme d'esprit, sage, consolateur et conseiller. 'Tu me dois cela !' semblent-elles dire, au lieu de se demander : 'Quelle contribution puis-je apporter ?' »

Avez-vous conscience que la Bible ne parle jamais du « bonheur de prendre » ? En revanche, elle a beaucoup à dire quant à la joie de donner — donner de nos biens, donner de nous-mêmes sans penser à nous, porter les fardeaux les uns des autres et accomplir ainsi la loi de Christ.

J'ai souvent besoin d'un rappel de ces paroles de l'apôtre Paul :

> Ne vous coulez pas simplement dans le moule de tout le monde. Ne conformez pas votre vie aux principes qui régissent le siècle présent ; ne copiez pas les modes et les habitudes du jour. Laissez-vous plutôt entièrement transformer par le renouvellement de votre mentalité. Adoptez une attitude intérieure différente. Donnez à vos pensées une nouvelle orientation afin de pouvoir discerner ce que Dieu veut de vous. Ainsi, vous serez capables de reconnaître ce qui est bon à ses yeux, ce qui lui plaît et qui vous conduit à une réelle maturité.
>
> (...) N'ayez pas une opinion exagérée de votre importance, mais que chacun de vous s'efforce de se faire une idée juste sur lui-même ; ne surestimez pas vos capacités, n'aspirez pas à ce qui dépasse vos possibilités ou qui déborde votre vocation. Acceptez vos limites, celles que vous tracent les dons particuliers qui vous ont été départis en vertu de votre foi. (Romains 12.2-3, transcription d'Alfred Kuen)

Pour pouvoir acquérir une réelle maturité, progresser dans le don de soi, enrayer notre tendance à vouloir toujours prendre et apprendre à mieux nous compléter entre époux, nous devons recentrer notre énergie pour faire en sorte que notre couple et notre conjoint aient l'un comme l'autre la *priorité* dans nos préoccupations.

Barry Cavanagh, conseiller conjugal, déclare : « Un mariage a besoin d'attention ; il a besoin qu'on lui insuffle régulièrement de l'élan, de l'innovation et que les deux époux se dévoilent l'un à l'autre. » Il suggère à chaque couple de se poser cette question : « Notre mariage est-il au centre de nos préoccupations, ou lui consacrons-nous seulement ce qui nous reste de temps et d'énergie ? »

Oui, c'est vrai qu'il y a un prix à payer pour que la relation conjugale garde sa vitalité et continue de se développer. Ce prix se paie pour partie en *temps* et c'est là une dépense dont on ne peut faire l'économie sans que cela entraîne des conséquences désastreuses.

Aussi, pour continuer de vous assurer une relation pleine de joie, ou pour revenir à une relation plus affectueuse, décidez sur-le-champ qu'en tant que couple, vous allez payer le prix nécessaire en temps. Prenez l'engagement de passer un week-end sans les enfants un mois sur deux, consacrez dix à vingt minutes par jour à communiquer en profondeur et/ou à prier ensemble, et *chaque semaine*, ou au moins deux fois par mois, sortez véritablement *en amoureux*, sans personne. Peu importe si c'est juste pour aller prendre un chocolat chaud un soir d'hiver. L'important est que vous passiez quelques heures tout à fait détendus ensemble.

Passer du temps à communiquer « à cœur ouvert » est une nécessité pour bien vivre son mariage, mais cela ne suffit pas pour apprendre à donner quand on est plutôt de nature à prendre. Pour cela, il faut laisser Dieu nous changer du tout au tout.

Voici ce qu'indique un conseiller conjugal chrétien :

> Je sais par expérience que les miroirs sont de meilleurs outils de changement que les burins. En d'autres termes, vous et moi devons être des miroirs dans notre relation conjugale et refléter ainsi Dieu pour ceux qui nous sont les plus chers. Comment y parvenir concrètement au quotidien ? Le meilleur moyen que je connaisse est de commencer à mettre en pratique les fruits de l'Esprit (Galates 5). Parfois, la vérité que nous reflétons peut inspirer un changement chez d'autres. Tout aussi souvent, le fait de pratiquer les fruits de l'Esprit nous fera changer, nous donnant plus de patience et, peut-être, de longanimité, et apaisera l'irritation d'une façon différente mais tout aussi efficace.

Le seul moyen que je connaisse pour grandir en amour, joie, paix, patience, douceur, bonté et foi, est d'aimer toujours plus

Jésus en passant du temps avec lui. Du temps avec sa Parole. Du temps à lui parler dans la prière. Du temps à l'adorer et le louer. Du temps à le faire participer aux différents moments de ma vie. Cet engagement est d'une importance primordiale pour parvenir à la qualité de vie à laquelle j'aspire.

Mais supposons que vous êtes celui qui donne. En ce moment même, vous êtes complètement *épuisé*. Vous êtes vidé. Au bout du rouleau.

Considérez ces deux questions :

1. *Serait-ce peut-être parce que vous n'avez pas communiqué clairement à votre conjoint ce dont vous avez besoin ?* D'une manière qui soit compréhensible par votre conjoint ?

Voici ce qu'écrit un conseiller conjugal :

> Parfois, les sujets d'irritation les plus graves dans une relation sont en réalité des problèmes mineurs qui n'ont rien de commun avec des traits de personnalité profondément ancrés. Je me souviens d'un couple qui vint me trouver pour une consultation conjugale seulement après être chacun allés voir leur avocat respectif. Les rouages grinçants du divorce étaient déjà en mouvement.
>
> Une fois qu'ils m'eurent fait part de leur problème, je leur ai demandé individuellement de me donner une liste de réponses à une question toute simple : « En quoi est-ce qu'il/elle pourrait changer de manière à vous faire plaisir ? » Quand j'ai posé la question au mari, il m'a répondu : « Je l'aime telle qu'elle est. Le problème, c'est qu'elle ne m'aime pas. »
>
> Je m'attendais donc à une liste épouvantable de la part de l'épouse. Or voici ce qu'elle a répondu : « Premièrement, je veux qu'il me dise de temps en temps qu'il m'aime en présence d'autres personnes. Je voudrais qu'il me dise 'Je t'aime' en public. Deuxièmement, je voudrais qu'il me touche en public, pas seulement au lit. Il ne me touche jamais en public. Et troisièmement, je veux qu'en rentrant du travail il vienne me trouver pour me dire bonsoir avant de se mettre à tripoter son ordinateur. »

> Quand j'ai lu au mari la liste de sa femme, voici quelle a été sa réaction : « Si ce n'est que ça, je peux le faire. » Et ils sont sortis de mon bureau la main dans la main. C'était il y a dix ans ; aujourd'hui, ils sont encore mariés et ça marche bien.
>
> Ce que je veux montrer par cette histoire, c'est que le changement peut parfois se produire à la suite de quelque chose d'aussi simple que la communication. (...) Peut-être que, vous aussi, vous devriez vous asseoir... et dresser chacun votre propre liste.

Selon un journal américain, aux Etats-Unis, un couple marié passe en moyenne vingt-trois minutes par semaine à dialoguer (en comptant le temps consacré à poser des questions sur le linge, le repas, etc.). Aussi voudrais-je vous demander : comment comptez-vous faire marcher un mariage en vingt-trois minutes par semaine ?

2. *Serait-ce peut-être que vous ne vous laissez pas remplir de toute la plénitude de Dieu ?*

Un des passages sur lesquels je reviens constamment est Ephésiens 3.14-21. Ecoutez attentivement en ouvrant tout grand votre cœur. C'est à *vous* que Dieu parle :

> C'est pourquoi, je me mets à genoux devant Dieu, le Père, dont dépend toute famille dans les cieux et sur la terre. Je lui demande que, selon la richesse de sa gloire, il vous donne d'être fortifiés avec puissance par son Esprit dans votre être intérieur, et que le Christ habite dans vos cœurs par la foi. Je demande que vous soyez enracinés et solidement établis dans l'amour et que, avec tous les membres du peuple de Dieu, vous soyez capables de comprendre combien l'amour du Christ est large et long, haut et profond. Oui, puissiez-vous connaître son amour — bien que personne ne parvienne jamais à le connaître complètement — et être ainsi remplis de toute la plénitude de Dieu.
>
> A Dieu qui a le pouvoir de faire infiniment plus que tout ce que nous demandons ou même pensons, au moyen de la puissance qui agit en nous, à lui soit la gloire dans l'Eglise

et en Jésus-Christ, dans tous les temps et pour toujours ! Amen. (Version en Français Courant)

Etre rempli de toute la plénitude de Dieu.

Vous qui donnez, vous aurez toujours plus à donner.

Vous qui prenez, prenez espoir. Quand vous serez rempli de toute la plénitude de Dieu, vous n'aurez plus besoin des dernières gouttes des ressources de quelqu'un d'autre. En étant rempli de sa plénitude, en ayant à votre disposition toutes les richesses qui sont en Christ Jésus et en ouvrant tout grand votre cœur aux incroyables bénédictions du Dieu trinitaire, vous découvrirez — peut-être lentement, mais combien sûrement ! — que vous devenez quelqu'un qui *donne*.

Et ainsi... quelqu'un qui complète.

25

De la compatibilité des comptabilités

NOTRE POSITION FACE À L'ARGENT

JACK ET CAROLE

Tandis que nous examinions la grande diversité des attitudes qui existent à l'égard de l'argent, un qualificatif s'est imposé : « lamentable » — elles sont tout bonnement lamentables !

« Quel que soit le couple, déclare David Augsburger, la gestion des finances constitue un des principaux champs de bataille psychologiques. »

Sur ce *champ de bataille*, les affrontements vont des petits accrochages à la guerre totale. Certains correspondent à des offensives brèves et bien ciblées. D'autres s'apparentent aux attaques-surprises d'une guérilla, ou ne sont qu'un énième épisode dans une longue campagne organisée et soutenue. Les traités de paix ne sont pas fréquents. Les négociations ? C'est déjà bien si vous parvenez jusqu'à la table des tractations. On ne se fait pas de cadeau dans ce combat-là !

C'est rarement le *manque* de moyens qui est en cause. Pour citer de nouveau David Augsburger : « Il semble que le problème fondamental soit une *conception* irréaliste et immature de l'argent. L'argent peut être employé comme un instrument de domination et de manipulation psychologique, devenant ainsi l'arme secrète par excellence, ou il peut être utilisé comme un moyen de compenser de profondes carences que nous ne sommes pas vraiment capables de confesser ou de reconnaître en nous. »

Les gens croient trop souvent ce vieil adage américain que l'on appelle la « règle d'or de l'argent » et qui dit : « Quiconque a l'or fait les lois. »

Question : que signifie l'argent pour vous — en étant tout à fait honnête ?

Nous avons tous des attitudes déterminantes à l'égard de l'argent, mais cela ne veut pas dire que nous en soyons toujours conscients. Faites ce test pour savoir quelles sont vos attitudes : êtes-vous d'accord ou en désaccord avec les affirmations suivantes ?

— C'est à l'argent qu'on mesure le succès.
— Un investissement ne doit pas comporter de risques. Je ne veux pas en perdre le sommeil.
— Mieux vaut donner de l'argent qu'en recevoir.
— Je possède tous les biens matériels dont j'ai besoin.
— La réussite ne consiste pas à acquérir quelque chose, mais à faire une bonne affaire en l'achetant.
— L'argent peut résoudre la plupart des problèmes.
— J'ai un sentiment de culpabilité si je dis non quand on me demande de l'argent.
— L'argent est le seul moyen de survivre dans ce monde de concurrence impitoyable.
— La récompense, c'est d'avoir de l'argent ; la punition, c'est de ne pas en avoir.
— Le pouvoir est entre les mains de celui qui tient les cordons de la bourse.
— J'aimerais avoir plus d'argent pour pouvoir en donner plus aux œuvres caritatives.
— Il est plus facile d'obtenir de l'argent que de l'amour.
— Un compte en banque bien garni est synonyme de sécurité.

Nous vous conseillons de répondre à ces questions chacun de votre côté, puis de comparer les réponses données par l'un et par l'autre et d'en discuter. Vous aurez peut-être des surprises !

A présent, essayons quelque chose. Regardez ce mot pendant une minute :

ARGENT

Ensuite, notez les mots qui vous viennent à l'esprit — ou choisissez-en dans la liste ci-dessous :

jalousie	convoitise	satisfaction
crainte	mépris	utile
culpabilité	pouvoir	loisirs
rêves	objectifs	responsabilité
prestige	amusement	sérieux
sécurité	joie	donner
tentation	domination	espoir

Les mots que vous choisissez peuvent être révélateurs de ce que signifie l'argent pour vous en tant qu'individu et vous aider à éclaircir vos propres attitudes à son égard. L'argent signifie-t-il la sécurité ? La stabilité ? Le prestige ? La liberté ? La réalisation de ses rêves ? Ou bien est-ce un moyen de vous exprimer, de vous amuser, d'être généreux ? Ou peut-être le percevez-vous comme un objet de tentation qui risquerait de semer le trouble dans vos priorités et avez-vous un peu peur de son attrait.

Le sens qu'a l'argent pour moi affecte mes choix. Si l'argent signifie la réalisation de mes rêves et que je définis mon rêve comme étant un vieux manoir romantique, j'aurai tendance à économiser sur tout en vue de l'achat de ce manoir au détriment de vacances en famille ou d'une meilleure éducation pour mes enfants. Ou bien l'argent peut être synonyme de sécurité pour moi, de sorte que je serinerai mon mari jusqu'à ce qu'il fasse des heures supplémentaires, pour ensuite déprimer parce qu'il passe si peu de temps avec moi.

La première responsabilité qui m'incombe est donc peut-être de demander à Dieu sa sagesse au moment de m'examiner afin de voir ce que l'argent signifie véritablement pour moi.

Que dois-je faire ensuite de cette information ?

Premièrement, je la médite jusqu'à ce que j'arrive à bien comprendre comment je fonctionne.

Deuxièmement, je mets en question ma conception et l'examine à la lumière de la Parole de Dieu.

Ce qui est simplement « différent » entre mon conjoint et moi, je l'accepte.

Ce qui est mauvais dans ma conception, je le modifie.

Ce qui est erroné dans la conception de mon conjoint, je le présente à Dieu dans la prière.

Il n'y a rien d'étonnant à ce que la plupart d'entre nous arrivons au mariage en ayant des idées fausses à propos de l'argent. Nous avons été intoxiqués par le monde, qui nous dit de nous en emparer, de le voler, de le prendre aux autres, de comploter et de manipuler pour en avoir, de l'amasser et d'en faire étalage.

Dieu, par contre, nous dit de le gagner honnêtement, de donner avec générosité, d'économiser pour l'avenir et de l'utiliser avec sagesse. Nous devons vraiment placer les biens matériels dans une main ouverte pour qu'il puisse nous les retirer ou donner selon son bon vouloir. Nous devons prendre garde à ces paroles de Jésus :

> — Personne ne peut servir deux maîtres : il haïra l'un et aimera l'autre ; il sera fidèle à l'un et méprisera l'autre. Vous ne pouvez pas servir à la fois Dieu et l'argent.
>
> — Voilà pourquoi je vous dis : Ne vous inquiétez pas au sujet de la nourriture et de la boisson dont vous avez besoin pour vivre, ou au sujet des vêtements dont vous avez besoin pour votre corps. La vie est plus importante que la nourriture et le corps plus important que les vêtements, n'est-ce pas ? (...) Qui d'entre vous parvient à prolonger un peu la durée de sa vie par le souci qu'il se fait ?
>
> — Ne vous amassez pas des richesses dans ce monde, où les vers et la rouille détruisent, où les voleurs forcent les serrures et dérobent. Amassez-vous plutôt des richesses dans le ciel, où ni les vers ni la rouille ne peuvent détruire, où les voleurs ne peuvent pas forcer de serrures ni dérober. Car là où sont tes richesses, là aussi est ton cœur. (Matthieu 6.24-25, 27 ; 6.19-21 ; Bible en Français Courant)

Avant d'examiner comment nos attitudes et traits de personnalité affectent notre conception des biens matériels, voyons quelques règles de bonne conduite sur le champ de bataille, ou « comment se battre à la loyale en matière de finances ».

Nous commencerons par un « jamais » : *N'essayez jamais de résoudre les problèmes d'argent alors que vous êtes en colère.* Calmez-vous d'abord, puis prenez rendez-vous l'un avec l'autre afin de faire une nouvelle tentative. Lors de ce rendez-vous, essayez d'appliquer quelques-unes des suggestions faites ci-dessous.

Ecoutez attentivement les suggestions de votre conjoint sans en dénigrer aucune.

Renseignez-vous sur ce que d'autres ont essayé, comme par exemple cette famille à revenu unique dans laquelle l'épouse gère deux types de budget : l'un pour tous les besoins de la maisonnée et l'autre pour elle, dont elle peut disposer comme bon lui semble. Cela l'aide à se défaire du sentiment de culpabilité qui survient alors qu'elle est contrainte de choisir constamment entre les provisions et sa garde-robe. Ou cet autre couple à revenu unique qui évite les conflits en donnant à l'épouse la responsabilité de la gestion de l'ensemble du revenu. C'est elle qui règle toutes les factures et qui répartit le solde éventuel. Ce couple estime que cette manière de faire donne à la femme plus de liberté dans l'exercice de son rôle de gérante au sein de la famille, tout en lui permettant de conserver sa dignité personnelle.

A présent, quelques règles du jeu en forme de « toujours ».

Prenez toujours le temps de discuter et de parfaitement comprendre la situation de votre couple en matière de revenus, de régime d'assurance, d'investissements et de capital. Notez cela dans la liste des choses à faire tous les six mois.

Essayez toujours de comprendre les « intentions cachées » de votre conjoint dans les conflits d'argent. Ne vous en faites pas si vous devez accepter de ne pas être d'accord. Les études montrent que, sauf si un des conjoints éprouve le besoin de dominer totalement, le fait d'accepter de ne pas être d'accord ne signifie nullement que l'on est incapable de travailler ensemble.

Que vous ayez un compte joint ou séparé, *mettez toujours de côté une somme mensuelle d'argent de poche destinée à chacun de vous.* Même si ce n'est que dix francs !

Le compte joint s'est toujours avéré être la meilleure formule pour nous. Dès le début de notre mariage, nous avons prié pour avoir l'attitude selon laquelle « ce qui est à moi est à *nous* » et Dieu nous a permis de le vivre ainsi. Bien qu'il soit arrivé que l'un d'entre nous émette un chèque et oublie de le noter, que ce chèque nous soit renvoyé avec la mention « Provision insuffisante », et que nous perdions l'espoir d'apprendre un jour, nous avons malgré tout le sentiment que cette formule diminue les risques de conflit.

Mais l'important n'est pas de savoir si vous avez un seul compte ou deux. C'est plutôt l'amour que vous vous témoignez en vous faisant mutuellement confiance — et que vous témoignez à Dieu en lui faisant confiance.

Pour favoriser et entretenir cette unité en matière de finances, *veillez à ce que les comptes soient transparents*. Un des meilleurs moyens de se créer réciproquement des problèmes est de se cacher certaines informations. Dès lors que deux époux refusent de se confier des questions qui sont importantes pour chacun d'eux, il survient toutes sortes de malentendus.

Un autre principe fondamental est de *prendre les décisions en commun*. Il existe chez nous une règle stipulant que tout achat supérieur à trois cents francs (Noël peut faire exception) doit faire l'objet d'un accord. Cette somme était jadis *très* inférieure ! Cela dit, il est absolument primordial d'avoir un plan de travail, un système de priorités et une ligne générale pour l'avenir — sans doute plus encore qu'un budget —, car cela oblige à déterminer les *valeurs* que l'on veut avoir dans la vie et pas seulement la nature des achats et la manière de procéder. Appelez cela une attitude de travail à l'égard de la vie, une notion commune des valeurs et des priorités, un plan d'intendance chrétienne. Mais quelle que soit l'appellation choisie, efforcez-vous de vous fixer des objectifs financiers à long terme en choisissant un mode de vie qui soit vraiment compatible avec le genre de vie que vous désirez mener — et que Dieu désire que vous meniez — ensemble.

On pose souvent la question de savoir lequel des conjoints doit s'occuper des finances. Eh bien, c'est évidemment celui qui en a le don ! Et, vous les maris, n'oubliez pas que la responsabilité des finances n'a rien à voir avec le fait que Dieu vous déclare chef du foyer.

J'aime beaucoup ce qu'a dit David Augsburger à propos des questions financières au sein du mariage :

> Il est grand temps que les chrétiens décident de se défaire des bagages inutiles. Il est temps que nous mettions de l'ordre dans nos valeurs et que nous élaguions au maximum celles que nous entretenons, afin de donner la première place aux valeurs éternelles.
>
> Aussi, en tant qu'époux, choisissez des valeurs qui soient dignes de gens qui veulent vivre leur vie comme Jésus : avec simplicité, franchise, honnêteté, et en donnant la priorité aux personnes. Cela contribuera peut-être à ce que vous vous retrouviez sur certains des sens que vous donnez chacun à l'argent dans votre couple.
>
> L'argent peut être le problème principal dans le mariage étant donné ses nombreuses significations mêlées et confuses ; *à moins que* la communication ne parvienne à se frayer un chemin à travers l'épais fourré psychologique que forment nos rêves d'argent, nos espérances extravagantes, nos modes d'achat et nos valeurs, ainsi que nos désirs et besoins. L'argent peut aussi être un gros problème *jusqu'à ce que* la compréhension arrache une partie des épines étouffantes que sont les séductions tentantes, les appels alléchants à consommer et les besoins irrésistibles de faire concurrence à d'autres couples.

L'argent. C'est une responsabilité énorme que de le gérer. C'est un grand appel que d'en faire usage avec sagesse. Le service qu'il rend est incroyable. Et je vous assure que, si vous voulez bien laisser entrer Dieu dans ce domaine de votre vie, vous n'aurez plus à reconnaître que votre attitude à ce sujet est « lamentable ». Vos richesses seront dans les cieux, et là aussi sera votre cœur.

26

Dépenser aujourd'hui ce qu'on gagnera demain ?

LES DÉPENSIERS OPPOSÉS AUX ÉCONOMES

JACK

Les très légères rides du front de Carole se creusèrent et l'expression de son visage passa de l'interrogation à la désapprobation. Je perçois bien ce genre de signal. Ses origines hollandaises se voient parfois dans la position de son menton.

— Mais... dit-elle, et je sentis que c'était l'escalade rapide dans la discussion, je voudrais qu'on leur paie leur voyage...

— Chérie, la raisonnai-je, nous n'en avons pas les moyens.

— Enfin, on en a davantage les moyens qu'eux, insista-t-elle.

Je me mordis la lèvre pour retenir une réplique cinglante, marquai une pause le temps de faire monter une brève prière, puis je lui dis :

— Mon cœur, nous ne pouvons pas nous substituer à Dieu.

Elle savait ce que je voulais dire par là. Nous avions déjà discuté de ce dilemme. Carole s'implique tellement dans les problèmes des gens sur le plan émotionnel qu'elle veut à tout prix les aider, que cela soit raisonnable ou non. Que nous le *puissions* ou non. Que nous le *devions* ou non. A certains moments, il nous est plus facile d'aider les gens en prenant simplement la décision nous-mêmes, plutôt qu'en veillant à être conduits par Dieu dans notre action. Carole, elle, a tendance à agir rapidement. Moi, par contre, j'ai tendance à attendre et prier — et sans doute que, parfois, je n'agis pas assez rapidement.

Nous ne sommes pas les seuls à aborder les finances d'un point de vue différent. Voici comment débutait un article paru récemment dans un magazine américain :

> Je suis une cigale : la dépensière qui vit sans se soucier du lendemain. Mon mari est une fourmi : toujours à économiser « au cas où ». Nous avons eu notre première scène de ménage à propos d'argent le mois qui a suivi notre mariage — lorsque nous avons reçu notre première série de factures. Lui était convaincu que nous serions sur la paille à trente ans. Moi, j'étais convaincue qu'il ne m'aimait pas.
>
> Mon mari et moi ne sommes pas les seuls. Je pense à cette maxime qui dit : « Il n'y a pas que l'argent, mais ce qui vient après arrive loin derrière. » Ce n'est peut-être pas très chrétien — n'empêche que le sentiment qui s'en dégage sonne juste pour de nombreux couples en conflit. De récentes études publiées dans le magazine *Money* et dans le *Ladies' Home Journal* révèlent que les couples se disputent plus à propos d'argent qu'à propos de ce qui vient en deuxième position (la sexualité, les enfants).

Les disputes à propos d'argent ont des origines très diverses. Néanmoins, comme nous l'avons indiqué au chapitre précédent, il semble que les problèmes ne résident pas dans la *quantité* d'argent dont on dispose, mais plutôt dans la manière dont on *dépense* l'argent que l'on possède : pour acheter quoi, si c'est ou non une bonne chose, et combien donner ou économiser.

D'aucuns affirment que notre point de vue sur la manière dont il convient de dépenser l'argent est strictement une question d'éducation, à savoir comment l'argent était considéré et dépensé dans notre famille. Mais, personnellement, je crois que c'est seulement en partie vrai.

CAROLE

Je peux certainement le confirmer !

Mon frère, ma sœur et moi avons eu dès le départ une attitude complètement différente à l'égard de l'argent, et pourtant, nous avons été élevés avec les mêmes parents et des modes d'achat identiques.

Nous recevions chacun de l'argent de poche.

Personnellement, je dépensais le mien aussitôt... pour en redemander ensuite.

Mes frère et sœur mettaient le leur de côté et espéraient pouvoir satisfaire leurs besoins et désirs.

Ils prenaient plaisir à compter combien ils avaient dans leur tirelire. Moi, je ne me souviens même pas d'avoir eu une tirelire.

En grandissant, je me suis rendu compte que, bien que notre attitude à l'égard de l'argent soit en grande partie acquise, elle est aussi pour une bonne part inhérente à notre personnalité.

JACK

Pour l'un, l'argent est fait pour être *utilisé*.

Pour l'autre, l'argent est fait pour être *possédé* de manière à pouvoir l'utiliser plus tard.

L'un crie « donne ».

L'autre crie « garde ».

Celui qui donne pense que celui qui économise est pingre, avare et égoïste.

Celui qui économise pense que celui qui donne est insensé, imprudent et irréfléchi.

Or, à l'extrême, ils ont tous les deux *raison*.

Même dans la catégorie des économes et des dépensiers, peu sont vraiment conséquents. Le père de Carole était économe au point de ne remplacer un costume tout râpé qu'avec la plus grande réticence et sous la pression extrême de sa mère, mais il était généreux envers sa famille, dans ses dons au Seigneur et en matière de cadeaux.

Cependant, ce sont les économes qui adoptent l'attitude suivante : « Réfléchissons à la question ; il ne faut pas gaspiller d'argent. » Ils considèrent que l'argent est une chose *sérieuse*. Il est synonyme de *sécurité* et il nécessite un comportement *responsable*.

Les dépensiers ne veulent parfois pas entendre parler de *budget*. Pour eux, l'argent est synonyme de *liberté*, d'*indépendance* et d'*amusement*.

Les mots de l'économe	*Les mots du dépensier*
attention	liberté
sérieux	indépendance
sécurité	amusement
responsabilité	gagner et dépenser sans compter
budget/listes/comptes	(mais s'il n'y en a pas, je ne le dépenserai pas ; ce n'est pas une affaire)

Nous faisons une grimace de douleur en pensant aux difficultés qui surviennent lorsqu'un économe épouse un dépensier (et, en général, ça ne rate pas !), mais je me demande si un couple n'aura pas à faire face à autant de problèmes si les époux se ressemblent dans ce domaine.

Si deux dépensiers invétérés se marient, ils finiront par se disputer pour décider quel créancier payer en premier ! Et s'il s'agit de deux économes à l'excès, ils se disputeront sans aucun doute pour savoir s'ils doivent prendre des vacances pas chères et quand remplacer un matelas affaissé.

Il est évident que la manière dont nous sommes « programmés » contribue à déterminer notre mode de fonctionnement. Mais que nos attitudes soient ou non le résultat de notre éducation, des exemples que nous avons eus, de nos convictions ou de notre personnalité, il est absolument indispensable que nous parvenions à comprendre comment nous fonctionnons et qu'ensuite nous clarifiions le point de vue complexe de notre conjoint. Pour cela, compréhension et équilibre sont de rigueur.

La Bible brosse le tableau de la vie parfaitement équilibrée dans tous les domaines — et l'attitude à l'égard de l'argent ne fait pas exception. L'Ecriture fait l'éloge de celui qui donne comme de celui qui économise. Voici ce que dit Paul de celui qui donne : « Celui qui sème peu moissonnera peu, et celui qui sème en abondance moissonnera en abondance. Que chacun donne comme il l'a résolu en son cœur, sans tristesse ni contrainte ; car Dieu aime celui qui donne avec joie » (2 Corinthiens 9.6-7). Ce passage parle bien sûr de donner aux autres, pas de dépenser pour son propre compte.

Par ailleurs, voici les instructions de l'auteur des Proverbes : « L'homme de bien transmet à des petits-fils un héritage » et « Va vers la fourmi, paresseux ; considère ses voies et deviens sage. (...) Elle prépare en été sa nourriture, elle amasse pendant la moisson de quoi manger » (13.22 et 6.6, 8).

Cependant, la plupart d'entre nous sont *déséquilibrés* dans ce domaine. Ceux parmi nous qui se focalisent sur l'instant présent ont besoin de quelqu'un qui les aide à voir au delà et à chercher un sens plus vaste à la vie. En revanche, ceux parmi nous qui sont axés sur l'avenir ont besoin de quelqu'un qui les aide à être sensibles aux bénédictions qu'apporte chaque journée et à découvrir la joie de vivre un jour après l'autre.

La stabilité et la maturité dans nos manières de considérer l'argent rendront gloire à Dieu. Or c'est bien là notre but, n'est-ce pas ?

Les avares ne reflètent pas la gloire de Dieu. Les dissipateurs non plus.

Les excès n'ont jamais leur place dans la vie chrétienne équilibrée.

Mais passons à un autre aspect.

Une des leçons les plus importantes dans ce domaine est ce que Dieu veut nous enseigner au moyen de l'argent — y compris du *manque* d'argent. Son désir est que nous sachions que c'est lui qui pourvoit et que, par conséquent, c'est lui qui devrait décider de la manière dont l'argent est dépensé.

Lorsque nous nous sommes mariés, Carole et moi avions une attitude semblable à l'égard de l'argent : une attitude de légèreté et d'insouciance. Si l'argent était là, nous le dépensions. S'il n'y était pas, nous le débitions de notre compte et nous en préoccupions plus tard. Oh, nous n'étions pas excessivement dépensiers. Les quatre premières années, nous avons vécu dans une caravane de 8,50 m, nous achetions rarement des vêtements et ne mangions jamais dans des restaurants onéreux. Notre grande sortie consistait à aller prendre une assiette de spaghettis à un dollar au snack-bar du coin avant de finir la soirée en écoutant des disques dans un grand magasin. N'empêche que cela nous plaisait ! Et il arrivait que nous passions tout l'été à travailler pour payer les factures du Noël précédent.

Au cours des premières années qui ont suivi notre sortie de l'institut biblique, Dieu nous a appris quelques bonnes leçons. Nous avons complètement supprimé les cartes de crédit et avons appris à faire aller avec très peu. Si nous avions l'argent, il nous arrivait encore de le dépenser, mais si nous ne l'avions pas, nous n'achetions *rien* — pas même de quoi manger. (Dieu ne nous a jamais laissés mourir de faim, mais nous avons quand même mangé des crêpes pendant toute une semaine !)

Et Dieu a continué à nous apprendre fidèlement une chose primordiale : *c'est lui qui pourvoit* — mais souvent pas comme nous pensions qu'il allait, ou même qu'il aurait dû, le faire.

CAROLE

Au cours de cette période de notre vie, j'ai constaté que j'essayais de dire à Dieu ce qui rendrait gloire à son nom... dans bien des domaines. Mais particulièrement dans le domaine des finances.

Les groupes para-écclésiastiques ont souvent un fonctionnement différent de celui d'une église. Au lieu d'un salaire régulier garanti par une assemblée, un salaire inscrit au budget est versé aux serviteurs seulement une fois que l'argent a été reçu de la part de ceux qui ont bénéficié du ministère de la personne ou du groupe en question.

Dieu nous a conduits à le servir dans le cadre de ce genre d'organisation, et ce fut souvent une aventure palpitante et un peu angoissante de savoir comment nous allions pouvoir payer nos factures.

Au début du mois de février 1963, Jack revint d'une conférence de deux jours, avant de repartir pour une tournée de deux semaines et demie. Il avait besoin du peu d'argent que nous avions pour l'essence, mais nous avions du retard dans le paiement du loyer et il ne restait plus d'argent pour le régler.

Jack et moi avions été maintes fois éprouvés sur le plan financier, mais c'était la première fois que je devais faire face toute seule au paiement d'un loyer arriéré. Nous avions beaucoup prié à ce sujet et avions tous les deux le sentiment que Jack devait partir faire cette tournée, mais je vous garantis que ce paiement de loyer était suspendu comme une épée de Damoclès au-dessus de ma tête. En plus du loyer, notre fille Lynn avait absolument besoin de chaussures pour l'école. Le 13 février, notre chèque de « salaire » arriva — juste assez pour acheter des chaussures à Lynn et payer deux factures personnelles urgentes. Mais ce n'était pas assez pour payer le loyer.

Lorsque le quinze du mois arriva, j'étais aux abois ! Pourtant, Dieu garda mon cœur dans la paix d'une manière que je n'avais jamais connue auparavant. Je priais chaque jour afin d'avoir assez de foi pour lui faire confiance un jour de plus, et il me la donnait. Finalement, il arriva quatre-vingt-dix dollars, c'est-à-dire la moitié du loyer. (N'oubliez pas que c'était en 1963 !) J'ai envoyé cette somme avec un mot d'excuses disant que j'enverrais le solde dès que possible. Et c'est alors que je reçus — de la part de quelqu'un dont nous n'avions jamais entendu parler — un chèque de cent dollars. Pleurant de joie, j'ai loué le Seigneur d'avoir pourvu de la sorte.

Cependant, je me faisais du souci quant au retard dans le paiement du loyer et aux deux règlements partiels. J'avais dit plusieurs fois au Seigneur que je ne pensais pas que ce soit un très bon témoignage pour lui de nous faire avoir du retard pour le loyer. Vous avez bien lu ? J'avais dit au Seigneur !

C'est alors que, en réponse à mes deux petites lettres d'excuses et à la deuxième moitié du loyer, je reçus de notre propriétaire le mot suivant : « Je vous remercie pour vos lettres et votre considération. S'il y avait plus de gens comme vous sur terre, la vie serait magnifique dans ce monde. »

Je n'avais pas même rencontré ce riche propriétaire ! Mais Dieu s'était servi de mes lettres — et des paiements en retard qui les avaient rendues nécessaires — pour, eh oui, *rendre gloire à son nom.*

Qui suis-je pour dire à *Dieu* ce qu'il faut faire pour y parvenir ?

Je crois que c'est Hudson Taylor qui a dit un jour : « Les difficultés sont une plate-forme sur laquelle Dieu peut se révéler. » En réponse à cela, voici ce que j'ai écrit : « Je commence à voir ce que cela veut dire. Si nous n'étions jamais dans la peine, comment pourrions-nous connaître Dieu comme le Dieu de la consolation ? Si nous ne traversions jamais de vallées obscures, comment se révélerait-il comme la Lumière de la vie ? S'il ne survenait jamais de problèmes financiers ou autres, comment pourrions-nous le voir comme un Dieu qui pourvoira à *tous* nos besoins (Philippiens 4.19) ? Les difficultés servent donc (1) à notre perfectionnement : pour que les impuretés de notre vie remontent à la surface et soient séparées de l'or, et (2) à mieux nous révéler la personne même de Dieu. Ce n'est pas étonnant que nous devions 'considérer comme un sujet de joie complète' toutes nos épreuves (Jacques 1.2). C'est facile à dire quand on n'est pas *dans* la fournaise, mais difficile à se rappeler quand le feu commence à chauffer. N'est-ce pas merveilleux que Dieu sache *cela* également ? »

L'argent — ou le manque d'argent — est le moyen le plus concret et le plus merveilleux d'apprendre que *Dieu pourvoit*.

JACK

Il nous faut aussi apprendre que ce devrait être à Dieu de *décider* s'il convient de dépenser, d'économiser ou de donner telle somme d'argent. Même dans la circonstance qu'a évoquée Carole, elle a dû demander à Dieu s'il voulait qu'elle utilise l'argent de ce petit chèque de salaire pour les chaussures de Lynn, les factures personnelles ou une partie du loyer.

Si les deux époux veulent vraiment que ce soit Dieu qui décide en matière de dépenses et s'ils sont en harmonie avec ce que Dieu leur dit, les disputes à propos d'argent ne devraient pas être si répandues, non ?

Pourtant, les époux entendent souvent Dieu de façon différente, de sorte que nous devons aborder un dernier aspect.

Lors du mariage de la fille d'un ami, nous nous sommes retrouvés assis à côté d'un conseiller financier chrétien dont nous avions fait la connaissance des années auparavant. Avant que la cérémonie commence, je lui ai demandé :

— Au cours de vos consultations financières, quelle est la difficulté dont vous font part le plus régulièrement les couples ?

Sans hésiter un instant, il m'a répondu :

— L'intendance.

— Qu'entendez-vous par là ? lui ai-je demandé.

— La plupart des couples chrétiens avec qui je m'entretiens, a-t-il expliqué, ne comprennent pas vraiment que tout ce qu'ils possèdent appartient à Dieu et que leur seul rôle est d'être pour lui des *intendants*. Ils ont beau le savoir au niveau intellectuel, cela n'a pas été intégré dans leur attitude ou leur vie. Par conséquent, ils s'endettent, se disputent à propos d'argent et dépensent trop pour eux. Je suis convaincu que si l'on arrivait à faire comprendre aux gens la vérité qui réside dans le fait que *tout ce qu'ils possèdent appartient à Dieu* et qu'ils ne sont que des intendants qui gèrent *ses* biens, la plupart de leurs problèmes seraient résolus.

A ce moment-là, les accents de la marche nuptiale se firent entendre et nous fîmes silence. Néanmoins, j'ai continué de méditer la vérité de ce qu'il avait dit.

Un « intendant » est quelqu'un qui reçoit la charge des affaires ou de la propriété d'un autre, y compris le contrôle et la gestion de ses comptes. L'intendant fait office d'administrateur de finances et de biens pour le compte d'un autre. Etre de bons intendants dans notre vie chrétienne signifie donc que nous avons conscience au fond de nous-mêmes que nous jouons seulement le rôle de gérants et d'administrateurs pour ce qui appartient à Dieu et qui nous est prêté de façon temporaire.

Dieu nous dit d'être de *bons* intendants — de notre temps, de nos talents, de nos biens. Mais, en réalité, il s'agit de son temps, des talents que lui nous a accordés, de ses biens — et pas du tout des nôtres.

J'ai été récemment frappé par la manière dont le roi David considérait ce que Dieu lui avait donné. David n'arrivait pas à comprendre le privilège saisissant d'avoir à rendre *la moindre chose* au Dieu qui en était déjà le propriétaire. Ecoutez ce que dit David :

> Car qui suis-je et qui est mon peuple, que nous soyons capables de faire de pareilles offrandes volontaires ? Tout vient de toi, et c'est de ta main que vient ce que nous te donnons ! Nous sommes devant toi des étrangers et des résidents temporaires, comme tous nos pères (...). Eternel, notre Dieu, c'est de ta main que vient toute cette abondance de biens que nous avons préparée pour te bâtir une maison,

à toi, à ton saint nom. Tout t'appartient ! (1 Chroniques 29.14-16)

Peut-être que nombre de nos luttes, querelles, disputes et modes de pensée en matière de finances sont dus non pas à l'argent lui-même, mais plutôt à la *conception* que nous en avons. Même si nous ne nous démenons pas avec des dettes ou disputons pas à propos d'argent, nous avons tous besoin de savoir ce que dit la Parole de Dieu sur sa conception des choses matérielles. Vous pourriez par exemple faire quelques études thématiques à travers l'Ecriture ou potasser quelques ouvrages et études chrétiens sur la question des finances.

Surtout, n'attendez pas. Bien que certaines disputes soient dues à la méconnaissance du tempérament de votre conjoint à l'égard des questions d'argent, et d'autres à un déséquilibre et un manque de maturité dans ce domaine, il est fort possible que la toute première raison en soit une conception erronée quant à la personne à qui appartient l'argent à la base. Nos problèmes sur ce plan sont souvent la conséquence d'une vision déformée de la tâche de l'*intendant*.

Le fait de comprendre votre conjoint vous aidera.

L'exercice des divers dons de chacun vous épaulera.

Mais, au bout du compte, le problème se résume en trois vérités que la Parole de Dieu vous enseignera et qui doivent *s'emparer de votre âme.*

C'est Dieu qui pourvoit.

C'est à lui de décider.

Tout ce que nous avons lui appartient.

C'est en cela que consiste véritablement l'intendance.

27

Regardez droit devant vous

L'IMPÉRATIF DE LA FIDÉLITÉ

JACK

Entendre son nom appelé aux haut-parleurs alors qu'on fait escale dans un aéroport en rentrant d'un long voyage fait froid dans le dos. C'est donc avec une certaine appréhension que je me suis présenté au guichet indiqué.

Un message m'attendait, laissé par un ami de longue date : « Jack, je suis ici à l'aéroport et j'ai besoin de te voir. »

Après avoir convenu d'un rendez-vous à notre porte de départ, j'ai fermé les yeux et murmuré une prière, demandant à Dieu qu'il me donne de la sagesse. Je m'étais entretenu deux semaines plus tôt avec la femme de mon ami qui, la voix pleine de douleur, m'avait raconté que son mari l'avait quittée, elle, sa famille et l'église dont il était le pasteur. Il était parti avec une femme mariée qui travaillait comme secrétaire de l'église.

Quelques minutes plus tard, je le vis arriver à ma rencontre — avec à ses côtés, émergeant de la foule, l'« autre femme ».

Pendant les trois jours qui suivirent, Carole et moi passâmes le plus clair de notre temps à faire tout notre possible pour aider ces deux personnes à se rendre compte de l'horreur de ce qu'elles étaient en train de faire, à voir la situation du point de vue de Dieu. Mais en vain. Notre ami retourna bien avec sa femme pendant quelque temps, mais alors même qu'il me quittait pour rentrer chez lui, nous savions que cela ne marcherait pas. Loin de s'être repenti devant Dieu, il avait décidé qu'il voulait sa maîtresse à tout prix. Bien qu'il fît mine de vouloir se faire conseiller et de rechercher de l'aide, il avait déterminé à l'avance le chemin qu'il suivrait. Aujourd'hui, lui et l'ancienne secrétaire de l'église vivent ensemble — au prix de deux familles brisées, d'une tentative de suicide par un de leurs fils, d'enfants qui ne savent plus où ils en sont, d'une église effondrée et d'une grande honte infligée au peuple de Dieu.

Cet homme se réfugia derrière toutes les excuses répandues de nos jours. Répandues, mais fausses !

« Mais ce doit être la volonté de Dieu, affirma-t-il. Sinon, Dieu ne l'aurait pas placée à un endroit où j'allais tomber amoureux d'elle. »

Et pourtant, il était capable de citer par cœur ce passage de l'Ecriture :

> Que personne, lorsqu'il est tenté, ne dise : C'est Dieu qui me tente. Car Dieu ne peut être tenté par le mal et ne tente lui-même personne. Mais chacun est tenté, parce que sa propre convoitise l'attire et le séduit. Puis la convoitise, lorsqu'elle a conçu, enfante le péché ; et le péché, parvenu à son terme, engendre la mort (Jacques 1.13-15).

Combien de fois ai-je entendu cette phrase : « C'est forcément la volonté de Dieu. » Et même : « C'est Dieu qui m'a dit de le faire. »

Ces affirmations se retrouvent dans la bouche de ceux mêmes qui ont parfois prêché sur 1 Thessaloniciens 4.3-8, qui dit très clairement :

> Ce que Dieu veut, c'est votre sanctification ; c'est que vous vous absteniez de l'inconduite ; c'est que chacun de vous sache tenir son corps dans la sainteté et l'honnêteté, sans se livrer à une convoitise passionnée comme font les païens qui ne connaissent pas Dieu ; que personne, en affaires, n'use envers son frère de fraude ou de cupidité : le Seigneur fait justice de tout cela, nous vous l'avons déjà dit et attesté. Car Dieu ne nous a pas appelés à l'impureté, mais à la sanctification. Ainsi celui qui rejette ces préceptes ne

rejette pas un homme, mais Dieu qui vous a aussi donné son Saint-Esprit.

Ce dernier verset est traduit ainsi dans la version en anglais moderne de Phillips : « Ce n'est pas pour rien que l'Esprit que Dieu nous donne est appelé le *Saint*-Esprit. » J'aime cette tournure !

Mon ami pasteur transgressait plusieurs commandements de ce seul passage. Il ne recherchait pas la sanctification, ne s'abstenait pas de l'inconduite [c'est-à-dire de l'immoralité sexuelle], avait usé de fraude envers un frère, rejetait les préceptes de Dieu et, d'une manière très concrète, bafouait le *Saint*-Esprit de Dieu. Et pourtant, il avait l'audace de se justifier en disant : « Ce doit être la volonté de Dieu. »

Que s'est-il passé pour que tant de gens fassent des compromis avec le péché, désobéissent à Dieu et semblent rejeter tout ce qu'ils ont enseigné et ce pour quoi ils ont vécu ?

Je n'ai pas la réponse à toutes ces questions. L'époque à laquelle nous vivons exerce de grandes pressions sur nous. Au niveau national comme individuel, nous avons baissé la garde face à ce que nous considérions jadis comme péché — à ce qui *est* péché. Oh, nous lui donnons désormais des noms plus jolis. On ne parle plus de promiscuité sexuelle, mais de « sexualité active ». On dit d'un homosexuel qu'il a une « orientation » différente. L'avortement est la « liberté de choix ». Et l'adultère ? Figurez-vous que certains voudraient l'excuser en disant que c'est la *volonté de Dieu* ! L'Eternel notre Dieu doit en frémir.

Quand avons-nous oublié que Dieu n'a jamais dit que nous devions être heureux ? Il a dit que nous devions être obéissants. Il n'a jamais dit que nos désirs charnels seraient satisfaits. Il nous a dit de fuir la tentation, de résister aux passions de ce monde.

Il y a des milliers d'années, le royaume de Saül lui fut enlevé à cause d'un seul acte de désobéissance. Et lorsque Saül essaya de supplier et de se trouver des excuses, le prophète Samuel lui dit : « L'Eternel trouve-t-il autant de plaisir dans les holocaustes et les sacrifices, que dans l'obéissance à la voix de l'Eternel ? Voici : L'obéissance vaut mieux que les sacrifices, et la soumission vaut mieux que la graisse des béliers » (1 Samuel 15.22). De nos jours, ce verset pourrait être paraphrasé ainsi : « L'obéissance vaut mieux que ce qu'on appelle le bonheur ici et maintenant ; la soumission à sa voix vaut mieux que la satisfaction du désir le plus intense de la chair. »

Cependant, d'une certaine manière, nous croyons que Dieu va traiter notre péché moins durement que par le passé. Nous nous sommes laissé tromper au point de croire que le plus important dans notre vie est de satisfaire nos besoins personnels plutôt que d'obéir à Dieu. En quelque sorte, nous nous soucions bien peu de couvrir de honte son épouse, son Corps : l'Eglise de Jésus-Christ.

Que pouvons-nous donc faire pour être assurés de rester fidèles physiquement et mentalement jusqu'à la fin de nos jours ?

Ne jouez pas avec le feu, sinon vous vous brûlerez certainement. Saviez-vous que cet adage bien connu a son origine dans la Bible ? Proverbes 6.27-28 nous met ainsi en garde : « Quelqu'un mettra-t-il du feu dans son sein, sans que ses vêtements s'enflamment ? Quelqu'un marchera-t-il sur des charbons ardents, sans que ses pieds soient brûlés ? »

Ne faites preuve d'aucune complaisance envers vous-même sur ce plan. Il semble qu'aujourd'hui nous pensions pouvoir flirter en toute immunité avec la tentation. Or ce n'est certainement pas le cas !

J'ai une amie — une ancienne « enfant de la paix » des années soixante — qui avait l'habitude de dire : « Oh, mais c'est tellement *conformiste* ! », comme s'il y avait quelque chose de dégoûtant à cela. En grandissant dans le Seigneur, elle a fini par conclure que ce qu'elle appelait « conformisme », Dieu l'appelait *obéissance*. D'ailleurs, il y a en Proverbes des paroles on ne peut plus claires concernant la tentation : « Que tes yeux fixent les gens bien en face, regarde droit devant toi avec franchise. (...) Ne t'en écarte ni à droite ni à gauche. Tiens-toi éloigné du mal » (4.25, 27 ; Bible en Français Courant).

Un ami qui marche avec le Seigneur m'a raconté qu'il se trouvait un jour à l'étranger, dans une ville où il ne connaissait personne. Alors qu'il marchait dans la rue, une fille magnifique passa à côté de lui en lui adressant un regard aguichant. Il sentit son parfum et eut conscience de sa beauté et de sa disponibilité. Il sut que s'il *se retournait*, il tomberait dans le péché.

Par conséquent, il *refusa* de se retourner pour la regarder.

C'est le deuxième regard, la deuxième pensée, la deuxième conversation, une fois que vous avez pris conscience du plaisir que vous a procuré le ou la *première*, qui vous entraîne. Par conséquent, si vous êtes déterminé à obéir à Dieu en restant fidèle à vos vœux de mariage, prenez en considération ces conseils :

Connaissez-vous vous-même ainsi que vos propres limites. Dressez autour de votre cœur et de votre comportement des barrières destinées à protéger l'espace réservé uniquement à votre conjoint. Carole et moi veillons à partager nos sentiments, besoins et problèmes les plus profonds *l'un avec l'autre* et non avec des amis du sexe opposé. Si une relation d'amitié avec une personne du sexe opposé satisfait en vous des besoins que votre conjoint devrait satisfaire, mettez-y *immédiatement* un terme ; en effet, que vous l'admettiez ou non, vous êtes en train de jouer avec le feu.

Nous avons vu plusieurs mariages souffrir et être sérieusement mis à mal parce qu'un des époux s'était attaché affectivement à une tierce personne, bien que cela n'ait pas conduit à une relation physique. Par ailleurs, l'attachement affectif est une tentation si subtile qu'on se laisse facilement prendre au dépourvu si l'on n'est pas attentif et sensible à la voix du Saint-Esprit.

Une femme témoignait récemment dans un magazine chrétien en relatant sa rencontre, à l'occasion d'une formation de troisième cycle, avec un homme chrétien et l'amitié qui s'en était suivie. Elle faisait part de sa lutte et de la sage attitude qu'elle avait fini par adopter face à cette tentation en écrivant une lettre mettant un terme à cette relation, lettre dans laquelle elle disait : « A moins qu'elle ne soit morte, une amitié mène toujours quelque part. Nous savons tous les deux où celle-ci nous mène. Lorsqu'une relation menace la stabilité des engagements que nous avons pris envers ceux qui nous sont le plus cher, elle n'a plus le droit d'exister. »

Prenez conscience du pouvoir de vos yeux. Quelqu'un a dit que les yeux sont les fenêtres du cœur. Baissez les stores si vous sentez que quelqu'un s'arrête un peu trop longtemps devant vos fenêtres ; réservez les regards pénétrants à une seule personne.

Rappelez-vous de craindre Dieu ! Oui, c'est un Dieu d'amour et de compassion. Oui, il pardonne. Mais il est important de *craindre* Dieu. La crainte de Dieu a souvent un effet dissuasif sur le péché dans ma vie. Honnêtement, je redoute les conséquences de mon péché car Dieu a dit que je moissonnerai ce que je sème. Et cela, dans ma vie ici-bas.

Dieu n'est pas une sorte d'entité bienveillante qui ferme les yeux sur le péché. Il est saint et il nous châtiera parce qu'il nous aime.

Etes-vous déjà tombé ? Présentez-vous devant le Père et confessez votre désobéissance. Laissez-le vous entourer de ses bras d'amour et de pardon. Mais n'oubliez pas que confesser veut dire *abandonner*, *faire demi-tour*, prendre la résolution de ne pas recommencer. Si vous avez été infidèle, les cicatrices resteront mais la blessure peut guérir. Cela risque de prendre des mois, peut-être même des années, mais Dieu peut reconstruire sur les ruines si vous êtes prêt à le laisser faire.

Sa promesse est valable en tous temps et éternellement : « A celui qui peut vous préserver de toute chute et vous faire paraître devant sa gloire, irréprochables dans l'allégresse, à Dieu seul, notre Sauveur, par Jésus-Christ notre Seigneur, soient gloire, majesté, force et autorité dès avant tous les temps, maintenant et dans tous les siècles ! Amen ! » (Jude 24-25).

Il peut vous empêcher de tomber.

Il peut même vous préserver de *toute chute* !

Faites-lui confiance, et vous serez alors « dans l'allégresse ».

28

Dieu merci, nous ne sommes pas semblables

DERNIÈRE REMARQUE SUR NOTRE MANIÈRE D'ÊTRE

JACK

A peine le groupe eut-il terminé la discussion qu'il bondit de sa chaise comme s'il avait été piqué au vif.

Nous avions discuté des aspects positifs des différences de tempérament et de la minorité de couples mariés dans lesquels les deux époux sont semblables. A l'évidence, il brûlait d'impatience de me poser une question.

— Mais, et si... commença-t-il sans préliminaires. Enfin, que conseiller à deux conjoints qui *sont* semblables ?

— De quelle manière sont-ils semblables ? lui demandai-je.

— Ce sont tous les deux des gens objectifs, concrets et logiques — comme vous. Quand ils sortent au restaurant, ils n'ont plus rien à se dire au bout de cinq minutes !

Je fis la grimace, puis je réfléchis quelques instants à sa question.

— Disons que... si cela leur convient à tous les deux, ce n'est peut-être pas un problème. (Mais une autre pensée me traversa l'esprit et j'eus une hésitation.) Enfin, la difficulté que cela pourrait comporter, c'est qu'ils n'apprennent pas à entrer en contact avec les cinquante pour cent d'êtres au monde qui sont différents d'eux.

Il tiqua un peu, puis hocha lentement la tête.

— Hmmm. C'est vrai. Elle a du mal ne serait-ce qu'à écouter les femmes de son groupe d'études bibliques parler de leurs problèmes. (Il plissa les yeux d'un air songeur.) Et puis, évidemment, cela ne leur fait pas plaisir de voir qu'apparemment ils n'ont pas grand-chose à se dire.

Nous avons parlé des difficultés qu'engendrent les différences. Mais je crois que le fait d'être *semblables* entraîne des difficultés bien plus graves.

Si, en tant que couple, nous étions...

— tous les deux d'un tempérament logique et rationnel, nous risquerions de ne pas percevoir les sentiments des autres ;

— tous les deux spontanés, nous risquerions de laisser la plupart des projets inachevés ;

— tous les deux des sanguins coriaces et rigoureux, nous risquerions d'être des enragés du travail qui ne savent pas profiter de la vie ;

— tous les deux du genre artiste et insouciant, nous risquerions d'être de piètres organisateurs ou de ne pas prendre au sérieux ce qui doit être fait ;

— tous les deux des intellectuels analytiques, nous risquerions de rendre les autres fous par le caractère méticuleux de nos programmes ;

— tous les deux introvertis, nous risquerions de ne jamais recevoir personne ;

— tous les deux issus d'une famille où l'on se moquait de la propreté, nous risquerions d'être négligés ;

— tous les deux perfectionnistes, nous risquerions d'être tellement difficiles que nous rendrions éternellement les autres mal à l'aise et nous-mêmes malheureux ;

— tous les deux accommodants, nous risquerions de faire des compromis sur ce qui est juste ;

— tous les deux extrêmement disciplinés et indépendants, nous risquerions d'affirmer de manière inflexible que nous avons *toujours* raison ;

— tous les deux dépendants, nous risquerions de perdre tous nos moyens dans les moments de crise ;

— tous les deux pessimistes, nous risquerions d'être constamment inquiets ;
— tous les deux économes, nous risquerions d'être avares ;
— tous les deux dépensiers, nous risquerions de finir sur la paille.

Si deux époux sont semblables, l'apprentissage des relations avec le monde dans son ensemble leur demandera bien plus d'efforts. C'est par *bonté* que Dieu donne à la plupart d'entre nous le privilège d'évoluer grâce à la personne que nous aimons le plus au monde.

La Bible décrit le mariage comme étant *deux êtres devenant une seule chair*. Deux individus complets et entiers s'unissent pour former une nouvelle entité — un couple, une association en *partenariat* — et, ensemble, ils sont bien plus forts que chacun d'eux tout seul.

Mais pas seulement plus forts. *Meilleurs*. Plus complets. Unis. Compensant les faiblesses l'un de l'autre, renforçant les points forts l'un de l'autre.

Le mariage est effectivement tout cela si nous voulons bien le laisser devenir tout ce que Dieu a prévu.

Si nous croyons vraiment que Dieu a choisi pour nous quelqu'un qui a été créé pour « aller » avec nous (comme l'a dit quelqu'un, non pas pour nous « faire râler », mais pour « faire aller »), pour nous compléter, pour combler ce qui nous manque, nous devons alors remercier Dieu de ne *pas* nous avoir faits semblables, même si ce sont précisément ces différences qui peuvent parfois faire des vagues dans la vie de couple. Sans ces vagues, notre vie risquerait d'être morne et monotone.

Le mariage est un creuset dans lequel nous sommes appelés à nous laisser fondre avant d'être transformés en l'image de Christ. Dans ce creuset, nous sommes chauffés jusqu'à être complètement fondus, puis nous sommes recoulés et remoulés, avant de subir à nouveau la fonte, le moulage et le polissage, et ainsi de suite sans arrêt.

Nous pouvons résister au processus choisi par Dieu à n'importe quel stade — mais, dans ce cas-là, il trouvera un autre creuset moins idéal dans lequel nous transformer.

Le mariage *impose* le changement, que cela nous plaise ou non, que nous l'approuvions ou non, que nous y consentions ou non. Mais si nous résistons, nous braquons et refusons de nous prêter au travail expert du Maître, il apparaît d'étranges distorsions et autres formes bizarres qu'il faut de nouveau soumettre au feu.

Puissions-nous traiter notre mariage avec amour et sollicitude. Puissions-nous le chérir avec fidélité et persévérance. Puissions-nous faire de notre relation une priorité et entretenir cette relation avec vigilance. Puisse notre amour grandir et devenir le reflet de l'amour de Christ pour son Eglise.

Jusqu'au jour où nous nous joindrons au Corps de Christ pour être son Epouse, afin d'être mariés...

A l'Epoux.

« Soyez donc les imitateurs de Dieu, comme des enfants bien-aimés ; et *marchez dans l'amour*, de même que Christ nous a aimés et s'est livré lui-même à Dieu pour nous en offrande et en sacrifice comme un parfum de bonne odeur » (Ephésiens 5.1-2).

« Le Christ a aimé l'Eglise et s'est livré lui-même pour elle, afin de la sanctifier après l'avoir purifiée par l'eau et la parole, pour faire paraître devant lui cette Eglise glorieuse, sans tache, ni ride, ni rien de semblable, mais sainte et sans défaut » (Ephésiens 5.25-27).

Amen.

Les ÉDITIONS FAREL seraient heureuses de recevoir vos remarques et réactions à propos du livre que vous venez de lire.

Pour obtenir la liste complète de nos publications, veuillez écrire à :
ÉDITIONS FAREL
B.P. 20
77421 MARNE-LA-VALLÉE, Cédex 2
France

Annexe

LE TEST DE PERSONNALITÉ MYERS-BRIGGS

Nous avons passé le test de personnalité Myers-Briggs à deux reprises et, les deux fois, le résultat a été le même. Le fait d'avoir passé ce test, d'en avoir étudié les résultats et d'avoir poursuivi dans le temps une réflexion en commun sur ce qu'il avait révélé nous a beaucoup appris sur notre personne et au sujet l'un de l'autre.

Ce test est un questionnaire qui a été élaboré par Isabel Briggs Myers et sa mère, Katharine Briggs, dans le but de faciliter l'application de la théorie des « types psychologiques » de C.G. Jung. Voici comment Isabel Myers Briggs a décrit l'essence de cette théorie : « Les variations de comportement apparemment aléatoires sont en réalité logiques et ordonnées dès lors que l'on comprend les différences qui existent dans la manière dont les gens ont tendance à appréhender l'information et à prendre les décisions. »

Présentation des quatre catégories

Le test Myers-Briggs classe ces différences selon quatre tendances : Extraversion et Introversion ; Analyse et Intuition, qui sont les deux types de perception ; Rationnel et Subjectif, qui sont les deux types de jugement ; et Jugement ou Perception, qui caractérisent les réactions face au milieu. Ces quatre tendances se combinent pour donner seize types différents, chacun d'eux possédant ses caractéristiques et qualités propres, son propre chemin vers l'excellence et ses propres pièges à éviter.

Le test Myers-Briggs est basé sur trois principes fondamentaux :

1. Il existe effectivement de vraies tendances ;
2. Il est possible d'indiquer les *tendances* qui se conjuguent chez soi pour former un « type » en se faisant passer soi-même le test ;
3. Les tendances sont présentées de façon dichotomique (c'est-à-dire décrites par paires de tempéraments opposés) et les deux pôles de chaque tendance ont la même valeur.

Ce test n'essaie pas de mesurer les personnes par rapport à une norme, mais de les classer par groupes — auxquels, en théorie, ils appartiennent déjà.

A. Analyse/Intuition

Les Fonctions de Perception comportent deux manières de percevoir ou d'appréhender l'information.

— La fonction analytique appréhende l'information au moyen des cinq sens : la vue, l'ouïe, le toucher, le goût et l'odorat.

— La fonction intuitive traite l'information au moyen d'un sixième sens, ou pressentiment.

Chacun utilise ces deux modes de perception et d'appréhension de l'information, mais l'un d'eux est généralement privilégié et plus développé.

CERTAINS TRAITS DISTINCTIFS

Analyse	*Intuition*
Considère les pièces et les morceaux	Considère les structures et les relations

Vit dans le présent, profite de ce qu'il y a	Regarde vers l'avenir en anticipant sur ce qu'il pourrait y avoir
Préfère s'occuper des questions pratiques	Préfère imaginer les possibilités
Aime ce qui est précis, mesurable	Aime les occasions d'être inventif
Commence par le commencement, procédant étape par étape	Attaque n'importe où ; saute les étapes
Lit le mode d'emploi et prend note des détails	Saute les instructions ; se fie aux pressentiments
Aime les procédures définies à l'avance, les habitudes établies	Aime le changement et la variété

Les Analytiques peuvent sembler trop matérialistes et dépourvus d'imagination aux Intuitifs ; les Intuitifs peuvent apparaître comme des rêveurs inconstants et irréalistes aux yeux des Analytiques.

Les types Analytiques utilisent à la fois l'Analyse et l'Intuition, mais privilégient l'Analyse. Les types Intuitifs utilisent à la fois l'Analyse et l'Intuition, mais privilégient l'Intuition.

B. Rationnel/Subjectif

Les Fonctions de Décision comportent deux manières de décider ou d'évaluer.

— La fonction rationnelle décide sur la base de considérations logiques et objectives.

— La fonction subjective décide sur la base de valeurs personnelles subjectives.

Chacun utilise ces deux modes de décision et d'évaluation, mais l'un d'eux est généralement privilégié et plus développé.

CERTAINS TRAITS DISTINCTIFS

Rationnel	*Subjectif*
Décide avec la tête	Décide avec le cœur
Se fie à la logique	Se fie à ses convictions personnelles
Est soucieux de vérité, de justice	Est soucieux des relations, d'harmonie
Considère les choses en spectateur, de l'extérieur	Considère les choses en participant, de l'intérieur
Prend son temps pour se faire une opinion	Se fait immédiatement une opinion personnelle
Trouve les défauts et critique spontanément	Est spontanément reconnaissant
Est doué pour analyser les projets	Est doué pour comprendre les gens

Les Rationnels peuvent sembler froids et condescendants aux Subjectifs ; les Subjectifs peuvent sembler désorientés et trop sensibles aux Rationnels.

Les types Rationnels utilisent à la fois le Rationnel et le Subjectif, mais privilégient le Rationnel. Les types Subjectifs utilisent à la fois le Rationnel et le Subjectif, mais privilégient le Subjectif.

C. Extraversion/Introversion

Les Attitudes de Centration comportent deux attitudes complémentaires par rapport au monde.

— Dans l'Extraversion, la stimulation essentielle vient du milieu, du monde externe des personnes et des objets.

— Dans l'Introversion, la stimulation essentielle vient de l'intérieur, du monde interne des pensées et des réflexions.

Chacun utilise ces deux attitudes, mais l'une d'elles est généralement privilégiée et plus développée.

CERTAINS TRAITS DISTINCTIFS

Extraversion	*Introversion*
Se sent tiré vers l'extérieur par des revendications et des conditions externes	Se sent poussé vers l'intérieur par des revendications et des conditions externes
Puise son énergie chez les autres et dans des expériences externes	Puise son énergie dans ses ressources intérieures et des expériences internes
Agit, puis réfléchit (éventuellement) ensuite	Réfléchit, puis agit (éventuellement) ensuite
Est souvent sympathique, bavard, facile à connaître	Est souvent réservé, silencieux, difficile à connaître
Exprime ses sentiments	Refoule ses sentiments
A besoin de relations	A besoin de solitude
Donne de l'ampleur à la vie	Donne de la profondeur à la vie

Les Extravertis peuvent sembler superficiels aux Introvertis ; les Introvertis peuvent sembler renfermés aux Extravertis.

Les Extravertis font preuve à la fois d'Extraversion et d'Introversion, mais ont plus tendance à l'Extraversion. Les Introvertis font preuve à la fois d'Extraversion et d'Introversion, mais ont plus tendance à l'Introversion.

D. Jugement/Perception

Il existe deux Modes de Vie complémentaires.

— Un mode de vie dit de « Jugement » qui est décidé, organisé et ordonné.

— Un mode de vie dit de « Perception » qui est souple, adaptable et spontané.

Chacun utilise ces deux attitudes, mais l'une d'elles est généralement privilégiée et plus développée.

CERTAINS TRAITS DISTINCTIFS

Jugement	*Perception*
Préfère un mode de vie organisé : a tendance organiser ce qui est important et à laisser de côté le reste	Préfère un mode de vie souple
Aime l'ordre et les structures bien définies	Aime aller avec le courant
Aime maîtriser le cours de sa vie	Préfère vivre la vie comme elle vient
Aime être déterminé	Aime être curieux et découvrir des surprises
Aime les limites et les catégories précises	Aime la liberté d'explorer sans limites
Est à l'aise en instaurant la « fermeture », en achevant quelque chose	Est à l'aise en maintenant l'ouverture
Prévoit les échéances et programme à l'avance	Respecte les délais en s'affolant à la dernière minute

Les adeptes du « Jugement » peuvent sembler exigeants, rigides et crispés aux adeptes de la « Perception » ; les adeptes de la « Perception » peuvent sembler désorganisés, brouillons et irresponsables aux adeptes du « Jugement ».

Les adeptes du « Jugement » utilisent à la fois le Jugement et la Perception, mais privilégient le Jugement. Les adeptes de la Perception utilisent à la fois le Jugement et la Perception, mais privilégient la Perception.

Table des matières

AUTRES LIVRES AUX ÉDITIONS FAREL

LES DESSEINS DE DIEU POUR LA FAMILLE

N° 1 MARIS ET FEMMES

N° 2 PARENTS ET ENFANTS

N° 3 EN COMMUNION AVEC DIEU

Trois guides pratiques dont les questions vous aideront à sonder l'enseignement biblique sur des sujets d'importance pour tous les couples :

- — l'image de soi,
- — la communication, l'amour, les conflits,
- — la relation sexuelle,
- — les responsabilités spécifiques de l'homme et de la femme.

LA COMMUNICATION : CLÉ D'UN MARIAGE RÉUSSI (Norman Wright)

Plus d'une douzaine de moyens de régler les différends conjugaux vous sont présentés par ce conseiller conjugal et familial. Mieux communiquer avec votre conjoint vous aidera à mieux vous comprendre et à former un couple solide et uni face aux pressions et aux pièges de nos jours.

TEMPÉRAMENT DIRIGÉ PAR L'ESPRIT (Tim LaHaye)

Comprendre que chacun de nous est l'héritier d'un tempérament bien distinct — un mélange de sanguin, colérique, mélancolique et flegmatique — nous aide déjà à accepter les réactions qui nous surprennent parfois chez les autres. L'auteur pousse la réflexion encore plus loin en montrant qu'à partir du tempérament naturel d'une personne, le Saint-Esprit peut manifester dans sa vie des caractéristiques surnaturelles.

ME MARIER ? (Blaine Smith)

Que vous envisagiez un mariage prochain, que vous désiriez évaluer à quel point vous êtes assorti à votre partenaire, que vous cherchiez une direction dans votre quête d'un éventuel conjoint ou que vous luttiez contre la peur d'un engagement à long terme, ce livre est tout à fait adapté à vos besoins.

BOULEVERSEMENT INTÉRIEUR (Larry Crabb)
Vivre un changement véritable, allant plus loin qu'un simple changement de comportement, implique de faire face aux réalités de notre vie intérieure, afin de laisser Dieu nous façonner, au plus profond de nous-mêmes, en une personne qui a la liberté d'être honnête, courageuse et pleine d'amour. La vision de Larry Crabb, docteur en psychiatrie, est d'aider les chrétiens à résoudre bibliquement les problèmes de la vie et à aider les autres dans le cadre de la communauté chrétienne.